自己啓発の時代

SELF DEVELOPMENT

「自己」の文化社会学的探究

牧野智和

勁草書房

はじめに

「〇〇力を高める！」「〇〇仕事術」「〇〇の法則」「夢をかなえる〇〇」「〇〇をやりなさい」、あるいは「自分の強み」を探る、「自分らしく」輝いて生きる、「本当の自分」「なりたい自分」になる、「前向きな自分」に生まれ変わる、「自分ブランディング」等々——書店に足を運ぶと、入口を入ってすぐに、あるいは目立つ一角に、今述べたようなタイトル・テーマの本が平積みになっているのをみたことがある人は少なくないだろう。こうした書籍群は一般的には「自己啓発書」と呼ばれるが、不況といわれる出版業界において、この自己啓発書というジャンルは今日における「売れ線」の一つとして注目を集め、ベストセラーが次々と生まれている。また、書店の雑誌コーナーに移動しても、冒頭のような文言が表紙に踊っている雑誌はいつでも目にすることができるだろうし、広告やインターネット上でもこうした文言やコンテンツを散見することができる。というより、どのようなメディアであるかにかかわらず、「○○力を高める！」といった文言は、今や当たり前のように社会のそこかしこに散らばっている。これらから、自己啓発――この言葉は本来、一九五〇年代の労務管理の文脈で登場・定着した、職業能力開発を意味する言葉だが（増田 2000）、本書では以下、職能開発に限られないより広い「自分自身の認識・変革・資質向上への志向」という意味でこの言葉を用いる――を、今日における一つのムーブメントとしてみることができるだろう。

なぜこのような自己啓発への注目が高まっているのだろうか。新聞・雑誌記事では、これまで主に以下のような「原因」が指摘されてきた。バブル崩壊後の不況下や規制緩和・グローバル化を背景として競争が激化したビジネス環境でのサバイバル志向のためだ、あるいはそこからの逃避のためだ、「モノ」が満ちあふれた現代社会において「ココロ」に人々の目が向いたのだ、いや逆に労働環境の悪化の影響で消費による自己実現が困難になったためだ（社会的背景論）、一九七〇年代から一九八〇年代前半に生まれたいわゆる「ロストジェネレーション」の感覚の問題だ、自己啓発に専心しているのはそれが幻想だと気づかない者だけだ（需要者論）、タレント化した自己啓発書の書き手の登場によるものだ（供給者論）、等々。

これらの指摘にはそれぞれ一理ある。だが、自分自身の認識・変革・資質向上を促進しようとする物言いはビジネスの文脈に限られるものではなく、道徳教育やキャリア教育から就職活動、転職、恋愛、結婚、出産、人生設計、悩み・コンプレックスの克服、美容といったあらゆる文脈でみることができるものである。そのため、ビジネス環境の変化や需要者の特異性、あるいは一部の書き手の影響力といった事項を自己啓発ムーブメントの根本的な「原因」と言い切ってしまうのは少し無理があるだろう。かといって「モノ」から「ココロ」へという説明はあまりに雑駁に過ぎる。というより、従来の指摘は、自己啓発書――より精確には、自己啓発に関連する内容を扱うメディア全般としての「自己啓発メディア」と表現すべきだろう――が一体何を訴え、多くの読者を惹きつけているかという点の検討もそこそこに、先に述べたような、ムーブメントの背後にある政治・経済的動向、あるいは読み手や書き手の特異性の評論を専ら行ってきたという点で難点がある。

何よりもまず行われるべきなのは、そもそも自己啓発メディアが何を訴えて読者を惹きつけ、また読者をどこへ誘おうとしているのかということを、内在的に理解することではないだろうか。従来の指摘は、いってみれば宗教を信じる人々について、信者の特性や、信仰に至る社会的背景の評論に傾注し、その宗教が説き、人々を惹きつける「世界観」や「教理」といった内的論理にはほとんど踏み入ってこなかったのである。この従来の指摘における盲点、すなわち自己啓発メディアの「世界観」あるいは「教理」を読み解くこと――ただし社会学的に、そして自己啓発的文言が社会のそこかしこに散らばり、空気のように私たちにまとわりついてくるようなものであるのならば、それをできるかぎり明確に浮き彫りにできるよう淡々とした分析をもって――これが本書の目的である。

本書の構成は以下のようである。第一章では、どのようにして自己啓発メディアの世界観に社会学的な接近を果たし、また分析を進めていくのか、筆者が依って立つ理論的立場、分析概念、方法論的立場についてそれぞれ示していく。キーワードは「文化社会学」「自己の体制」「後期近代」「自己のテクノロジー」である。ここでは、自己啓発メディアに再びたどり着くまでやや時間がかかることになるが、問題設定、自らの依って立つ立場、用いる概念、そして自己啓発メディアの位置づけについて一つずつ説明していくことが分析を有意義なものとするためには重要なことなので、その点はご容赦いただければと思う。第二章から第五章では、第一章で示した立場にもとづき、自己啓発メディアをそれぞれ分析していく。第二章では戦後における自己啓発書ベストセラーを通観し、自己啓発メディアの展開の概要をつかむとともに、以降の章での論点・検討課題を提出する。第三章から第五章ではより文脈を絞り、まず第三章では「大学生」向けの就職対策マニュアル本、第四章では「女性」向けライフスタイル誌（『an・an』）、第五章では「男性」向けビジネス誌をそれぞれ対象として、第二章で提示した論点を検証していく。扱うメディアの選定基準は各章でより詳しく説明するが、それぞれの文脈において自己啓発的な内容を扱う「代表的なメディア」という観点から選定を行っている点は共通している。終章では、四つの資料の分析から得られた知見を総括し、自己啓発メディアが示す世界観とはいかなるものであるのか、またそのような世界観を有する自己啓発メディアの社会的機能は何か、といったことについて考察を行っていく。

さて、本編に入る前に一つだけ付言しておきたい。本書のタイトルには「自己啓発」という言葉が含まれているものの、本書はたとえば「自己」とは何か、どうあるべきか、そのために何をすべきかといった問いに直接的な答えを指し示すような類の著作では決してない。そのような「効用」の期待には、残念ながら応えることはできない。本書が目指そうとするのは、「『自己』とは何か」という問いそのものに答えを出すことではなく、「『自己』とは何か」ということを自然と考えさせられてしまうような社会の構成に目を向けることを通して、「自己」について、また私たちの生のあり方について考える、新たな一つの視角を立ち上げてみることである。このような一見風変わりな探究ではあるが、読む人によっては直接的な答えが示される以上の「効用」が得られるかもしれない。そうであることを祈りつつ、本編に筆を進めることとしたい。

自己啓発の時代

「自己」の文化社会学的探究

／目次

第一章　「自己」の文化社会学に向けて

1　「自己をめぐる問い」と社会

「私」って何だろう。「自分」とは何者なのか。あんな・こんな「私」になりたい。「自分」を変えたい。もっと「自分」らしく生きたい。もっと「自分」を高めたい。もっと「自分」の可能性を広げたい。もっと「自分」を好きになりたい。もっとうまく「自己」を表現したい。そのためにはどうすればいいのだろうか――。

自らにとって、また他者にとって「私」「自分」「自己」(1)が何であるか、どうありたいか、そのために何をすべきかといったことをめぐるこうした問いや望み（さまざまに表現は可能だが、ここでは「自己をめぐる問い」と表現することにしたい）は、あまりにありふれた、陳腐にさえみえるものかもしれない。だが私たちは多かれ少なかれ人生のさまざまな場面で自己をめぐる問いに直面する、あるいはしてきたはずであり、その意味ではこれらは一見陳腐にみえたとしても、私たちにとてもなじみ深いものといえるはずである。

ところで、本章冒頭のような問いや望みの多くは、概して個人的、内面的な問題だと映るのではないだろうか。そのため、こうした自己をめぐる問いに答えうる学問があるとしたら、それは哲学や心理学だと考える人が多いかもしれない。それらの学問が自己なるものの本質を教えてくれるのだ、と。

だがここで次のようなことを考えてみたい。仮に私たちが自己をめぐる問いについて悩んでいたとしたら、そのとき私たちは哲学や心理学の専門書だけでなく、哲学や心理学的な装いをもちながらより砕けた感じの本や、書店に平積みになっている自己啓発書（これが本書のテーマなのだが、もう少し一般的な話を続けたい）、あるいはエッセイや自伝などを手に取って考えるといった選択肢をとることができる。また、ブログやミクシィ、ツイッター等ネットワーク上のサービスを用いて自分の気持ちを書きつづる（あるいは自らの動画を配信する）、バックパックを持って旅に出かける、思い思いの趣味に没頭する、仕事上でのスキルアップを図る、仕事を辞めて資格の勉強をする、習い事を始める、ボランティア活動に身を投じる、服装や化粧やインテリアを変えてみる、引っ越して気分を変える、カウンセラーや占い師に相談する、血液型性格診断や各種の占いで気を紛らわす、啓発的なセミナーや講演会に参加する、といった選択肢をとることもできるだろう。さらに、学校での「心の教育」や

「キャリア教育」を通して、あるいは就職活動に際しての自己分析やエントリーシートの提出プロセスにおいて、自分はどんな人間なのか、将来自分が何をしたいのか、考えることを促されるかもしれない。自分一人で考える場合や、身近な友人や家族に相談する場合でも、私たちは「やりたいこと」「自分らしさ」「自分探し」「自分磨き」「アイデンティティ」「キャリアビジョン」等々、さまざまな専門的用語あるいは独特の言い回しを用いて、自己について考え、表現することができる。

このように、私たちの周りには、自己をめぐる問いに取り組み、考え、表現するための多くの手がかりがあり、私たちはその答えをさまざまなかたちで導き出すことができる。だが、私たちにとっては当たり前のようにみえる、このような自己についての手がかりは、どのような社会においても共通するものなのだろうか。当然、共通しないものである。社会体制、学校制度および進学率、識字率、科学的知識の発達や浸透の程度、各種産業の発達、ヒト・モノ・情報の流動性、流行、社会の成員の意識、メディア環境、そしてジェンダー、人種、エスニシティ、階級をめぐる状況等、非常に多くの社会的変数がここには関係している。これらの変数次第で、自己をめぐる問いのバリエーションがそもそも異なってくるだろうし、またそうした問いに対して可能な答え、望ましい答えの範囲も変わってくる。

たとえば、生まれてから死ぬまでの身分が固定的な社会において、本章冒頭のような問いが人々の関心を集めるとは考え難いし、服飾産業が発達していない社会では服装によって自己を表現するなどという感覚はありえないものだろう。また、土井隆義（2008）は、一九六〇年代に自死した高野悦子の『二十歳の原点』（1971）では「社会と自己の関係」が自らの問いとして抱えられ続けたのに対し、一九九〇年代に自死した南条あやの『卒業式まで死にません』（2000）ではそのような社会への志向は欠落しており、自己意識のよりどころが専ら内面や身体感覚に見出されていたことを指摘していた。土井が指摘するこのような志向の差異も、自己をめぐる問いやその答え方の様態が社会的に異なることの一つの証左といえるはずである。あるいは先に例示した哲学や心理学も、学問領域の確立と発展、その社会的威信の上昇、学術的知見を一般に発信しうるメディアの状況、知見を積極的に希求する受け手側の諸条件（進学率や識字率）等が揃ってこそ、自己なるものの本質を語りうる立場を獲得できるのであり、その権能は必ずしも自明ではない。こうした例は他にも多く挙げることができるはずである。(2)

さて、こういったことを考えるとき、先に挙げた自己をめぐる問いが私たちにとってなじみ深いものであり、またそうした問いに取り組むための多くの手がかりや権威づけがあるような今日の状況は、実は特異な状況なのだと考えられそうである。つまり自己をめぐる問い、およびその答えとは、その一見した印象と異なり、非常に社会的な問題なのである。

2　「自己をめぐる問い」への文化社会学的アプローチ

自己をめぐる問いに対して何らかの実体的な回答や定義、あるいは望ましいあり方を示すのではなく、社会によって自己をめぐる問いのあり方や答え方のバリエーションが異なることを強調するこのような見方は、人文・社会科学では特に「社会（的）構築主義」と呼ばれる立場にもとづくものといえる。[3] この立場についてはさまざまな説明がなされており（Burr 1995＝1997; 上野編 2001 など）、また決してその内部は一枚岩ではないが、ここでは「文化」という概念をキーワードにして、本書なりの整理をしておくこととしたい。

この立場が注目するのは、シンボル・言語・表象体系と、それらが織りなす「意味の網の目」であるということができる。社会構築主義のルーツをなす一人である文化人類学者のクリフォード・ギアーツは、このようなシンボル・言語・表象体系によって織りなされる意味の網の目を「文化」と呼ぶ（Geertz 1973＝1987: 6, 10）。社会構築主義の立場は、意味の網の目としての文化に注目することで、教育、家族、犯罪、宗教、医療などの社会現象を所与のものとするのではなく、そうした社会現象がどのように表象されている（きた）のか、どのような意味の網の目が教育等をめぐって張り巡らされている（きた）のかを考えようとするのである。[4]

ここで重要なのは、社会構築主義における、シンボル・言語・表象体系によって織りなされる意味の網の目＝文化の「相対的自律性」の重視である。大野道邦（2011: ii–v）によれば、「シンボルのパターン」としての文化への社会学的アプローチは、文化を政治・経済等によって説明されるべき従属変数とみなす「文化についての社会学 Sociology of Cultures」と、文化は政治・経済から相対的に自律したダイナミズムを有しているとみなし、文化システム自体が新たな意味を生成して社会に、またそこに生きる私たちに影響を及ぼしていく、いわば独立変数としての作用をより重視する「文化（的）社会学 Cultural Sociology」に区分できるという。社会構築主義の立場は後者にほぼ相当するわけだが、人文・社会科学の領域における前者から後者へのまなざしの移行は、しばしば「カルチュラル・ターン（文化論的転回）[5]」（大野 2011 : ii）とも呼ばれる。文化や文化社会学といった言葉が意味するところもまた決して一義的とはいえないが、本書ではここまで述べてきたような観点から、シンボル・言語・表象体系によって織りなされる、意味の網の目としての文化の相対的自律性と意味生成作用に注目するアプローチとして、文化社会学という表現を用いることとしたい。

さて、このような立場から自己をめぐる問いについて考えるとき[6]、次のような疑問が生じることになるだろう。もし、本章冒頭のような問いや望みを解決・達成することができたとしても、それは私たちがその中を生きている意味の網の目＝文化の筋書きに沿ったものに過ぎないのではないか、それは自分で選んでいるようで実はそのような方向に知らず知らずのうちに誘導され、動機づけられ、選ばされた自己のある「ヴァージョン」に過ぎないのではないか、と。

もちろん、本書の筆者はそうした意味の網の目＝文化の外に「本当の自己」があるとか、逆にその中により「真正な自己」があるとかいいたいわけではない。そもそもここまで述べてきた文化社会学、より広くは社会構築主義の立場は、扱う対象についての非本質主義的理解を前提としているため、本書でも自己についての直接的・実体的な定義を示すことはしない。それでもあえていうとするならば、それぞれの社会におけるシンボル・言語・表象体系によって織りなされる意味の網の目＝文化が自己の可能な、また望ましいあり方の範囲を縁取り、社会の成員はそのシンボル・言語・表象体系のうち、それぞれが利用できる、限られた、また偏った資源を用いて自己について考え、取り組み、個々人にとっての自己をめぐる問いに答えを出している（その答え方も社会によって、またその個々人の置かれた状況によって異なる）、というのが筆者の自己についての見方、立場である。

3 「自己の体制」

ただ、ここでいうシンボル・言語・表象体系や意味の網の目＝文化という表現は非常に抽象的であるだろう。そこで、より具体的に考えるために、思想家ミシェル・フーコーに大きく影響を受けてその議論を展開している社会学者、ニコラス・ローズの知見を参照することにしたい。ローズは、「私たち自身や他者への理解の仕方や働きかけ方が、ある記述のもとに人間を認識可能で実践可能とするある種の方法の発明のもとに可能になる」としたうえで、そうした認識・実践方法のもとに発明され、構築された自己の可能な、また望ましいあり方を「自己の体制 regime of the self」と表現している（Rose 1996 : 2）。つまり私たちにとって、自己をめぐる問いそのものや、そうした問いへの取り組み方、答え方は社会的に限定されたものであり、またそれは自己あるいは他者、より包括的には人間を何らかの観点から理解する、あるいは働きかけの対象とする「知識と技法」との相関物であるとローズは考えるのである。ここまで述べてきたシンボル・言語・表象体系は、ここで自己をめぐる知識・技法にダウンサイズされることになる。

このような観点からすると、自己啓発書、エッセイや自伝、ブログ・ミクシィ・ツイッター、趣味、資格、習い事、ボランティア、ファッションや化粧、インテリア、カウンセリングや占い、セミナーや講演会といった先述の例はすべて、特定の自己をめぐる問いを創出し、人々の前に突きつけ、意識化させ、実践可能な課題へと化していくことに関わって、今日的な「自己の体制」を形作る知識・技法の一部なのだと考えることができる。そして、本章冒頭で挙げたような自己をめぐる問いもまた、人間の心理学的本質から直接的に生まれてきたのではなく、自己をめぐる諸々の知識・技法と相関して生まれ、またそのリアリティを付与されてきたのだと考えることができる。これらの知識・技法は「心の教育」や「キャリア教育」のように、ただ個々人が自発的に利用するのみにとどまらず、ときに他者や社会制度あるいは各種産業を通して促される、あるいは課されるものでもある。また、たとえば哲学や心理学のような何らかの知的権威に根拠づけられて人々の前に現われるものでもある。だが繰り返しになるが、自己をめぐる知識・技法のバリエーションはどの社会においても共通するものではない。

筆者が本書で行おうとするのは、ここまで述べてきたような立場から、今日、自己をめぐる問いに関して人々が利用できる、限られた、また偏った知識・技法の「様態（それがどのようなものであるか）」とその「布置（それはどのように社会の各領域において散らばっているのか）」を観察することによって、私たちにとっての自己の可能かつ望ましいあり方、すなわち「自己の体制」を描き出そうとすることである。私たちが生きる今日の社会では、どのような自己をめぐる知識・技法が流通し、また人々に支持され、影響力を発揮しているのか。それらの知識・技法はどのような自己をめぐる問いを発し、どのようなリアリティを生み出しているのか。そしてそれらを通して私たちが誘導され、動機づけられ、望ましいと感じ、自然に選びとってしまうような自己の優勢なヴァージョンがあるとすれば、それはどのようなものなのか。これらを明らかにすることを通して、自己についての探究を行うことが本書の目的である。

4　後期近代と「自己の再帰的プロジェクト」

さて、自己をめぐる問いのバリエーションはさまざまな社会的変数次第で異なってくるということを幾度か述べてきた。では今日の社会はその意味ではどのような状況にあり、またその結果としてどのような自己をめぐる文化的状況が立ち現れていると考えるべきだろうか。既に筆者は今日の社会について、自己をめぐる問いに取り組むための多くの手がかりがある社会だと述べたが、もう少しこの点を掘り下げて考えてみることにしたい。このような掘り下げは、多くの自己をめぐる手がかりの中から、どのような観点からどのような事象に注目すべきかについて、その焦点を絞る手助けにもなるだろう。

現代社会学における一つの有力な見解に、今日を「近代社会特有のダイナミズム」が徹底的に浸透した社会（後期近代、再帰的近代、ハイ・モダニティ、リキッド・モダニティなどとも呼ばれる）と捉える立場がある。ここでいわれる「近代社会特有のダイナミズム」とは何か。アンソニー・ギデンズによれば、そのダイナミズムの重要な一角を占めるのが、「脱埋め込み」の作用である。近代社会では、それぞれの伝統的共同体内部で保持されてきた慣習や伝統が、近代国家の介入や科学的知識の浸透、ヒト・モノ・情報の流動性上昇等によって相対化され、吟味されるようになる。これが「脱埋め込み」である（Giddens 1990＝1993：35-44）。つまり「今までのやり方は本当にこれでよいのか？　もっといい方法があるのではないか？」というようにである。後期近代とは、この脱埋め込み作用の徹底的な浸透によって、あらゆる行為や関係性や制度のあり方が「本当にこれでよいのか？」と省みられるようになり、さまざまな行為の前提が揺らぎ、そして自らの行為の結果が次なる行為の条件を形成するまでに社会的流動性が上昇した社会だということができる（1990＝1993：54-56）[7]。この後期近代論の中に、今日における自己のあり方について考える手がかりが多く提示されている。

ギデンズは、脱埋め込みの原理が徹底的に浸透した今日の社会においては、自らの行為や関係性、またそれらを取り囲む社会制度の自明性が揺らぐことで、自分自身についての一貫した理解（自己物語）もまた揺らぐようになるという。そのため、「何をすべきか？　どう振る舞うべきか？　誰になるべきか？」（1991＝2005：77）という問い直しが、後期近代の環境に生きる者すべてにとっての中心的課題になるとギデンズは述べる。ではこのとき人々はどうするのか。たとえばジグムント・バウマンは、今日の人々は手がかりになるようなより持続性のあるものに自己を「とにかく繋留してしまおう」と試みるようになっていると述べる（Bauman 2000＝2001：108）。その際に最もありうる選択肢となるのが、消費（ファッションが最たるもの）への依存である。そこでは経済的制約の範囲内ではあるが、好きな商品を買い、自らとそのライフスタイルを意のままに構成する自由が与えられるからである。しかし、消費社会の文化秩序は次々と流転し、称賛されたライフスタイルはすぐに陳腐化し、戯画化され、腐臭を放ち始めてしまうという「リスク」を孕んでいる。

では、このときさらに人々はどうするのか。バウマンによれば、私たちは今日、自己の構成が消費を通して行われるものであれ何であれ、常に自己について臨機応変に、柔軟に、そして多元的に対応できる適応性を保持しなければならなくなっているという（2000＝2001：111）。そして、私たちにただ一つ残された自己のあり方とは、「選んでいる人」(2005＝2008：63) だと主張するのである。つねに不完全でありながらも、しかしつねに柔軟に自己を塗り替え続ける、そのような自己をめぐる感覚のみが唯一残るのだ、と。ギデンズもまた、絶え間なく自己観察と自己反省を行い、また自己理解を再構成する志向を終わることなく保持し続けなければならない現代的自己のあり方を「自己の再帰的プロジェクト reflexive project of the self」と表現し (Giddens 1991＝2005：36, 77-78, 82-88)[8]、アルベルト・メルッチも同様の志向を「アイデンティティゼーション」(アイデンティフィケーションではない) と表現している (Melucci 1996＝2008：45)。

各論者の議論は全く等しいものではないが、これらの言及が概して示しているのは、今日において人々は、自らを振り返り、問い直す反省的志向の保持を通して、自己をたえず構成し直さざるをえないような状況にあるということである。つまり、私たちは自己をめぐる問いについて、「私は○○である」という何らかのスタティックな性質 (たとえば学歴、勤めている企業、社会的地位・役割等) の獲得や表現によって解決することはもはや期待できず[9]、一元的あるいは多元的な自己をモニタリングし、問い直し、選択し、再構成し、表現することを通して問いに取り組み続けるという、自己の再帰的変容の「プロジェクト」を日々生きているのだと後期近代論者は述べるのである[10]。

このような状況では、自己をめぐる問いに対して「内的に準拠した」(Giddens 1991＝2005：84-88)、すなわち自分以外の何者にも頼らずに解決しようとする志向が強まることになる。ここで起こるのが、外部から保護され、汚染・抑圧・変形させられていない、無垢な「本当の自分」が隠されているのではないかといった、内的世界の探求の過熱である (Bauman 2005＝2008：34-35)。これは、ファッション等の「文化秩序のなかでコード化された意味」（土屋 2009：142）の中から自己を編み上げるだけでは充たされないという感覚の浮上でもあるだろうし、また（日本でいえば特に一九八〇年代にそのピークを迎えたといわれる）ファッションによる差異化というモードが陳腐化したことの帰結であるとも理解できるが（宮台 1994：231-247, 264）、後期近代論に即していえば、再帰的な自己構成を支える、「内的に準拠した」、また「強い」資源として、内的世界への注目が増しているのだと理解することができるだろう。このような状況は既に森真一（2000）らによって社会の「心理主義化」と呼ばれて久しい。

「心理主義化」に関連していえるのが、内的世界へのアプローチ、たとえば「本当の自分」を見分け、「ある特定の瞬間に、多くの可能な自己のうちのどの自己が自分のものかを決める」（Melucci 1996＝2008：65）ための知識・技法を提供する専門家・支援者の浮上である。ウルリヒ・ベックは近代化に伴う「個人化」の進展の結果、個々人が自らのライフコースを自分で責任をもって選ばなければならなくなる一方で、労働市場、教育、社会福祉、専門家といった諸制度に依存するようになる「再統合」という事態が発生すると述べている（Beck 1986＝1998：253-254）。この再統合プロセスにおいて浮上する専門家・支援者の最たる者が、心理学者、精神科医、セラピスト、カウンセラーといった、ローズが「心—科学 psy-science」（Rose 1999：vii）と表現する、人間の精神を専門とする一連の職業に従事する人々である（もちろん、等価の機能を果たしている集団は他にも存在すると考えられるが）。後期近代における内面への注目増大に伴う、こうした職業集団の社会的地位の上昇は、社会の「心理学化」（先述の森も同様のことを述べているがより直接的には樫村 2003；斉藤 2003 など）、あるいは「セラピー文化」（田邉・島薗編 2002；小池 2007 など）の興隆として捉えられている。(11)

5 「自己のテクノロジー」

先述のローズによれば、今日の「心−科学」が提供するのは、自分自身を管理、変革、治療の対象とするような心理療法的技術だという。ローズはこのような技術について、フーコーを参照して「自己のテクノロジー」と呼ぶことができるという。この「自己のテクノロジー」とは、フーコーが晩年に取り組んだ「自己の自己との関係」（Foucault 1984a = 1986 : 13）による主体化という問題系の中心概念で、簡潔にいえば自分自身によって統御された自己形成を可能にする知識・技法だということができる。

筆者はこの「自己のテクノロジー」概念が、今日における「自己の体制」を分析するにあたって、非常に有用な概念だと考えているのだが、それは二つの理由による。第一の理由は、今日流布する、自己をめぐる問いについてのさまざまな手がかり（知識・技法）を、現代社会論を踏まえて位置づけたうえで、定まった観点から分析に付していくことができることによる。たとえば、直接言及はされていないが、先述したメルッチの「本当の自分」を見分け、「ある特定の瞬間に、多くの可能な自己のうちのどの自己が自分のものかを決める」ための知識・技法は、まさに自分自身による自己形成を可能にするテクノロジーだということができるだろう。またギデンズが「自己の再帰的プロジェクト」化をめぐって展開する議論にも、やはりそれとは直接言及されないものの、「自己のテクノロジー」に合致するような技法が頻出するのを確認することができる。またローズらは、自助努力、自己責任を求める新自由主義——ローズの表現では「アドヴァンスド・リベラル・デモクラシー」（Rose 1996：98）——的政治・経済的体制のもとで、その自助努力等を支援する「自己のテクノロジー」が浸透するようになっていることを指摘している。このように、現代における「自己の体制」について考えるにあたって、後期近代という包括的な社会状況、あるいは新自由主義的政治・経済状況（ローズらの指摘は主に欧米についてのものだが、日本にもこの指摘がある程度当てはまるとして）を背景にして浸透する自己形成や自己決定の支援技法（自己のテクノロジー）が、体制の構築に大きく関与しているという観点から、さまざまな事象を位置づけ、分析に付すことができると考えられるのである。

ただ、分析に付すとはいっても、一体どのように分析を行うことができるのかは未だ不分明だろう。そこでもう少し、「自己のテクノロジー」概念について説明をしておくことにしたい。フーコーは、「自己の自己との関係」による主体化は、「自分自身を構成する流儀」における四つの観点から考えることができるという（Foucault 1984a = 1986：35-37）。その第一は、「倫理的素材 substance éthique」と呼ばれるものだが、ここでフーコーが述べている「倫理」とは、ほぼ「自己の自己との関係」のことだと考えてもらいたい（1982b = 1996 など参照）。つまり「倫理的素材」とは、自分自身のどの部分と向き合い、自己実践の素材とするのかという観点を意味する。これはたとえば行動や習慣に注目してその変革を志向するというパターンもあれば、感情に注目するというパターンもありうる。また感情に注目する場合でも、さらに分け入って肉欲や性欲、不安やコンプレックスの認識あるいは受容をポイントにするといったバリエーションがありうる、ということである。[12]

第二は、「服従化の様式 mode d'assujettissement」で、どのような様式や権威にもとづいて、「自己の自己との関係」を定めていくかという観点である。これはたとえばフーコーが『主体の解釈学』（2001＝2004）で示しているような教会の釈義に従うという場合もあれば、より現代的に専門家の指摘に従うという場合もありうる。また、偉人や道徳律に範をとるという場合もあるだろう。

第三は、「倫理的作業 travail éthique」で、どのような手続きを通して自分に働きかけていくのかという観点である。これはたとえば自分自身の思考を精査する、日記をつける、生活習慣を改善する、あるいは第1節で示した各種の手がかり等、非常に多くのバリエーションがあると考えられる。より厳密にはこの作業こそが「自己のテクノロジー」である。

第四は「目的論 téléologie」で、こうした自己実践を通して、どのような存在様式を最終的に目指すのかという観点である。これはたとえば成功者（のよう）になること、自分自身の修養、「本当の自分」の発見、より「高次の存在」との一体化等のパターンが考えられる。

フーコーはこのような、「自己の自己との関係」のあり方を読み解くための四つの観点にもとづいて、晩年の研究を展開していった。そしてフーコーの死後、「自己のテクノロジー」概念の含意に注目した研究者もまた、この四つの観点を分析視角として、さまざまな時代の自己のあり方について分析を行ってきた（Rose 1996, 1999; Goldstein 1998; Hazleden 2003; Tamboukou 2003; Farquhar and Zhang 2005; 伊佐 2006; Brenninkmeijer 2010 など）。筆者もまた、「自己のテクノロジー」に関連するこの四観点を分析視角とすることで、今日における「自己の体制」を構成する知識・技法の特性をより明確に描き出すことができると考えている。[13] これが同概念を有用だと考える第一の理由である。

第二の理由は、フーコー以後の「自己のテクノロジー」研究の展開に関連するものである。晩期フーコーの解釈には諸説あるが、ジル・ドゥルーズ（Deleuze 1986＝1987）や佐藤嘉幸（2008）からは、晩年のフーコーは、それ以前の知・言説の研究（主に一九六〇年代）、権力の研究（主に一九七〇年代）において、ほぼ完全に規格化されたものとして主体（性）が扱われていたという点に軌道修正を施し、「自己の自己との関係」という相対的に自律した問題系を導入したという解釈が示されている。

たとえばドゥルーズは、「折りたたむ plier」（Deleuze 1986＝1987：157）という用語を用いて晩年のフーコーの議論を整理している。これは、知や権力が促してくる、あるいは強制してくる主体化 assujettissement の圧力に人々は完全に従うのではなく、その主体化の促し・強制を人々が自分自身で流用し、組み換え、わが物とし、自らが自らに再適用すること、すなわち「自己の自己との関係」を通して主体化 subjectivation を行いうるという可能性もしくは契機を説明しようとするものである。つまり、「私が何者であるか」を同定しようとし、その「同一の状態に留まる」（Foucault 1969＝1981：31）ことを求める、知・言説による主体化の圧力を、あるいは諸社会制度に組み込まれた規律・訓練を通して個々人を従順な身体へと化し取り締まろうとする、遍在する権力による主体化の圧力を、個々人が（それぞれの社会的制約の中で）組み換えて折りたたむ可能性・契機である。[14] このような、知や権力から派生しながらも、それらに完全に依存することのない「自己の自己との関係」による主体化の経路の導出こそがフーコーの到達点であるとドゥルーズは述べる（Deleuze 1986＝1987：159）。こうした解釈から導き出されるのは、「自己の自己との関係」による主体化をめぐる議論とは、知や権力に対する抵抗について考える問題系なのだという視点である（佐藤 2008：87–90）。[15]

だが、フーコーの死後、「自己のテクノロジー」に関する研究を行ってきた論者の多くが指摘するのは、権力に対する抵抗の拠点として導出されたはずの「自己の自己との関係」という主体化の経路が、今日では他者の行為の管理・統制——やはりフーコーの用語でいえば「他者の不確定な行動の領野を構造化する」(Foucault 1982a＝1996:301) 営みとしての「統治」——の実践に組み込まれているという屈折した事態である。すなわち、労働、教育、家族、福祉、司法・矯正等の領域において、一望監視的な諸制度に起因する従順な身体の規格化ではなく(つまり知＝権力の系列に属する統治性ではなく)、「自己の自己との関係」を柔軟に取り結ばせること、より具体的には、自己を十全にコントロールし、自律的に行動し、自ら責任を負い、自己実現を果たしていくような主体となることの支援・促進を通して問題を処理するような施策が浮上してきたというのである(16)。

幾度か名前を挙げているローズがこの立場の代表的な論者である。ローズらは、先にも挙げた新自由主義的政治・経済体制のもとで、人々に「自己の自己との関係」を特定の形式で自ら調整させる知識・技法が拡散し、フレキシブルな働き方・生き方への適応が、強制的ではないものの、しかし個人的な課題——「それは他の誰でもなく、あなた自身の問題なのだから」——として人々に課されるようになっていると主張する(そのための知識・技法の主たる担い手が「心—科学」の専門家であるという)。ここで彼らが問題にしているのは何か。それは、知や権力を人々が自らの内側へ折りたたんでいくという契機に介入し、その「折りたたませ方」の調整を求めるような、私たちの最も親密な領域において作動する権力——自分自身であれ！自由に考え行動せよ！自己実現せよ！ということを促す権力——の今日的様態だということができる。筆者が「自己のテクノロジー」概念に注目する第二の理由はまさにこの点にある。すなわち、私たちの最も親密な領域に忍び込んでくるような、また、特に現代に特有の社会的諸力の機制を把捉・析出しようとするとき、同概念が非常に明確な見通しを与えてくれるという点である。

6　自己啓発メディアという「自己のテクノロジー」

ここでようやく、「はじめに」で示した自己啓発をめぐるムーブメントに立ち戻ることができる。繰り返しになるが、今日の日本では、自己啓発（自分自身の認識・変革・資質向上への志向）が一つのムーブメントとなっている。自己啓発書――同様の文言がさまざまなメディアでみられるのであれば、より精確には自己啓発書を含む、自己啓発に関連する内容を扱うメディア（自己啓発メディア）――は、そこに掲載されている自己認識・変革・資質向上のための知識・技法を読者自身に適用あるいは応用してもらうことによって、人々の悩みやニーズに応えようとするものである。その様態はまさに「自己の自己との関係」の調整を人々に促す知識・技法、つまり「自己のテクノロジー」であるということができるはずである(17)。

自己啓発メディアについて素朴に考えれば、それは人々のさまざまな悩みに答える「処方箋」を提供するものであり、人々の生を支援しまた導く「現代人のマントラ」（伊佐 2006:1）だということになるだろう。実際、多くの場合そのように消費されているはずである。だがその一方でこれらは、特定の自己をめぐる問いをまさに創出し、また重みづけ、そしてその可能な、望ましい答えを端的なかたちで提供するという点で、今日における「自己の体制」を構成する知識・技法そのものでもある。

自己啓発メディアが人々の関心を集めているのであれば、その影響力はなおさらであるはずだ。また、自己啓発的な物言いが社会のそこかしこに散らばっている今日においては、その影響は自己啓発メディアの熱心な読者にのみ及ぼされるものではなく、今日の社会を生きる私たち全員にも、程度の差こそあれ関わってくるものでもあるはずだ。そしてそれは、さまざまな知・権力を「自己の自己との関係」へと折りたたむ、その契機に介入してくる知識・技法であるという意味では、私たちの最も親密な領域において作動する――後期近代というさまざまな社会的規範がもはや自明のものではなくなった社会的状況、あるいは新自由主義という言葉で表現されるような自助努力・自己責任を求める政治・経済的状況と相関しながら作動する――今日的な権力の一様態でもあるはずだ。

さて、このような自己啓発メディアの位置づけを踏まえて、本書が具体的に何を対象とし、何を明らかにしようとするのかは、いまや明白だろう。すなわち、今日広く流布している自己啓発メディアは、私たちが生きるこの社会にどのような「自己のテクノロジー」を発信しているのか。そのようなテクノロジーは私たちに対し、自己にどう向き合うことを求めているのか――先述した「自分自身を構成する流儀」についての四観点から言い換えるならば、それらのテクノロジーはどのような「自己の自己との関係」を取り結ぶことを要請し、誰の、あるいはどのような集団の権威を参照することを求め、何を行うことを促し、そしてどのような自己のヴァージョンへと誘おうとするものなのか。「はじめに」で述べた、自己啓発メディアの世界観・教理を読み解くという本書の包括的な目的は、特にこのような観点を中心に取り組まれることになる。

ただ、先に自己啓発メディアについて「権力」という観点から言及を行い、またここで「権威」という表現を用いたが、筆者は決して、私たちが誰かに操られているといった「陰謀論」を展開したいのではない。そもそもフーコーの議論を援用している時点でそのような立論にはなるべくもないし、また自己啓発メディアの送り手たちは概して、人々の悩みを解決し、人々の生を支援したいという「善意」によって動いており（また実際に人々の悩みを解決し、人々の生を助けてもいるだろう）、仮に「陰謀論」を主張したとしても、それはクリティカルな指摘にはなりえない。「陰謀論」の代わりに筆者が行おうとするのは、自己啓発メディアという現代に特徴的な「自己のテクノロジー」、およびその権威づけの様態と布置を描き出すことを通して、今日における自己の可能かつ望ましいあり方（自己の体制）について、また自己啓発に多くの人々が専心する今日の社会について考えてみることである。「はじめに」でも述べたことだが、本書が目指そうとするのは、「『自己』とは何か」という問いそのものではなく、「『自己』とは何か」ということを自然と考えさせられてしまうような社会の構成に目を向けることを通して、自己について、また私たちの生のあり方について考えようとすることなのである(18)。

7　本書の社会学的意義

具体的な分析にとりかかる前に、本書の学術的意義、すなわち先行研究との関連性と、分析にあたってのスタンスについて示しておきたい。まず先行研究との関連性については、主に三つのテーマにおける関連性を考えることができる。第一は、社会学的自己論との関連である。概して「カルチュラル・ターン」以後、自己論研究の具体的な展開は、人々のアイデンティティの社会的構築プロセスに焦点を当てて進められてきたといえる。本書は、そうした研究と理論的ルーツを一部共有しながらも、より包括的な志向をもつ分析、つまり、人々が自己に向き合い、また自己を語るにあたって利用する、シンボル・言語・表象体系の様態と布置の分析に取り組もうとするものである。このような志向を同様に有する先行研究としては、自己の語られ方（「自我の文法」）が歴史的に異なることを示した社会学者のリチャード・ブラウン（Brown 1987＝1989）や心理学者のケネス・ガーゲン（Gergen 1991）、雑誌上での自己の語られ方について研究した浅野智彦（1994, 1998, 1999）、人生論における人間類型の語られ方について分析した片桐雅隆（2000）などの研究があるが、その研究蓄積は、アイデンティティの社会的構築プロセスをめぐる研究に比して未だかなり少ないということができる。本書は、自己への社会学的接近を、自己を語る個々人あるいはそのアイデンティティ構築を支える関係性への肉薄を通してではなく、自己をめぐる知識・技法の様態・布置の分析を通して行おうとする、未だ探索の余地を多く残す領域に踏み込む研究だということができる。

第二は、第4節で示した後期近代論の実証的検討である。より精確には、後期近代論そのものというよりは、ギデンズが端的に「自己の再帰的プロジェクト」と表現するような、現代的な自己のあり方についての議論を実証的に検討することが本書の第二の意義となるだろう。現代社会学のほぼ「常識」のようになっている、また実証困難といえるほど包括性をもった後期近代論について、本書は自己という観点から取り組んでみたいと考えている。

第三は、やはり第4節で言及した、社会の「心理主義化」「心理学化」に関する先行研究である（森

2000; 小沢 2002; 樫村 2003 など)。これらの研究は、本書の着想の重要な起点となっているものだが、これらは内面への注目の高まりという事象について、社会の「マクドナルド化」(森)、専門家の利害関心(小沢)、再帰的近代(樫村)といった変数に高い位置価を与えて説明を行うものである。すなわち第2節の大野の区分でいえば、政治・経済・社会システムあるいは専門家の利害関心といった外在的変数によって文化的事象(内面への注目の高まり)を説明する「文化についての社会学」というアプローチをとっているのである。本書でも、樫村と同様の再帰的近代(後期近代)という枠組を採用しており、こうした議論の説明能力を全て否定するものではない。だが従来の研究は、「心理主義化」「心理学化」という文化的事象を、その外在的変数によって説明しようとする向きが強く、そのことによって文化的事象の自律的なダイナミクスを看過している面があると考えられる。これに対して本書が依って立つ、文化の相対的自律性をより重視する文化社会学のアプローチは、「心理主義化」「心理学化」という観点から把握することのできる事象の内的論理に接近し、事象の理解をより十全なものにすることができると考えられる。また、これらの諸研究は主張の実証的根拠という意味では大きな難点を残すものであった。本書は、森らが切り開いた、社会の「心理主義化」「心理学化」というテーマについての実証的検討という意味でも意義あるものだといえる。(19)

8 分析のスタンス

次に分析にあたってのスタンスである。ここでは簡潔に、そのポイントを二点示しておきたい。第一は分析の具体的な視点である。先述したギアーツは、意味の網の目としての文化の分析の焦点は「意味の構造をえりわけること」（Geertz 1973＝1987a：15）にあると述べている。ギアーツはその選り分けの公準について、「解釈の対象の核心にわれわれを導く」（1973＝1987a：31）ような記述を行うこと、という以上に多くを語ってはいないが、現実的に考えれば選り分けの公準は、あらゆる調査対象に共通するものがあると考えるより、各研究対象に関する先行研究の整理からその都度導出していくものと考えられるべきだろう。本書の場合、先述したフーコーの「自己のテクノロジー」概念、より具体的にいえば「自分自身を構成する流儀」における四つの観点――倫理的素材、服従化の様式、倫理的作業、目的論――がこれにあたる。第二章以降では、各対象資料について、この「自分自身を構成する流儀」の四観点を手がかりとして、また対象資料に関連する先行研究を参照して、資料のカテゴライズと特性抽出を行っていく(20)。

第二点は、シンボル・言語・表象体系としての文化の位置づけである。社会学者のウェンディ・グリスウォルド（Griswold 1994＝1998）は、シンボル・言語・表象体系としての文化（グリスウォルドの言葉では「文化的表象体」）はその「創造者」（送り手）、「受容者」（受け手）、「社会的世界」という四つの要素のダイナミクスの中で成り立つものだと述べる。グリスウォルドはこれら四要素の関係性を「文化のダイヤモンド」と呼んでいるが、本書でも、このような関係性を考慮しながら、意味の網の目としての文化を解きほぐしていくことは重要であるだろう。

ただこの際、これら四要素の関係性は一様ではないことにも注意しておきたい。社会的世界あるいはその一部としての経済的下部構造が文化的表象体の様態に強く影響することもあれば、受容者のニーズが強く牽引する場合もあるだろう。またカリスマ的な創造者が主導するときもあるだろうし、確固たる中心をもたない創造者の複合体が文化的表象体の生成を下支えし、その結果文化的表象体それ自体が自律した運動性をもつようにみえることもあるだろう（本書は基本的には文化的表象の自律性に注目するスタンスをとるが、こうした外在的要因をまったく考慮しないわけではない）[21]。分析対象とする自己啓発メディアがいずれのパターンに近いものなのかは未だ明らかではないが、いずれにせよ「文化のダイヤモンド」のダイナミクスという論点を、各対象資料の分析においては留意することとする。

さて、これらを踏まえて、次章から具体的な分析に入りたい。自己啓発メディアが創り出す「自己の体制」とはいかなるものなのか。以下、まず第二章では、その包括的な見取り図を描き、第三章から第五章では文脈を絞って、またより実証的に、詳らかに自己啓発メディアの分析を行っていく。どのようなメディアを選び出して分析対象とするかについては、非常に多くの選択肢があると考えられるが、本書では、先行研究がほぼ不在というこの対象に取り組むにあたって、第一に読者数の多さと影響力の大きさという意味での代表性を、第二に通時的な比較が可能で、今日的状況の特異性を浮き彫りにできるような資料であることを、第三に執筆者が誰か確認できることを基準としたい。第三の基準は、「自分自身を構成する流儀」の「様式」という観点、すなわちどのような権威を参照するかという分析視角をとるがゆえに、メディアの送り手が捕捉される必要があるためである。議論を先取りすると、これらの基準を充たし、各章で選ばれることになる対象資料は書籍あるいは雑誌という形態のメディアとなる。そこに本書の探究の限界はあるわけだが、筆者は何よりも、多くの人が見知っているようなメディアを対象として、それらが私たちを特定の自己のヴァージョンへ誘うテクノロジーという側面をもっているのだ、ということを記述する方途を選んだ。では、分析に入ることにしよう。

注

（1）こう書くとき、「私」「自分」「自己」といった言葉で指し示されることがらは果たして斉一なのだろうかという疑問が湧くかもしれない。また、社会学における、たとえば「I（主我）／me（客我）」（Mead 1934＝1973）等の自己（あるいは自我）論研究の諸概念とここでの記述はどう関係してくるのか、と思うかもしれない。これに関して本書は片桐雅隆（2011:3）の視点を参照したい。片桐は、「人間、人格、自己、（社会的）性格、アイデンティティ、主体」など、さまざまな語彙から語られ、視点やその内包的性質が形成される対象として、「自己self」という言葉をその内在的な定義をせず措定し、社会学史におけるその語られ方の分析を行っている。本書の目的とするところは以降で述べていくが、その志向性に適合すると考えられた片桐の立場を参照し、さまざまな観点から捉えられ、切望される対象として、「私」「自分」「自己」等の言葉について内在的な定義をせず並列に置くこととしたい。

（2）この土井の指摘は、第4節で述べる社会の「心理主義化」の一例でもある。

（3）この立場は、特に社会学においては、一九八〇年代から一九九〇年代にかけて構造機能主義的なシステム論に代わって浮上・定着したといわれている（厚東 1998:32-33）。

（4）とはいえ、概していえばこれは社会構築主義的研究の一つの選択肢について述べているに過ぎない。シンボル・言語・表象体系を扱う、あるいはそれらの中を生きている個々人および個々人が置かれる状況への接近もまた、多くの研究者によってとられてきた選択肢である。

（5）大野（2011:1-2）によればこうした転回には、「社会的なもの」のもつ自律的な説明力の低下、「シンボル・言語・表象システム」としての文化の前景化、従来の実証主義やマルクス主義に依拠するディシプリンの弱体化・再編成、カルチュラル・スタディーズの勃興などが原因としてあるという。

（6）このような見解のルーツは多元的である。たとえば自己に関連するものだけみても、「人格」の文化・歴史性を説いたマルセル・モース（Mauss 1938 → 1985＝1995）やアレクサンドル・ロマノヴィチ・ルリヤ（Luriia 1974＝1976:1）、自己の本質的・内奥的要素と捉えられることの多い「感情」の文化的差異を主張したミッチェル・ロザルド（Rosaldo 1980）やキャサリン・ルッツ（Lutz 1988）といった文化人類学の諸研究、「感情規則」という観点から感情の社会的構築性に言及したアーリー・ホックシールド（Hochschild 1983＝2000）、自己コントロールという「情感の構造」がマクロな社会変動と結びついて形成されたことを豊富な資料と共に示したノルベルト・エリアス（Elias 1969＝1977,1978）といった感情社会学の諸研究、西欧近代における「プライバシー」感覚の誕生について論じた地理学者イー・フー・トゥアン（Tuan 1982＝1993:17-20）、そしてフーコーの諸研究等、多くの先行研究が自己を意味の網の目としての文化という観点から捉える源流となっている。

（7）文献表記については、煩雑さを避けるため、同一著者の引用が連続する場合、著者名の再掲を省略し、発行年とページ数のみを記載する方式をとることとする。

（8）小林多寿子（1997）が述べるような「自分史」への注目の高まりも、このような文脈から捉えることは十分可能だろう。

（9）自己のあり方を振り返り、問い直すような志向は必ずしも後期近代固有のものではなく、近代社会において常に一定の人々を悩ませる問題であっただろう（たとえばカタログハウス 1994 など）。しかしながら前期近代においてはその問題に「私は○○である」と回答することを保証してくれる資源や権威、すなわち伝統的共同体や、家族、学校や企業等の諸制度から提供される社会的地位・役割のうちかなりのものが、問い直されることのない、つまり「埋め込まれた」ままの状態としてあったのだと考えられる。

（10）浅野智彦（2010 : 58–62）が述べているように、多元的な関係性の中で「キャラを立て」、使い分けていくという戦略もまた、このような自己の再帰的構成の一展開と考えられるように思われる。

（11）「心理主義化」と「心理学化」は英語ではともにpsychologizationだが、内面への関心が高まる事態（心理主義化）と、内面を司る専門家の社会的地位上昇（心理学化）とは、双方が絡みあって起こっているにしても、語義としては区分しておく必要があるだろう（日本社会臨床学会 2008も参照）。また、「心理主義化」「心理学化」「セラピー文化」の浸透には、また異なった文脈として、一九七〇年代以降に広がった社会・文化運動としてのニューエイジ運動（精神世界、新霊性運動とも呼ばれる）との繋がりを考えることもできる（島薗 1996, 伊藤・樫尾・弓山編 2004などを参照）。また、この「ルーツ」をさらに追い求めていくならば「ニューソート」という思想潮流までさかのぼることが可能だろう（Larson 1987 = 1990など）。

（12）『性の歴史Ⅱ』等の訳出では「倫理的実質」とされることが多いが、本書では分析概念としての特性をよりクリアにするため、「倫理的素材」と訳出して用いることとしたい。

（13）これに関連して社会学者ミッチェル・ディーンもまた、「自己のテクノロジーについて語ることは、歴史・文化的に伝えられてきた一連の実践としての自己形成を取り扱うということである」（Dean 1995 : 563）として、「自己のテクノロジー」概念の分析枠組としての普遍的有効性に言及している。

（14）フーコーの諸研究をこのように切り分けてしまうことには異論もあるかもしれない。これについて筆者は、晩年に繰り返されたフーコーの自己総括（Foucault 1982b = 1996 : 320–321など）およびここに挙げたドゥルーズ、佐藤、ローズらのフーコー理解に依拠している。

（15）このようなフーコーの晩年の議論について、哲学者のリチャード・ローティは「プライヴェートな自律性を求める欲望の投影」（Rorty 1991 : 197）だと批判するが、このような批判は妥当ではない。なぜなら、

「自己の自己との関係」による主体化の様態は社会制度から独立したものではなく、知や権力を通した主体化の実践と表裏一体のかたちで生成するという意味で、「事物についての歴史的シェーマの内部」(Butler 2005 = 2008 : 32)、つまりさまざまな社会的変数の相関物として生まれるからである。「支配のテクノロジーによる自己のテクノロジーの単純な決定はない」が、「支配のテクノロジーが存在する可能性の前提や条件になる」(Burchell 1993 : 268-269) のである。「規範はその必然的効果として主体を生産するのではなく、また主体はその反省性を創始するような規範を自由に無視できるわけでもない。人は例外なく、自分では選ぶことのできなかった自分自身の自由の条件と闘っている。もしこの闘争の中に行為能力、あるいはまさに自由の作用があるとすれば、それは制約が可能にし、制限するような領域で生じるのである」(Butler 2005 = 2008 : 35) という思想家ジュディス・バトラーの言及は、制約と自由、権力と抵抗に関するフーコーの立場を端的に要約しているといえるだろう。その意味でも晩年のフーコーの探究は素朴に「プライヴェートな自律性」を取り戻そうとするような試みとしてではなく、「自己の自己との関係」の軸による主体化という観点から、権力と抵抗についてより深く考えようとする試みだと捉えられるべきなのである (Goldstein 1998 : 50)。ただ、それでもフーコーの個人主義的視点、およびジェンダー的視点の欠落への批判はなおある (Golden 1996 : 384 ; Elliott 2001 = 2008 : 142-144)。

(16)「自己のテクノロジー」に関する研究の展開については拙論文 (牧野 2009a) を参照。

(17) フーコーは、晩年の「自己のテクノロジー」をめぐる研究にあたって、その素材について次のように言及している。

活用予定の資料については、そのほとんどが〈規定中心の〉文献ということになるだろう。それは形式 (演説、対話、論考、教訓集、書簡など) はどうであれ、行為の規則の提示を主要な目的とするテクスト、という意味である。（中略）これから分析する領域は、申し分なくふるまうための規則や提言や勧告を示そうとするテクストによって組立てられている。つまり、〈実用的な pratique〉テクストなのであるが、ただし、それらは読まれたい、学ばれ瞑想され活用され試されたいと望んでいる点では、しかも結局は日常の行為の骨組を組立てることを目指す点では、それ自体が〈実践 pratique〉の目標・対象なのである。これらのテクストの役割は、個々人が自分の行為について反省し気をくばり、それを形づくり、みずから自分を倫理的主体として作りあげる、それらのことを可能にする操作子だという点である。（Foucault 1984a＝1986：20）

フーコー自身は、形式はどうであれ、人々に対して何らかの生きるための実践的指針を示し、個々人が自分自身を認識・実践対象としていくことを可能にするような資料、つまり「ハウ・トゥ」的な資料にもとづいて、晩年の研究を行っていた。また、「自己のテクノロジー」に関する研究のいくつかも、このような指針にもとづいて資料の選定と分析が行われてきた。

（18）仮に、私たちの最も親密な領域において作動する権力への抵抗の契機を見出そうとするならば、それは「陰謀論」ではなく、筆者が今これから行おうとしている営みの先にみえてくるものではないかと考えている。それが何であるのかは、終章まで待ってほしい。

（19）これらに加え、自己啓発セミナーやマルチ商法などを扱った宗教社会学的研究（芳賀・弓山 1994；島薗 1996；小池 2007 など）、人々の自助や自己形成のあり方について研究を行ってきた通俗道徳、教養主義、修養主義研究（安丸 1974；竹内 1991；筒井 1995；川田 2006 など）もまた、部分的に関連のある研究分野だといえるだろう。これらは関連する限りで、次章以降に言及していく。

（20）より技術的なことを述べておくと、筆者は質的研究の一技法である「グラウンデッド・セオリー・アプローチ」における「理論的サンプリング」および「理論的飽和」（Grazer and Strauss 1967＝1996：64-87）

の概念を参照して意味の選り分け手続きを遂行していく。すなわち、資料の分析プロセスの中で仮説的に（データ対話的、グラウンデッドに）浮上した、資料の特性について大きな説明力をもつと考えられた説明モデル（ここでは資料のカテゴライズ、および各カテゴリーにおける特性）について、調査対象を説明する理論が安定するまで（理論的に飽和するまで）仮説形成と理論的関連性の高いデータの抽出・分析を繰り返して修正を行い、最終的なモデルを提出するという質的分析のスタンスである。また、こうした仮説形成に際しては、批判的言説分析というアプローチを提唱している社会言語学者ノーマン・フェアクロー（Fairclough 2001＝2008：64）の反復性と累積性についての言及を参照する。すなわち、メディアはそのメッセージを「反復」することによって「累積的な効果」をその読み手に対して及ぼすという言及である。筆者はフェアクローの言及を参照し、反復して繰り返される表現やメッセージを初発的な手がかりとして、データ対話型の理論モデル構築を行っていくこととした。

また、文化的表象体を分析する際の基本単位の設定においては、高橋均（2011：56）の知見を参照する。高橋は、フーコーおよび橋爪大三郎（2006：191）を参照して、これ以上分解することのできない個々の文章構成要素を「言表」とし、それらが特定の文脈に置き直され、意味が解読可能な文章となった状態を「テクスト」、同一の意味をもつ複数のテクストの総体を「言説」と呼んでいる。そして赤川学（2006：37-41）に依拠しつつ、そのような言説の様態と布置（言説的事実）こそが社会学者が解明すべき、個人に外在し個人を拘束する「社会的事実」（Durkheim 1895＝1978：51-54）であるとしている。本書の分析対象は、場合によってはある単語の登場頻度のような「言表」になると考えられるが、意味の網の目＝文化に注目する立場からすれば「テクスト」が中心になるだろう（本書で文言、物言いという表現で言及しているのはこの水準である。テクストという表現が文章の流れをせきとめてしまうことがままあるため、このような表現を代替的に用いている）。より具体的には、まず自己啓発メディアにおける言表およびテクストレベルの反復性に注目し、特徴的な言表とテクストへの言及を行うことで分析が進められる。

それらを踏まえて、その総体としての自己をめぐる言説の様態と布置（言説的事実＝社会的事実としての「自己の体制」）について言及を行っていく。「言説」という概念をどう位置づけ、また用いていくかをめぐってはさまざまな議論がなされているが（佐藤・友枝編 2006 など参照）、本書ではここまで述べてきたようなスタンスを採用することとしたい。

(21) ただ、資料の傾向の解釈に際しては、資料に書かれていない、または資料から直接類推できないような解釈、つまり資料外在的な解釈枠組を安易に持ちこまないということをここで言明しておきたい。たとえば当時の政治体制や経済の動向（社会的世界）を、資料における文化的表象体の様態の根拠として説明するといったことがそれにあたる。これは、資料に何らかの社会的背景への直接的言及が一定の反復性をもって観察できる場合、もしくは送り手の明確な方針として言明されている場合はともかく、そうでない場合は、資料に埋め込まれている意味の網の目＝文化そのものに目を向けず、資料の傾向とは実はまったく関係がないかもしれない社会的世界の動向を当てはめることになってしまうためである。これは、「種々の外的決定要因の影響は、〈場〉に固有の諸力や諸形式を媒介としてしか、けっして及ぼされることはない。つまり〈場〉が高度の自律性をもち、固有の論理を強く押しつけることができるほど、それだけ重要なものとなる再構造化を経た後でなければ、外的決定要因の影響はけっして及ぼされることはないのである」（Bourdieu 1992＝1996: 89）というピエール・ブルデューの見解、すなわちさまざまな対象をめぐってその正統性や卓越性が争われる「場」に外在する諸要因の影響は、その「場」で流通する言語への翻訳（再構造化）を経なければ及ぼされえないという見解に筆者が賛同するためである。ただ、これは資料が置かれた文脈や社会的世界を全く考慮しないということでは決してない。資料に直接言及されている限りにおいて、社会的世界との関連は考慮に入れたいと考えている（議論を先取りすると、その場合でも、外的要因は資料の傾向変化の「必要条件」にはなりえても、その様態までを決定する「十分条件」にはなりえないと考えられるのだが）。本書は、文化的表象体それ自体のダイナミズムにまず傾注するという意味で、全く斉一ではないものの、赤川（2006:41）が「言説至上主義」と呼ぶ、「言説以外の要因を故意に説明から排除するというネガティブな姿勢ではなく、言説内要因／言説外要因を説明変数として同列のものとして考慮した上で、あえて言説内要因の重要性にかけてみる立場」に近いスタンスをとっている。これは先述した文化社会学の立場にも通じている（大野 2011：v）。だが、資料の傾向の内在的理解を促進するような分析概念については、この限りではない（「自己の再帰的プロジェクト」「心理主義化」「心理学化」がそれにあたる）。

第二章　自己啓発書ベストセラーの戦後史
――戦後日本における「自己のテクノロジー」の系譜

1　自己啓発書ベストセラーについて

（1）本章の目的とスタンス

本章では今日における「自己の体制」についての分析の手始めとして、最も包括的な観点から自己啓発メディアに迫ってみたい。それは自己をめぐる問いを扱うメディアの中でも、特に多くの人々に読まれ、消費されていると考えられるメディア、すなわち書店などでは「自己啓発書」として陳列されている書籍ジャンルの分析である（これは「はじめに」においてまさに示した事例である[1]）。

この自己啓発書というジャンルは、特に近年の国内出版市場において重要な位置を占めるように

図表 2-1　国立国会図書館データベースにおける件名「人生訓」の年別発行点数

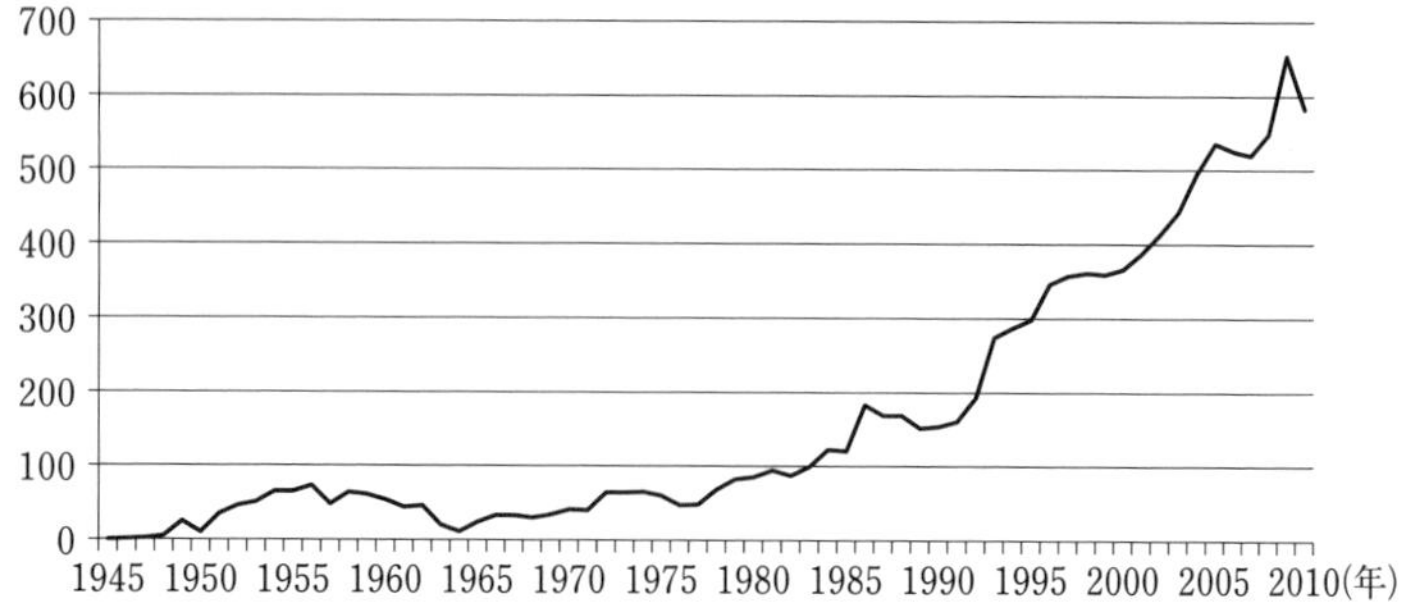

注：データ取得日は 2011 年 8 月 31 日。

なっている。たとえば全国出版協会出版科学研究所の『2011年版　出版指標年報』では、「こころ、生き方に関わる本は、若い人からお年寄りまで幅広いニーズがあって、出版活動は活発」（2011：83）としてその好調な売れ行きが報告されている。筆者自身、自己啓発書の一角を示すものと考えられた、国立国会図書館データベース（NDL-OPAC）における件名「人生訓」(2)に分類される書籍の発行点数を年ごとに集計・整理したが（図表2-1）、これについても近年の発行点数が顕著に増加している。

図表2-1についてより具体的にみていくと、一九八四年に初めて一〇〇件を突破した発行点数は年々増え続け、二〇〇九年には六五四冊と過去最高の点数を記録するに至っている（一九四五年から二〇一〇年までの累計は一万九八四冊）。書籍の出版点数自体が増加傾向にあるという状況を踏まえても、「人生訓」に分類された書籍が出版点数全体（『出版指標年報』による）に占める割合は、一九六〇年代の〇・二四％から、一九七〇年代〇・二七％、一九八〇年代〇・三九％、一九九〇年代〇・五五％、二〇〇〇年代〇・六七％と増加の一途をたどっている。「人

生訓」を扱う著作は自己啓発書の一例に過ぎず、「人生訓」という件名への振り分け基準も明確ではないが、それでも図表2-1からは概して、自己啓発的な内容を扱う書籍群が出版市場におけるその地位を、また一般的な関心をますます高めているということができる。

さて、「人生訓」に分類されるだけでも一万冊を数える自己啓発書を網羅的に分析することは、実際的にはまず不可能である。そこで本章では、それらのうち多くの読者を獲得し支持されたという点で人々への影響が大きいと考えられる、「ベストセラー」に特に注目して分析を行うこととしたい。かつて戦後二〇年間のベストセラー分析を行った見田宗介（1965: 72）はその分析にあたって、自らのスタンスを次のように述べている。すなわち、個々の読者の心理の機微に立ち入ることはできないが、「内容上読者のどのような欲求・関心に応じ訴えるものであるか」という観点から「大まかな関心領域」を記述するのが自らのスタンスだ、と。自己啓発書ベストセラーに注目する本章においても、読者層やその心理の機微には深く立ち入らず、ベストセラーのそれぞれがどのような内容であり、また読者のどのような欲求・関心に訴え、解決へと誘ってきたのかを検討していくこととしたい(3)。本章ではこのような観点から自己啓発書ベストセラーの分析を行い、今日の「自己の体制」を理解するための包括的な見取り図を描くこと、また次章以降での分析に向けた検討課題を提出することを目的とする。

（2）資料の収集基準と資料概要

本章の分析対象資料について説明したい。本章では、複数あるベストセラーの指標から、最も長期間かつ広範に書籍の売れ行き動向を調査・公表していると考えられた、全国出版協会出版科学研究所『出版指標年報』（以下『年報』）における年間ベストセラーを使用する。(4) 筆者はこの『年報』における一九四五年から二〇一〇年までのベストセラーについて、以下のような基準によって自己啓発書の抽出・収集作業を行った。

①自分自身の望ましいあり方、あるいは望ましい考え方・行動の仕方・生き方の啓発を主眼とするもの（その際、たとえば英語力の向上、試験問題の解法、資格取得といった、自分自身の変革ではなく、何らかの外的目標の充足・専門技術の習得を主目的にする書籍は除外する）
②宗教団体の代表者による著作は除外する（読者が非常に固定的であること、またこれらがベストセラーの上位に非常に多く入っているために、これらをカウントすることで資料に著しい偏りが出てしまう）
③自伝は除外する（「自分自身を構成する流儀」という観点からの分析が意味をなさないため）

この基準にもとづき、筆者は戦後六六年間のベストセラー書籍（『年報』の年間ベストセラーに掲載されたのは総計一六五〇冊）から一〇四冊の書籍を抽出した。以下での分析はこの一〇四冊を中心に、適宜関連資料を合わせて参照しながら進めていく。(5)

資料を分析するにあたって、まず一〇四冊の自己啓発書の全体的傾向を整理しておきたい。基準にもとづいて抽出された書籍数は一九四五年から一九五九年までが四冊、一九六〇年代一四冊、一九七

図表 2-2　各時期におけるベストセラー執筆者の分類

職業	作家・評論家・思想家	医者・心理学者・脳科学者	コンサルタント	実業家・経営者	教育者・トレーナー	僧侶・仏教学者	霊能力者	その他学術研究者（文学・政治・経済・工学等）	その他
冊数	29	19	13	9	8	6	5	8	10
割合	27.9%	18.3%	12.5%	8.7%	7.7%	5.8%	4.8%	7.7%	9.6%
1945-1969	38.9%	16.7%	11.1%	16.7%	0.0%	0.0%	0.0%	0.0%	16.7%
1970-1994	30.0%	13.3%	3.3%	10.0%	3.3%	16.7%	3.3%	13.3%	6.7%
1995-2002	13.6%	36.4%	13.6%	9.1%	9.1%	0.0%	0.0%	9.1%	9.1%
2003-	29.4%	11.8%	20.6%	2.9%	14.7%	2.9%	11.8%	5.9%	8.8%

〇年代一一冊、一九八〇年代一〇冊、一九九〇年代一九冊、二〇〇〇年代（二〇一〇年含む）四六冊と、特に一九九〇年代から二〇〇〇年代にかけて多くなっている。『年報』によれば、書籍売り上げのピークは売上高では一九九六年（一兆九三一億円）、販売冊数では一九八八年（九億四三四九万冊）であるため、基準によって選定された書籍の冊数増大を単純に自己啓発書の売上増大と判断するには留保が必要である。[6] だが図表2-1の動向と合わせて、自己をめぐる問いを扱う書籍が出版市場におけるその相対的な位置づけを浮上させ、また人々の関心をより多く集めるようになってきたということは確かだと考えられる。

次に、ベストセラー著者のプロフィールについてみてみよう。著者の性別は、一〇四冊中九〇冊（八六・五%）が男性である。これはビジネスに関連した書籍が自己啓発書の中核を占めているという理由にもよるが[7]、そもそもビジネス書の書き手がほぼ男性に占有されているということも含めて、自己啓発書とは総体的には男性中心的なメディアだということができるだろう。また、ベストセラーランキングに掲載された年次における著者年齢の平均は五四・三歳である。(8) 自己啓発書ベストセラーの著者は、社会において一定の地位を確立している場合が多いが、そのことが平均年齢の高さに表れているとも考えられる。そして、著者の職業について整理したものが図表2-2である。(9) その割合としては「作家・評論家・思想家」(二九冊、二七・九%)が最も多く、ついで「医者・心理学者・脳科学者」(一九冊、一八・三%)、以下「コンサルタント」「実業家・経営者」等が続いている。自己啓発書やそれに類する文言はさまざまな立場の人々が発することができるが、それが多くの読者を獲得したかどうか、という点から考えるならば、その傾向はかなり偏ったものになっている。また、次節以下の分析では、ベストセラーの傾向にしたがって四つの時期区分を設けているが、図表2-2からは、劇的とまではいえないものの、ベストセラーの著者職業に時期ごとの違いがあることがわかる。

2　哲学的思索、記憶術、「心がまえ」と精神論——戦後から一九六〇年代まで

第一章で、分析は「自分自身を構成する流儀」についての四つの観点から行うことを既に述べているが、ベストセラーを一冊一冊とりあげてこれらに当てはめていく作業は非常に冗長になってしまう。そこで以下では、ベストセラーリストに掲載された時期が近く、また類似するテーマを扱っている書籍群を分析の単位とし、各群の特性を順に記述していくかたちで(この中で四観点については適宜触れ

る）分析を進めていくこととしたい。

（１）自己啓発書の古典

戦後におけるベストセラーの分析の前に、自己啓発書の古典とそのルーツについて簡潔に言及しておきたい。このことが、後代のベストセラーの特性を理解する手助けになると考えられるからである。

日本における自己啓発書の草分けとしては、イギリスの著述家サミュエル・スマイルズによる『西国立志編』を挙げるのがおそらく妥当だろう。一八七一（明治四）年に中村正直翻訳のもと出版された同書は、福沢諭吉の『学問のすすめ』と並ぶ近代日本最初のベストセラーとして、「総計一〇〇万部は出たといわれるほどの売れ行きを示した」（渡部 1991:546）という。「天はみずから助くるものを助く」というベンジャミン・フランクリンの格言から始まる同書で繰り返し主張されるのは、格言が説く自主独立の精神に加え、修身、刻苦勉励、倹約、誠実、忠孝といった徳性・品性の涵養であった。同書では当時の成功者のエピソードを挿し込みながらこうした徳性・品性の涵養が語られ、その実現による「邦国の昌盛」（Smiles 1867＝1991:59）が説かれている。

世界的な自己啓発書ベストセラーとしては、デール・カーネギーの『人を動かす』（Carnegie 1936＝1999）と『道は開ける』（1944＝1999）、ナポレオン・ヒル『思考は現実化する』（Hill 1937＝2005）をその代表的なものとして挙げることができる。実際、以下でとりあげるベストセラーにも両者の著作はしばしば登場する。カーネギーの著作では、各界の成功者や専門家（哲学者や心理学者）の言葉を引用しながら、『人を動かす』では人を動かし、説得し、変化させ、また人に好かれる原則が、『道は開ける』では人間の「悩み」の実態とその対処法・克服法がとりあげられている。また、成功者への膨大な取材を行ったヒルの『思考は現実化する』では、「明確な目標をもつ」「プラスアルファの努力をする」「信念を机上の空論にせず現実化する」等の原則が掲げられ、「考え方があなたを変える」というメッセージが力強く提示されている（Hill 1937＝2005：71–73）

こうした著作のさらなるルーツに「ニューソート」がある。マーチン・A・ラーソンによればニューソートとは「歴史的宗教の伝統的な諸教理を再解釈しようとする根本的な試み」（Larson 1987＝1990：11）と定義されている。具体的には、この宗教的試みあるいは思想潮流は、一六世紀スペインの神学者ミカエル・セルヴェトゥス、一八世紀スウェーデンの思想家（政治家、科学者でもあった）エマニュエル・スウェーデンボルグをルーツとするものである。ニューソートにおける「原理」としての神、宇宙には不変のルールがあること、こうした世界観を正しく認識することで自らを「神の器」とすること、それゆえに認識と原理の受容の失敗は個人的な責任とみなされること、そして人間の魂が意識・潜在意識・超意識といった複数の水準で存在し各人の健康に影響していることといった諸前提は、必ずしもそのままではないものの、近似する内容の言及を先述の自己啓発書の古典や、今日における自己啓発書ベストセラー（後述するように特に二〇〇〇年代以降の）においてもみることができる。

（2）人生論ブーム

ではベストセラーの分析にとりかかることにしよう。[10] 具体的な分析を始めるにあたってまず、先述した見田の分析を手がかりとしたい。見田（1965：73）は戦後約二〇年間のベストセラーの傾向を七カテゴリーに整理していたが、この中で「人間の『生き方』にたいする関心」、つまり「『人生論的』な問題を扱った思想書や文学作品、伝記」をベストセラーの一潮流として指摘していた。特に戦後まもなくは「時代と人生の〈意味〉にたいする根源的な問いかけ」がなされた時期であるとし、「われわれの生きてきた、また生きている時代の本当の姿と意味をつかもうとする世界観的な問題と、その中でわれわれ自身がどのように生きていくべきかに関する人生観的な問題とが一体となって提起され」るようなベストセラーが相次いだと述べている（1965：77）。

こうした動向は、より一般的には「人生論」のブームとして言及されてきたものである。人生論への注目は戦後まもなくから継続し、一九五〇年代中頃にピークを迎えたといわれる（高島 1956; 樺 1957 など）。人生論ブームにおける代表的な著作の一つが、哲学者・三木清の『人生論ノート』（『年報』によるベストセラーでは一九四七年の六位に登場）である。「死について」から始まる同書は、幸福、虚栄、名誉心、孤独、成功、希望、個性など二三のテーマを論じる哲学的小論集である。ただ同書は、人生の悩みに対する具体的な処方箋を提供するような著作ではなく、「現代における倫理の混乱」に対して「新たに幸福論」を設定すること、つまり当時における「精神的状況」を評論、探究することを目的としていた（三木［1941］1951：13–14）。生き方をめぐる言明はそのような立場から、

幸福は人格である。ひとが外套を脱ぎすてるようにいつでも気楽にほかの幸福は脱ぎすてることのできる者が最も幸福な人である。しかし真の幸福は、彼はこれを捨て去らないし、捨て去ることもできない。彼の幸福は彼の生命と同じように彼自身と一つのものである。この幸福をもって彼は

あらゆる困難と闘うのである。幸福を武器として闘う者のみが斃れてもなお幸福である。（[1941] 1951:20）

というようなかたちで示されるものであった。やや時代が下るが、文芸評論家・亀井勝一郎の『人間の心得』（一九六五年二一位）もまた、「『精神』とよばれるもの、『自己』とよばれるものが目覚めてくるときの一般的諸徴候に、或る秩序を与えんとする」（亀井 1965:13）という立場から、自己とは自らに対する懐疑と疑問のただ中から生まれる（1965:14）、自己に絶望する中から新たな自己が生まれていく（1965:16）といった、やはり哲学的な自己についての探究を展開する著作だった。

この時期には他にも、小説家・文芸評論家である伊藤整の『女性に関する十二章』（一九五四年一位）、フランス文学者・桑原武夫の選による名言集『一日一言——人類の知恵』（一九五七年五位）、作家・三島由紀夫の『葉隠入門——武士道は生きている』（一九六七年二七位）等のベストセラーがある。これらのベストセラーの著述スタイルはさまざまである。たとえば一九五〇年代の「人生論ブーム」の代表的著作でもある『女性に関する十二章』では軽妙洒脱に女性の生き方が語られている。『一日一言』では、山部赤人、キケロ、夏目漱石にはじまり、南方熊楠、ロマン・ロラン、富岡鉄斎で終わる「人類史上の名家」の語録や作品を集めて、「人類の一員として立派に生きる」ために、「思想を強壮にし、よき新行為の源泉となる」知恵を汲み取ることが促されている（桑原 1956:i）。『葉隠入門』では、思想と主体の行動の乖離が厳しく諌められ、内面や思想、観念ではなく言行に配慮する「純粋行動自体の予定調和」（三島 1967:110）、「外面の哲学が美の哲学と結びつく」（1967:140）ような生のあり方が賛美されている。

このような著述スタイルのバリエーションの一方で、本書の筆者はこの時期の生き方を論じるベストセラーの書き手が哲学者・文学作家・文芸評論家といった、人文的な教養を豊富に有する立場の人々でほぼ占められていることに注目すべきだと考える。つまりこの時期においては、自己をめぐる問いについて、その答えの出し方がどうあれ、哲学・文学・文芸評論的な想像力や教養、あるいはそれを身につけている人々のメッセージが重要な参照資源となっていたということである。このような傾向はやがて退潮することになるのだが、哲学・文学・文芸評論的な想像力や教養に縁取られた自己の根源的な探究——これが戦後日本における自己の可能な、望ましいあり方の出発点だったと考えられるのである。

(3) 記憶術と立身出世

見田のベストセラー分析からもう一つ参照したいのが、一九五四年に創刊された光文社の「カッパ・ブックス」に象徴される実用的な知識への関心、すなわち「ハウ・トゥもの」(見田 1965:73)の潮流である。こうした潮流に当てはまるベストセラーには林髞『頭のよくなる本——大脳生理学的管理法』(一九六〇年二位)、南博『記憶術——心理学が発見した20のルール』(一九六一年二位)、渡辺剛彰『記憶術の実際——早く覚えて忘れぬ法』(一九六一年一一位)がある。『頭のよくなる本』では大脳生理学的見地から記憶のメカニズムについて解説され、必要なタンパク質やビタミンB類の摂取、激しい運動を控える、睡眠を十分にとるといった、脳の働きにとっての促進・抑制要因が紹介されている。『記憶術』では心理学的見地からの記憶メカニズムの解説とともに、記憶できるという自信をもつ、記憶することに動機づけを施す、記憶したいことを他の事柄と結びつける等、合計二〇のルールが提示され、その中から「自分の記憶術」（南 1961: 4）を作り上げていくことが求められている。『記憶術の実際』では、著者の成績急上昇と司法試験合格の経験をもとに、記憶したい事柄を他の事柄との連想関係に置く「連想結合法」、ア行なら一（「い」「ひ」などと読める）、カ行なら二（「に」「ふ」などと読める）として数字のごろ合わせを作って覚える「数字変換法」、感情語と結合させて覚える「感覚刀痕術」といった記憶術が紹介されている。

渡辺が成績上昇と司法試験の合格を自らの記憶術の根拠としているように、また南が記憶術の習得によって「もし、あなたが高校生ならば大学受験にパスするでしょう。あるいは外交官試験や司法試験、そして一流の就職試験にパスするにちがいありません。（中略）さらに、大きな業績をあげ、幸福をつかむこともできるのです」（1961: 17–18）と述べているように、記憶術とはさまざまな種類の試験の突破をもたらし、立身出世を可能にすると謳われるものであった。岩井洋（1997）は、明治中期の記憶術ブームと、学校制度が近代化していくプロセス、すなわち暗記中心の試験制度の定着による立身出世熱の高まりとの関係について論じているが、記憶術と立身出世との結びつきはこの時期のベストセラーを通しても確かに観察できる。[11] その意味で、記憶術を扱う著作群が読者に示しているのは単なる記憶のハウ・トゥではなく、術によって記憶力を強化され、その結果試験を突破して立身出世を果たしうるという自己の将来展望、望ましいあり方でもあったのである。

（4）松下幸之助と経営者論

伊佐栄二郎（2006：43-44）は、一九五〇年代に自己啓発的言説における権威の中心が教養主義者（本書の場合、（2）で述べたような文学者・作家・文芸評論家等）から実業家へと移行したことを指摘しているが、ベストセラー上でも一九六〇年代において、実業家や経済評論家による経営者論・指導者論が盛んに登場している。

その代表的な人物が松下電器産業（現パナソニック）創業者の松下幸之助である。松下は『物の見方考え方』（一九六三年五位）、『若さに贈る』（一九六六年二四位）、『道をひらく――日々の言葉』（一九六七年一〇位）など、本章で扱う一〇四冊のうち、個人としては最多となる六冊の著者である。[12] 松下の著作におけるメッセージは一貫しており、かつ非常にシンプルである。それは、つねに謙虚な心を忘れず、誠実に、前向きに、熱心に、困難にくじけず精進努力し、自分自身に与えられた仕事に邁進する、といった「心がまえ」の体得である。これは先述した『西国立志編』の精神にも通じるものである。

だが松下の著作において、こうした心がまえの体得は盛んに促されるものの、ではそれをどう身につければよいのかということについては明示的に示されることがない。たとえば、松下はしばしば「自らの適性にしたがって働く」ことを説くが、その自らが邁進すべき仕事の適性については次のように言及している。

自分の適性はどこにあり、どのようなものか、という問題があります。自分を知れ。口でいうことは容易ですが、じっさいにはきわめてむずかしい。私自身はどうしたか、ということをお話ししましょう。（中略）気分としてはぜひやりたい。しかし、やっていいか、やるべきでないか、その適性があるかどうか、ということを、自問します。そして、幸いにして、よしという答えが出ればやる。（松下 1966: 87–88）

このように、心がまえよりも踏み込んで、具体的な手続きはどうすればよいのかという点では松下の言及は非常に抽象的である。それは引用したような、自分自身あるいは成功者の大づかみなエピソードというかたちでしか言及されないのである。

経済評論家・三鬼陽之助の『決断力――迷ったとき、経営者はどうしたか』（一九六八年三〇位）では、経営者の情報収集、決断、決断後の行動に関して、たとえば「いやなニュースに耳をふさぐな」「孤独に耐えよ」「決断したら、実行まで沈黙せよ」といった法則が提示された後に、三鬼がそれまで取材したという数千人の経営者のエピソードからその成功・失敗例が紹介されるという記述スタイルがとられている。だが三鬼の場合も、たとえば「どのように孤独に耐えればよいのか」についての詳細にはほとんど紙幅が割かれず、「成功者は孤独に耐えて成功したのだから孤独に耐えるべきだ」、あるいは「失敗者は孤独に耐えきれず失敗したのだから孤独に耐えるべきだ」といった、成功・失敗法則の反復がひたすら行われるのみであった。

また、経営コンサルタント・畠山芳雄による『こんな幹部は辞表を書け――幹部7つの資格』（一九六八年二九位）は、企業幹部に必要な伝達能力、育成能力、自己革新能力等について述べている著作であるが、これらの能力を身につける方法については、「〝できない〟〝ムリだ〟〝難しい〟といった一連の自己催眠専門用語を、本日かぎり、自分の禁句とすること」（畠山 1968:57）というような精神論的な態度の貫徹以上に具体的な手続きが示されることはなかった。

つまり、当時の経営者論においては、「ハウ・トゥ」がほぼ欠落していたのである。経営者やビジネスマンとしてのあり方も、特に深く省みられることはなく、たとえば畠山の著作に「われわれは、つねにプロセスのなかにみずからを置き、つぎつぎと環境の打開に挑んでいるという状態にあって、はじめて生き甲斐が得られる」（1968:40）とあるように、仕事に没入し、全身全霊を捧げるべしという疑われることのない前提の上に議論されている。[13] いってみれば、とにかく男なら仕事に打ち込め、とにかく頑張れ、とにかく諦めるな、というわけである。これをフーコーの「自分自身を構成する流儀」から整理しておくならば、当時の経営者論には倫理的素材（体得されるべき心がまえ・初志貫徹されるべき精神）、様式（成功者の示す規範の体得・遵守・模倣）、目的論（仕事における成功）をそれぞれ観察することができる一方で、それらをいかに身につけるかという倫理的作業はほぼ欠落していた、ということができる。[14]

3　失われた「心」の模索——一九七〇年代から一九九〇年代前半

（1）仏教書ブーム

日本では戦前を含めて幾度も、またさまざまなかたちで仏教（書）ブームが起こっているといわれるが（大谷 2005 など参照）、ベストセラーにおいては一九七〇年代前半に集中的に仏教関連書籍が登場している。その端緒となったのは薬師寺管主・法相宗管長である高田好胤の『心――いかに生きたらいいか』と『道――本当の幸福とは何であるか』（一九七〇年七位、一〇位）である。高田の著書はその法話を活字化したもので、体系的に生き方や考え方の啓発を行うものではない。法話のほとんどは、鑑真等の高僧から身の回りの人々までのさまざまなエピソードからなるものだが、より端的には、

「色即是空、空即是色」とあります。一言でいえば、この「空」という一文字が「般若心経」の心であり、「空」という一文字を二六五字で説明しているともいえます。その「空」というものを体得した智恵が、つまり般若の智恵ということになります。それなら、「空」というのは何だろうか。「空」という字は「むなしい」「そらぞらしい」「からっぽ」などと読むこともできますが、ここでは「かたよらない」「とらわれない」という意味であります。（中略）だから、「空」にこだわり、とらわれても、それはもはや「空」ではなくなります。（高田［1969］1990：58-59）

という般若心経の理解にもとづいて、真の幸福とは物質的なものにとらわれることでは得られないこと、自分は他者に生かされていることを知り日々感謝とともに生きること、誠実に無心に日々を生きること、いつくしみの心をもつこと等が説かれている。

臨済宗龍源寺住職である松原泰道の『般若心経入門――276文字が語る人生の知恵』（一九七二年八位）では、より体系的に般若心経の教えが説かれている。松原は、現代の多忙な生活の中で人々

は心を失い、また「豊かさの苦悩」（松原 1972：31）を抱えるようになっているという。それに対して般若心経は、豊かさの中で「失われた『心』」（1972：20）、自我の底に「埋みこめられている真実の自己」（1972：31）、「自分の中のもう一人の自分、本質（本来といってもいい）的な自分」（1972：104）を取り戻す方向を示してくれるものであると松原は説く。客観的に存在する「知識」ではなく、自らに内在する主観的事実を学ぶという意味での「知恵」（パーリ語のパンニャー＝般若の翻訳）の体得によって、エゴイズムとしての「自我」と物への執着を打ち破ることが同書では目指されている（1972：32）。

一方、臨済宗大徳寺大仙院住職である尾関宗園の『不動心――精神的スタミナをつくる本』[15]（一九七二年二五位）や、仏教学者であり在家仏教団体真如会の主幹である紀野一義『生きるのが下手な人へ――自信が湧く人生論』（一九七四年二六位）は、また異なった傾向をもつ仏教書である。たとえば尾関が主張するのはただ、「精いっぱい生きようじゃないか」（尾関 1972：18）ということである。尾関の議論の焦点は「生ききっている」（1972：23）か、中途半端に生きているかどうかにある。欠点や弱点にくじけそうになったとき、そこから逃げずに真正面からぶつかり、「『なにクソ』という攻撃心」（1972：29）をもってがむしゃらに生きることが重要だとされる。恥も外聞もさらけだして、とらわれない心で、自分の気持ちのままに行動できることが「不動心」なのだ、だから頭で考えず、雑念をとりはらい、全力で「ギラギラした魂のぶつかりあい」（1972：100）の中を生きていこうというのである。

また、紀野の著作では、決して成功者とはいえないような「生き方の下手な人」（紀野 1974：3）をとりあげて、そのとらわれのなさ、執着のなさ、その生き方の鮮やかさが逆説的に「神さまや仏さまに近い」（1974：4）のではないかとし、またそれがどうであれ「人間、生きていることが救いである」

(1974:5)と説かれている。

このように仏教関連書籍にはさまざまなバリエーションがあるが、共通するのは人々が抱える(主に物質的な幸福に対する)とらわれからの解放と、そこから翻っての精神性の見直しである。その意味で仏教書における自己をめぐる問いへの解答は、何らかの規範を疑いなく遵守することではなく、「自己の自己との関係」を見直し、自らがとらわれているものから自らを解放することとして考えられているとみることができる。これはまた、自己の内面への反省的まなざしの強まりをこれらのベストセラーにみてとることができるということでもある。

だがこれらの著作においても、「諸行無常の世の中です。われわれの心の持ちようによって、災を転じて福とすることができるのであります」(高田[1969]1990:140)、「失われた『心』とは何かを考え学ぶ」「この心をしみじみと思索する」(松原 1972:20)という以上に自分自身の内面に分け入ろうとする具体的な手続きは登場しない。つまり、思いやりの心、飾り気のない心、謙虚な心、そして般若心経の教えであるとらわれない心といった望ましい「心の持ちよう」(倫理的素材、目的論)は幾度も説かれるものの、読経や仏教の教え(服従化様式)の反復・反芻以上の手続き(倫理的作業)が示されることはないのである(16)。

(2) ライフスタイル・ライフワークへの注目

一九七〇年代におけるもう一つのベストセラーの潮流は、ライフワーク、ライフスタイル、生きがいをめぐる著作群である。その一つの象徴といえるのが、英文学者である渡部昇一の『知的生活の方法』(一九七六年七位)と『続・知的生活の方法』(一九七九年一九位)である[17]。渡部は「本を読んだり物を書いたりする時間が生活の中に大きな比重を占める人たちに、いくらかでも参考になることをのべる」(渡部 1976:3)ため、個人の進歩と向上のために知的に正直であること、自分自身にとっての古典を作ること、蔵書を増やすこと、情報整理カードの作り方、知的生活に向けた時間管理法、その成功者たちの事例を紹介している[18]。同書に見出すことができるのは、「ライフスタイル」によって「自己実現」を果たしうるという、自己の可能な様態の拡張である(ただ、同書が推奨するライフスタイルとは、知識・教養に向けられた生活のみであったが)。

また、井上富雄の『ライフワークの見つけ方――サラリーマン生活で何を残すか?自分のための学習法からプロフェッショナルになる法まで』(一九七八年九位)では、IBMの重役からコンサルタントへと転身した自らの経験を踏まえて、「会社のためでもなく、家族のためでもなく、自分自身のために生きることのできる仕事」「自分の個性を活かすだけでなく、埋もれている『未見の己れ』を発見し、適性、能力を掘り起こして、自分の可能性を拡大してくれる、(中略)心底やりたいと思っている仕事」(井上 1978:4)としてのライフワークの重要性が説かれている。つまり、「やりたい仕事をする」こともまた、自己実現の方策であると位置づけられるようになっているのである。同書で扱われるのは、そうしたライフワークを見つけ出し、また実現するための方法である。具体的には、仕事に関する目標とそれに到達するための実行計画、学習計画、教養・趣味・特技習慣の長期目標設定、資産づくりの目標、家庭づくりの目標といった「ライフワークの設計」と、それぞれ二五年計画で設計したものを年度・月間計画に細分化し、日々の中で実行に移していくこととして紹介されている。

井上の著作で注目すべきだと考えるのは、自分自身のために働くことを推奨し、「未見の己れ」の追求を主張するその一方で、その実現のためには会社で業績を積み、人脈を作り、資金を貯めるといった、会社での成功が必須要件となっている点である（同書の副題に「サラリーマン生活で何を残すか」とあるように、提示されるライフワーク実現法のほとんどは、先述した目標の設定・実行に加え、社内で困難な仕事にあえて挑戦して自分の能力を向上させる等、会社での仕事に関するものでほぼ占められている）。そもそもライフワークをどう発見するのかについての詳細は、「力を発揮しつづけられる仕事を見つけることに汲々とする前に、まず能力拡大のための学習活動を始めるべきだと思う。どのライフワークの道に入るにしても、最低限必要だと思われる必須科目がある。それをものにすることが先決である」（1978:51）とあるように、具体的には語られない。ライフワーク論においてこの時期、「未見の己れ」や「やりたい仕事」という自己の潜在性や内面性についての言及が登場するようになる一方で、その発見や認識の方策は明確には提示されず、会社での成功の後に初めて見つけることができるとのみ語られていたのである。

（3）失われた「心」の模索

一九八〇年代後半から一九九〇年代前半の日本は、「バブル経済」の時代としてしばしば言及される。そうした表現がどれほど妥当かはともかく、少なくとも当時のベストセラーには、「バブル経済」における消費文化の快楽を謳歌する人々を一方に置き、そのような「豊かさ」の中で「失われたもの」を取り戻すため、過去の偉人の名言や日本の伝統について再考しようとする著作群を見出すことができる。一八世紀イギリスの政治家であるフィリップ・チェスターフィールドが息子に送った書簡集『わが息子よ、君はどう生きるか』（一九八八年二〇位）、新渡戸稲造『世渡りの道』の現代語版『自分をもっと深く掘れ！――新渡戸稲造の名著『世渡りの道』を読む』（一九九〇年二〇位）、先人の生き方の中に「清貧」の文化伝統を見出そうとした作家・ドイツ文学者の中野孝次『清貧の思想』（一九九三年八位）などがそれである。(19)

チェスターフィールドと新渡戸の著作で語られるのは、かつての『西国立志編』や松下幸之助の著作にみられたような徳性・心がまえの体得である。チェスターフィールドの場合は、努力、勤勉、誠実、分別、品性、自主独立の精神、幅広い知識教養等の、「ジェントルマン」（竹内 1988：235-236）が身につけるべき徳性・心がまえが説かれている。新渡戸の場合は、修養、誠実、努力、正義、熱意といった徳性・心がまえに加え、「塵の世にありながら、心まで汚されず、泥水に浮かびながらもなお身を清く保ち、ひいては自分の周囲にある泥水をも清め、自分の周囲を取り巻く塵を払うのが、人の人たる道だと思う」（新渡戸 1990：16）として、日々の生活を自らの心がけを通してよりよく変えていこうということが説かれている。

また中野の著作では、「一九八〇年代のいわゆるバブル経済の繁栄の中でそういう欲望（富貴への願望と所有への欲望：筆者注）の奴隷になった連中を多く見たばかりです」（中野 1992：141）という状況認識から、鴨長明・西行・吉田兼好・本阿弥光悦・松尾芭蕉などから「心の世界を重んじる文化の伝統」を見つめなおし、「物質万能の風潮に対抗」しうるものを見つけ出そうとしている（1992：2）。それが、必要以上のものは持たず、物欲を精神が支配し、金銭の話を卑しいと感じて高潔に振る舞い、己一人の心が安らかであることを何よりも重んじる「清貧の思想」である。中野はこの思想を「自らの思想と意志によって積極的に作り出した簡素な生の形態」(1992:141)とし、またかつての日本人が自然とこうした生の形態を体得していたとして、バブル景気に浮かれる(と中野がみなす)日本人への「猛省」を促している。

中野は、当時の人々が、物にとらわれる限りでは「内面的な充実は得られないことに気づきだしている」(1992:137)とし、「真の人間は利得とか名聞とかそんなものにかかわるところにいない、ただ己れの心の充実を求めるのみなのだ」と論じている(これは仏教書ベストセラーでも繰り返された物言いである)。中野はその充実の方策を清貧の思想に求めたが、中野と近しい状況認識にもとづいて、この時期さまざまな書き手が、さまざまなかたちで「心の充実」の方策を求め、またベストセラーとなっている。たとえば「心の充実」の方策をその豊富な専門知識・臨床経験から考えようとする心理学者・河合隼雄の『こころの処方箋』(一九九二年一一位)、「世界も時代も人も、大いに惑っている」(五木 1993:48)という状況認識に対して「歓ぶ」「惑う」「悲む」等、「日々の小さな、どうでもいいような、つつましい」(1993:26)ことを一つ一つ見直そうとする作家・五木寛之の『生きるヒント――自分の人生を愛するための12章』(一九九三年一〇位)などがその一例である。

五木が仏教への造詣が深いこともあって、その著述の中にはしばしば生・老・病・死というテーマが登場するのだが、市井に生きる人々の生・老・病・死についての言葉を集めたタレント・永六輔の『大往生』(一九九四年二位、一九九五年六位)と『二度目の大往生』(一九九五年二〇位)、六〇歳以降の第二の人生を前向きに生きていこうと説く心理学者・多胡輝の『六〇歳からの生き方――自分の人生を充実させるための発想法』(一九九〇年一八位)など、老いや死と向き合おうとするベストセラーもこの時期から登場し始めている[20]。政治・経済・社会状況の変化に伴う混乱、先のみえない世の中(老後)という状況認識を踏まえて、さまざまな立場の著者がそれぞれに「心の充実」について、また生き方について考え、多くの読者を獲得したのがこの時期のベストセラーの特徴だということができるだろう。だがこれらの著作においても、一体何をすれば「心の充実」に至ることができるのか、その方途は明確なかたちで提示されず、ただ曖昧に「心」の望ましいあり方がほのめかされる、あるいは示唆的とされるエピソードが示されるばかりであった。その意味でこの時期の「心」の模索もまた、倫理的作業が欠落していたのである。

4 自己啓発書ベストセラーの分岐点――一九九五年から二〇〇二年

(1)『脳内革命』というブレイクスルー

医師・春山茂雄の『脳内革命――脳から出るホルモンが生き方を変える』(一九九五年一九位、一九九六年一位)、『脳内革命2』(一九九六年四位、一九九七年二三位)は、合わせて五五〇万部ともいわれる大ベストセラーとなった。経営コンサルタント・船井幸雄の影響を強く受けた同書は、やはり船井に影響を受けた教育家・七田眞の『超右脳革命――人生が思いどおりになる成功法則』(一九九六年二五位)などの類書を生み、この時期の一つのブームとなっている。

春山や七田の論点は、著作のタイトルにもあるように「脳」である。春山は「脳内革命」の具体的な目的として、脳内モルヒネの分泌による気分の改善、老化防止、自然治癒力の向上を説く（春山 1995:18）。その効果が最も高いとされるβ─エンドルフィンはプラス発想によって分泌され（「α波」を出すことと同義だと後に説明される）、逆に毒性が高いとされるノルアドレナリンはマイナス発想によって分泌されるとして、春山はこうした脳内物質のコントロールによる快楽の最大化を推奨する。つまり、「すべてをプラス発想でとらえ、いつも前向きで生きていれば健康で若さを保て、病気に無縁な人生が送れる」（1995:20）というわけである。

春山の議論において人間とは脳内モルヒネの分泌体であり、人生のあり方も「脳内モルヒネが教えてくれるのは、自己実現を目指して生きることが、人間にとって最高の喜びであり、汲めども尽きない至福の人生を手に入れるカギ」（1995:52）という観点から、脳内物質分泌のメカニズムにしたがって説明される。そして、脳内物質分泌のコントロール＝快楽の最大化のために、瞑想を通した「脳の深いレベルで、成功へ向けての肯定的な発想をプログラム」すること、イメージトレーニング等を通して「潜在意識を意識的にコントロールすること」（1995:81）、食事や運動による体質改善、右脳の開発などが求められるのである。

七田の『超右脳革命』の場合、脳内モルヒネではなく、右脳の「秘められた能力」「未開発の〝脳力〟」（七田 1996:2）を開発することが主張の起点となっている。深層意識に根ざした「右脳の感覚」に目覚めることで、「記憶力や企画力、直観力、計算力といった日常的な能力も、抜群にアップ」し、仕事の実績上昇、ストレスの低減、病気の回復に役立つのだと述べられる。そのステップは、①情報（脳の未知能力について知る）、②自覚（それによって自分を知る）、③常識を洗い直す、④脳力再生プログラム、⑤新次元への意識の到達という手順で進められていく（1996:2-3）。

春山らの議論には、二つの特異な点を指摘することができる。第一は、脳科学的知見による根拠づけを行う一方で、そうした科学的根拠づけとは一見相性が悪いようにみえる、人智を超えた超越的存在・法則によっても、自らの主張の根拠づけを行おうとする点である。これは船井の影響が大きいと考えられるが、たとえば、

> 世のため人のためにならないこと、人からうらみをかうようなことをすると、どういうわけか脳がその人を滅びの方向へと誘導してしまうようなのです。これはたぶん、神様が理想とする生き方にあった者だけが生き残れ、それにあわない者はできるだけ消していこうとするメカニズムが、遺伝子というかたちで体の中に残されているのだと私は解釈しています。（春山 1995:29）

> 右脳の潜在能力（超意識）を悪いことに用いたら、それはすべて使った人間にはね返ってきます。悪いイメージを他人に使おうとすると、倍になって自分に返ってくるのです。そして自分を滅ぼしてしまいます。それが宇宙の仕組みなのです。（七田 1996:52）

といったかたちで、「創造主の意志」（春山 1995:30）や「宇宙の意識」（七田 1996:28）にもとづく根拠づけがしばしば挿入される。つまり超越的権威と科学的権威とが「奇妙に」混交しているのである（しかし二〇〇〇年代のベストセラーをみると、これは自己啓発書の根拠づけとしては「よくあるパターン」

だということがわかるのだが[21]。

第二は、著者が読み手に対して、どのような場合であってもその優位性を担保できるような説明の形式がとられている点である。たとえば七田はニューソート（直接的にはやはり船井経由）にも通じるような、「あなたの意識が宇宙の意識と同調すると、あなたは宇宙のすべての波動情報を受け取れるようになります」（1996：28）という世界観を提示する。そのためにイメージトレーニングを通して「間脳を自由にコントロールできる」（1996：212）ようになること等が促されるのだが、このとき「イメージは必ず見える　こう思い込むこと。見えないという意識が、イメージを見ることを妨げてしまうからです」（1996：219）とあるような、できないのならばそれはあなたの心の迷いが原因だという注釈が伴われるのである。ここにみることができるのは、七田が説く法則（宇宙の意識と脳のつながり）と、実践（イメージによる右脳の開放）が区分され、実践の不備を突くことによって法則への批判を退けるという、著者の優位性を常に担保するロジックである。このような、著者が読み手に対して、どのような場合であってもその優位性を担保できる説明形式を以下では「万能ロジック」と呼ぶことにしよう。

さて、春山らの著作について、その科学的根拠を問い、批判することはおそらく可能だろう（それは実際行われてきた）。しかしここでは「自己の体制」という観点からの意義に注目してみたい。これらの著作は、潜在意識や未開発の右脳といった一見「不可視の」「不可触の」対象を論じながらも、それらに具体的に働きかけ変革していく、ポジティブ思考やイメージトレーニングといった実践的技法（倫理的作業）を提示した点に、それ以前の自己啓発書ベストセラーにはない特性があると筆者は考えている。すなわち、これまでは心がまえの体得や「心の充実」のように抽象的にしか論じられなかった人間の内面を技術的に具現化し、またそれが多くの読者を獲得した点にこれらの著作の意義があると考えるのである。ポジティブ思考等はこれらの著作に始まるものではない。しかしこれらのベストセラーは、人間の内面を技術的に処理しうるものとみなす感覚を拡散させていく社会的機能を果たしたという点で重要な著作だと考えられるのである。

（2）海外の自己啓発書の輸入と内面の技術対象化

『脳内革命』とその類書だけに留まらず、自己を実践的な働きかけの対象とみなし、そのためのさまざまな技法を提示するような著作が一九九〇年代後半に次々とベストセラーになっている。興味深いのは、それらはほぼ海外の著作の邦訳だということである。その一つの端緒となったのが、心理学ジャーナリストであるダニエル・ゴールマンが、知能の多重性を説くハワード・ガードナー（Gardner 1993＝2003）をはじめとする多くの心理学理論を援用して著した『ＥＱ——こころの知能指数』（一九九六年一三位）である。同書では、次のようにＥＱ（こころの知能指数）が定義されている。

自分の本当の気持ちを自覚して尊重して、心から納得できる決断を下す能力。衝動を自制し、不安や怒りのようなストレスのもとになる感情を制御する能力。目標の追求に挫折したときでも楽観を捨てず、自分自身を励ます能力。他人の気持ちを感じとる共感能力。集団の中で調和を保ち、協力しあう社会的能力。（Goleman 1995＝1996 : 16）

このようにEQは、自分を知り、制御し、動機づけるといった、自分自身を的確に認識したうえで、さらに実践的に働きかける能力をその中核としている。また、「問題は情動そのものではなく、いかに適切な情動をいかに適切に表現するか」（1995＝1996：12）にあるとして、同書ではEQのメカニズムについて詳細な解説を行うとともに、情動をコントロールし、動機づけ、潜在能力を開花させるための「感情をかしこく操縦する法」（1995＝1996：56）が紹介されている。つまり同書において自己とは、その内面が自覚的に、また適切にコントロールされるべき対象だとみなされているのである(22)。

同時期のベストセラーであり、これ以後の自己啓発書にもしばしば引用される、影響力の大きい著作と考えられるのが、コンサルタントであるスティーブン・コヴィーの『7つの習慣――成功には原則があった！』（一九九七年六位）である。同書ではまず、私達のものの見方（「パラダイム」）がいかに偏った、主観的なものであるかへの気づきが促される。そして、「自分たちを効果的に変えるには、まず自分たちの知覚、ものの見方を変える必要」（Covey 1989＝1996：8）があるとして、そのために永続的な幸福と成功を支える基本的な「原則」を自分の中に深く内面化していくことが求められる（1989＝1996：15）。

ここでいう「原則」とは、公正さ、誠実、尊厳、奉仕、忍耐、勇気といった、コヴィーが「人格主義」（1989＝1996：9）と呼ぶ、これまでに成功した人々が備えていた性質を指している。この原則は一見すると、『西国立志編』や松下幸之助、チェスターフィールドらにも通じる、徳性・心がまえの体得を促すものにみえるかもしれない。だがコヴィーの著作がそれらと大きく異なるのは、「信頼されたければ、信頼性のある人になることである」（1989＝1996：46）として、成功した人と同じような人間に「なる」ための手続き、すなわち自分自身のパラダイム、人格、動機を積極的に変えていくための自己実践の手続きが明示されているという点である。その具体的な手続きを示すものが、「主体性を発揮する」「目的を持って始める」「重要事項を優先する」「Win-Winを考える」「理解してから理解される」「相乗効果を発揮する」「刃を研ぐ」という、「7つの習慣」である。

少し詳しく説明しておこう。第一から第三までの習慣では、「自分自身を深く知る」ことで「自分の本質、最も深い価値観、独自の貢献する能力に目覚め」、「自分の奥底に確固たる中心を持つ」(1989＝1996：72-73)ことが促されている。このうち、以後の自己啓発書でもしばしば参照されるのが、第一の習慣への言及に関して登場する「関心の輪」「影響の輪」である。これは、自分を中心にした関心事の範囲を図に表し(関心の輪)、その中で自分が直接コントロールできること(影響の輪)を明らかにしようとする技法である(1989＝1996：103)。この技法の実行を通して推奨されるのは、自分がコントロールできる影響の輪に集中することで「積極的なエネルギーを生み出し」、やがて影響の輪を拡大していくような「主体的な生き方」である(1989＝1996：104)。

第二の習慣では、「自分にとって何が本当に大切なのかをベースに」(1989＝1996：127)、自らの行動計画を立てることが促される。自らの影響の輪の中心から、「個々人の生活におけるリーダーシップ」「自らの脚本を書き直す力」(1989＝1996：135-136)を発揮していけるような自らの行動の再編成が求められるのである[23]。第三の習慣では、自らの関心と計画に基づいて、それを具体化・実行していくことが求められる。特に、自らの資質向上につながる業務を中心に行えるような時間・スケジュール管理が促される。第四から第六までの習慣はビジネスにおける成功(公的成功)に関するもので、第七の習慣は、絶えず自らのあり方の改善を図る、メタレベルの調整習慣である。この第七の習慣は、第一から第六の習慣に関して「自らのあり方に働きかけ続けること」（1989＝1996：116）を求めるものである。

このようにコヴィーの著作は、今までその題目の提示のみに留まることの多かった徳性・心がまえについて、その具体的な体得技法を提示したという点で、これ以前の自己啓発書ベストセラーと大きく異なる志向を有している。より詳しくいえば、働きかけ変革される人格とパラダイム（倫理的素材）、人格主義という原則（服従化様式）、「7つの習慣」とそれに伴われる自己変革の手続き（倫理的作業）、自己変革およびビジネスにおける成功（目的論）といった「自分自身を構成する流儀」についての四要件がこれまでになく明確なかたちをとり、これまでのどの自己啓発書よりも人間の内面が技術的に扱われているのが同書なのである(24)。

体系的なコヴィーの著作に対して、心理療法家リチャード・カールソンの『小さいことにくよくよするな！――しょせん、すべては小さなこと』（一九九八年五位、一九九九年六位）は、ストレスに対処する日常的ティップスとでもいえる著作である。禅の哲学を参照して「あるがままの現実を抵抗なく受け入れる」「問題に精一杯成功するかわりに『手放す』ことを学ぶ」（Carlson 1997＝1998：8）ために、タイトルのとおり小さなことにくよくよしないことを始めとして、完璧主義をやめる、焦らない、悩みすぎない、自分の正しさにこだわらない、人の話を聞いてみる、人に感謝する、一人になる時間を持つ、アラ探しをしないといった合計一〇〇のアイデアが扱われている。同書はコヴィーのような体系性とは無縁の著作である。しかし、日常的で誰でも簡単に使える、そしてやはり自己を実践的に取り扱い、変革させようとする技法がさまざまなかたちで提示されている。
医学と心理学を専門とするスペンサー・ジョンソンの『チーズはどこへ消えた？』（二〇〇一年一位）では、寓話を通して自己の変革が語られている。この寓話では、チーズを「私たちが人生で求めるもの」（Johnson 1998＝2000：6）の象徴とし、それを求める二匹のネズミと二人の小人の振る舞いを通して著者のメッセージが語られている。この物語のメッセージは非常にシンプルで、状況の変化に応じて柔軟に、素早く、変化を楽しみながら対処せよということである。その際、「最大の障害は自分自身の中にある。自分が変わらなければ好転しない」（1998＝2000：65）として、自分自身が柔軟に自らの考えを組み換え、行動していけるかが求めるものを手に入れるための最大のポイントとされる。同書では「自分自身を深く知る」ようなことは推奨されない。また、コヴィーやカールソンのような自己についての実践的技法が多く提示されるわけでもない。しかし同書では、状況に素早く適応し、自らを変えていく、その変化と調整の柔軟さが繰り返し主張されており[25]、自己を常に意識的な変革の対象とみなす志向をやはりみてとることができる。

　このように、一九九〇年代後半から二〇〇〇年代前半にかけて多く登場した、海外の自己啓発書を邦訳したベストセラーは、『脳内革命』において先鞭がつけられた、自己を実践的な働きかけの対象とする志向を同様に有し、さまざまな「自己のテクノロジー」を読み手に提供するものだったと考えられる。その内容は、「原則」にもとづいて自分自身の内面を計画的に変革していこうとするものから、誰でも簡単にできる日常的ティップスに志向するもの、状況への即応をとにかく主張するものまでさまざまである。このようなバリエーションがあるものの、これらの著作はともに、自己をめぐる意味の網の目＝文化という観点からすれば、個々人が自分自身を技術的に可視化・変革・コントロール可能なものとみなす感覚を社会に拡散させる機能をやはり果たしたと考えることができる。一九九〇年代後半の自己啓発書ベストセラーにおけるこのような変化を以下では「内面の技術対象化」と呼ぶこととしたいが、ではこれ以後、自己をめぐる意味の網の目＝文化はどのように展開していくのだろうか。

5　超越的法則論の増殖、仕事術・脳科学ブーム、自己啓発の一般化
——二〇〇三年以降

(1) 超越的法則論の増殖——「強い心理主義」の台頭

先に、『脳内革命』等についての箇所で、「宇宙の意識」のような人智を超えた超越的存在・法則が登場することに言及したが、二〇〇三年頃からはそうした内容のベストセラーが多く登場し、この時期の一つの潮流となっている。[26]その端緒となったのは、イギリスの作家ジェームズ・アレンが一九〇二年に著した『「原因」と「結果」の法則』(二〇〇三年二〇位)の邦訳刊行である。[27]ニューソートにも通じるアレンの主張は非常にシンプルかつ強力である。

心の中の思いが　私たちを創っている　私たちは　自分の思いによって創り上げられている　私たちの心が邪悪な思いで満ちているとき　私たちには　いつも痛みがつきまとう（中略）もし私たちが清い思いばかりをめぐらしたなら　私たちには喜びばかりがつきまとう（Allen 1902＝2003:

13-14）

あなたの環境は、あなた自身の心を映す万華鏡です。その鏡のなかで刻一刻と変化する多様な色彩のコンビネーションは、動くことをやめないあなたの思いの数々が、絶妙に投影されたものにほかならないのです。（1902＝2003：41）

自らの思いが、自らとその人生における出来事、環境をすべて形作る、このことに例外はひとつもないということ（1902＝2003：13）。これがアレンの主張である。自らの人格や、人生で起こるすべての出来事は、たとえそれが望ましくないものだとしても、その原因はすべて「内側」（1902＝2003：13，17）にあるとして個人の心理に完全に還元する、「強い心理主義」とでも表現できる志向がここにはある。そのため同書では、思いが自分自身とその人生を作り上げるという「確かな法則」「真実」を知ること、自分自身の「内側」に目を向けること、自分自身を正しく管理して自分自身の意識的な主人となること、目標と未来のビジョンを正しくまた高く持って意志の力で達成すること等の課題が読者に突きつけられている。

ここで再び万能ロジックが登場する。良い思いによって良い結果が出るという主張への批判（あまりにも善人すぎると、逆に苦しみが絶えないのでは等）に対してアレンは、「自分自身を改善する努力を放棄」し、「心の中のあらゆるけがれ」を洗い流そうとしない人が、そのようなことを「口にする権利はない」と突き放す（1902＝2003：33）。徹底的に実践すればわかる、批判が可能なのはあなたが法則をまだ徹底的に実践していないからだ、という法則と実践の水準を分けるロジックを用いることで、アレンはその読み手や批判者に対する自らの優位性を担保する。そして、揺るがないものとしての「原因と結果の法則」へと、あらゆる事象を取り込むのである。

アレンの著作の日本版ともいえるのが、コンサルタントである野口嘉則の『鏡の法則――人生のどんな問題も解決する魔法のルール』（二〇〇六年九位）である。物語形式になっている同書では、経営コンサルタント（「心理学の知見」を用いる）が著者の主張の代弁者として登場し、アレンと全く同様の法則を語っている。

現実に起こる出来事は、一つの「結果」です。「結果」には必ず「原因」があり、その原因は、あなたの心の中にあるのです。つまり、あなたの人生の現実は、あなたの心を映し出した鏡だと思ってもらうといいと思います。（野口 2006:17）

作家・本田健の『ユダヤ人大富豪の教え――幸せな金持ちになる17の秘訣』（二〇〇三年一五位）もまた、同様の世界観を持つ著作である。「幸せな金持ち」（本田 2003:20）あるいは「自由人」(28)（2003:37）をその世界観の体現者として、それ以外の「不幸せな金持ち」や「自由ではない」人々は自分自身と向き合っておらず、好きなことややりたいことをせず人生を退屈に過ごし、クリエイティブなアイデアを持っておらず、人生の目標を描こうとしていないとして批判される。逆にいえば、今挙げたような「自己の自己との関係」の構築ができさえすれば、「たいていの場合、気がついたら成功している」というのが同書の主張である（2003:53-59）。「好きなこと」「自分の魂がやりたいこと」は時間をかければ必ず見つかるとされ、たとえば「小さい頃から自分が好きだったことを思い出して、それをやってみる」（2003:60）等の作業が推奨される。「自分のハートの声を、人生の羅針盤に」（2003:70）して、好きなことをやることが繰り返し促されるのである。そして同書でも、

「君の考えが人生で現実のものとなる」ということは、真実だ。だから、それを使いなさい。その仕組みなど知る必要はない。自分のなりたい姿を想像したり、やりたいことを想像することだ。驚くように現実になるだろう。（2003:80）

という思考現実化の法則が登場する。ここでも、仮に思い通りにならなかった場合は「よく君の思考を調べていけば、実は、思いどおりにならなかった現実を望んでいたことがわかったりする」（2003:80）という万能ロジックが登場する。思いどおりにならないのは、あなたが「心底では」それを望んでいなかったからだというロジックによって、思考現実化の法則の「正しさ」はどのような場合でも担保されるのである。

ドラマ化もされた大ベストセラーである作家・水野敬也の『夢をかなえるゾウ』（二〇〇八年二位）は、「今の自分を変えたい」「夢や目標を実現したい」と思う主人公が「夢をかなえるゾウ」ガネーシャの課題を一つずつ実行していくプロセスを、物語（もしくは漫才）風に綴る著作である。だが同書はこれまでに紹介したベストセラーとほぼ相似する内容の、れっきとした自己啓発書だといえる。序盤にある「本書の使い方」では、読者もまた主人公が課せられる課題を実行することが促されているが、

ここでは「もし、あなたが実行しない場合は、ガネーシャとの契約（将来に対する希望を奪われる：筆者注）が履行されてしまうことになるかもしれません」（水野 2007：23）として、法則と実践の区分による万能ロジックが登場する。また物語の序盤でも、ガネーシャのいうことを聞かない主人公（読者）に対して、

成功しないための一番重要な要素はな、「人の言うことを聞かない」や。そんなもん、当たり前やろ。成功するような自分に変わりたいと思とって、でも今までずっと変われへんかったちゅうことは、それはつまり、「自分の考えにしがみついとる」ちゅうことやんか。（2007：32）

として、批判や疑いを封じ込める台詞が差し込まれている。そして同書では、時間を自分中心にコントロールすること、自分をほめること、宇宙の秩序・法則への適応、「やりたいこと」の追求、万物への感謝の実践といったことが、ガネーシャの（謎の）関西弁を通して小気味よく説かれていく。だが、先述したようにこのような内容は、アレンから順に紹介してきた近年の自己啓発書ベストセラーと特に大きく異なるものではない。同書において重要なのは、一〇〇万部を超えるベストセラーとなり、またドラマ化もされたことで、自己啓発に特に強い関心を持たない人も含め、多くの人々に自己啓発メディアのエッセンスを発信し、また消費されたという点にあると考えられる。つまり同書の意義はその独創性というよりも、それまでの自己啓発書の系譜を経て可能になった、そのよりポピュラーな展開において、また自己啓発的言説の一般化への貢献という点において特筆されるべきなのである。

（2）スピリチュアル・ブーム

超越的法則を論じる著作群に一部重なりつつも、それ自体で独自のムーブメントを生み出したのがスピリチュアル・カウンセラー江原啓之の著作である。江原は『人はなぜ生まれいかに生きるのか』（二〇〇五年三〇位）、『苦難の乗り越え方』（二〇〇六年二九位）、『人間の絆――ソウルメイトをさがして』（二〇〇七年二八位）と三年連続でベストセラーランキングに著作を送りこんでいる。[29]

江原は人生とは、さまざまな経験によって「魂を磨く旅」であり、人々が直面する苦難はそのための試練であると述べる（江原 2006：10–12）。自分の魂のレベルを高め、「あの世」で「もっと上のステージ」（2006：18）に進むことができるかどうかは、経験することをただの苦難として捉えるか、「苦難は自分自身のたましいを鍛えるための方法である」（2006：23）と前向きに捉えられるかどうかによるのだという。江原は自らの主張の意義を、「意味がわからない出来事や人生では、だれもが不安になって当たり前。逆にいえば、人生の意味がわかればまったく怖いものがなくなるということです」（2006：30）と述べている。すなわち、彼岸の世界から人々の不安や苦悩を意味づけ、単純化する自らの役割に非常に自覚的なのである。[30]

江原の議論で興味深いのは、彼岸の世界からの意味づけと単純化が、たとえば「あなたの苦しみや悩みはあなたのせいではない」といった癒しをもたらすのではなく、むしろ逆に「あなたの苦しみや悩みはあなたにすべて原因がある」として自己責任論に「節合」される点である。[31] それを端的に示すのが、江原の世界観における「原因と結果の法則」、すなわち出来事は必ず前世にまでさかのぼる何らかの縁《ゆかり》・因果のつながりから生じているとする「波長の法則」（2006：34）である。[32] 自らの目の前に起こった出来事は、自分自身にその自覚がなくとも前世までに遡って必ず因果関係があるため、あらゆる行為について「責任の主体はすべて自分にあり、何ひとつ他人のせいにはできません。たとえそれが自分自身には何の落ち度もなく起きたようにみえることでも、そこには何らかの必然性があるのです」（2006：60）とされるのである。

ではこのときどうすればよいのか。先にも述べたように、江原の世界観において、人生とは魂を磨く旅である。その旅の中で、他者へ感謝し、見返りを求めない全てへの愛（「小我」に対する「大我」）を身につけていくことで魂がより高い次元へと進むことができるとされるのだが、ここで重要なのは、人生において出会う家族、友人、恋愛、結婚、そして苦手な人までの全ての人が魂の「磨き砂」（2007：16）であるとされる点である。[33] こうした人々や自らに起こる出来事の全てから「自分自身を見つめ続けることが求められるのである（2007：39）。「分析しない人間、奥深い思考ができない人間は、輝く人生を得られません」（2006：35）と江原が語るように、魂を磨く旅としての人生の重要なポイントは、自己を振り返り、分析し、磨こうとする「自己の自己との関係」の意識的な構築にあるのである。

江原の著述においては、二種類の万能ロジックが登場する。第一は、「変化のバロメーターはただ一つ。真にスピリチュアリズムを理解した人は、その人の行動自体が変わってきます。実践が加わるのです」（2006：102）として、江原の説く世界観や法則（スピリチュアリズムと呼ばれている）と実践の区分を設け、実践の不足の論難によって法則の正当性を担保するロジックである。第二は、「（霊界からのメッセージは：筆者注）自分にとってはあまりに理不尽な意見だとか、見当はずれ、明らかな間違いと思うようなこともあります。しかしそこには表と裏、ふた通りのメッセージがあるのです」

（2006：167）として、あらゆる出来事についての万能な解釈（「実は逆のメッセージだったんです」というような）を事後的に行う権能を保持するロジックである[34]。

このように江原の議論においては、どのような場合であっても自らの優位性を担保し、自らの世界観へと取り込もうとするロジックが周到に準備されている。江原啓之という人物と彼が引き起こしたムーブメントを考えようとするとき、そのタレント性等、著作以外の情報も参照されるべきかもしれない。だが「自己のテクノロジー」という観点から江原の主張に接近しようとするとき、そこにはこれまで紹介してきた自己啓発書ベストセラーの傾向（法則論、万能ロジック、「自己の自己との関係」の意識的調整）との類似性が強くみられるのである。その意味で、江原に象徴される二〇〇〇年代の「スピリチュアル・ブーム」もまた、自己をめぐる意味の網の目＝文化の一展開として理解できるのではないだろうか。またそう考えるとき江原は、あるいは後述する脳科学者の茂木健一郎や経済評論家の勝間和代などは、自己啓発的言説と人々との出会いを生み出す「アクセス・ポイント」（Giddens 1990＝1993：106）を担っているとみなすことができる[35]。二〇〇〇年代においては、このような「アクセス・ポイント」たりうる人物が幾人か登場し、また『夢をかなえるゾウ』、あるいは他者管理のハウ・トゥであるため本章の分析対象からは除外した[36]が、岩崎夏海『もし高校野球の女子マネージャーがドラッカーの『マネジメント』を読んだら』（二〇一〇年一位）などのメディアミックス的展開を果たしたベストセラーが登場することで、自己啓発的言説は自己啓発に熱心な人々のみに留まらず、より広く社会一般に発信・消費されていったのである。

江原に近しい著作としては他に、サイキック・カウンセラー原田真裕美の『自分のまわりにいいことがいっぱい起こる本——『「幸運」は偶然ではありません!』(二〇〇四年一七位)がある。「あなたは自分の魂の声に耳を澄ましていますか?」(原田 2004:3)と始まる同書は、「『究極の幸せ』=『幸福純度一〇〇%』の幸せ」(2004:14)を手に入れることを目指すものである。原田は、もし何か満たされない気持ちになるとき、「自分の魂の声が、『何かが違う』と訴えている」とき、「とりあえず自分は幸せということにしてしまってはイケマセン」と戒める。そのようなときはただちに、天の光を受け、死後も存続するという自らの「魂の声」を聞き、「本当の自分の気持ち」を再確認し、「自分で自分を幸せにする=自分の魂を満たす」(2004:5)こと、「魂の透明度を増す」(2004:26)ことが必要だと原田は述べる。

原田の場合にも、純度一〇〇%の幸福、魂の透明度といった表現に加え、新しい環境に慣れないときは「自分のまわりに『清浄な自分の空間』を設定」(2004:34)する、「魂が蝕まれてきている」(2004:35)と感じたときは新しい環境に移るといった行動の促しから、自らとその周囲の「ノイズ」を除去(純化・浄化)し、現実を単一の原理のもとに単純化しようという志向がみられるように思われる。むしろその志向は江原よりも徹底しており、たとえば仕事であれば「本当に自分がやりたいこと」、恋愛であれば魂の直感、ものを買うときは魂のレベルで欲しいものを、といったように、同書ではあらゆる活動において、内的な真実を基準とすることが求められているのである。

ここまでの分析を振り返ると、心がまえや精神論を重視する経営者論、「心」を重視する仏教書や伝統回帰系の著作、一九九〇年代後半以降の内面を実践対象化しようとするベストセラーといったように、多くの自己啓発書のカテゴリーにおいて「心理主義」的な態度が観察できるといえるだろう。

だが二〇〇三年以降に多くみられる、内面のあり方と世界（宇宙）全体を貫く法則・原理とが節合されて提示される著作群からは、そうした「心理主義」的態度のかつてないほどの強まり、もしくは変節をみてとることができるように思われる。そしてこれらの著作からは、その強い主張とは裏腹に、日々の生活への強いストレスの低減、「ノイズ」の純化・浄化、単一の万能な原理への帰依といった（ともすると強迫的な）志向をすくい取ることができるようにも思える。[37]

ただ本書の筆者は、このことをもって自己啓発書ベストセラーの著者や読者を批判したいのではない（本章および本書全体においてもそのような意図はない）。むしろ筆者が注目したいのは、世界の法則に関する設定を伴う「強い心理主義」や、そうした世界観の正当性を常に担保できるような万能ロジックを導入して語られる、自己のあり方や生き方を断定し、導いてくれるようなメッセージが大量に産出・消費されるようになっているという事態である。そのような事態からは、二〇〇〇年代において、現実、というよりこの世界全体を一つの原理のもとに単純化してくれるようなメッセージと、それを断定的に与えてくれる権威へのニーズが、これまでにないほど強く看取できるのではないかということを述べたいのである。

（3）仕事術・習慣術と脳科学ブーム

さて、近年の自己啓発書ベストセラーのもう一つの傾向は、自らのビジネスを成功に導くため、またより効率よく進めるために行われる「仕事術」「習慣術」を扱う著作群である。[38] ベストセラーにおける仕事術・習慣術への言及という傾向はコヴィー『7つの習慣』以来あるものだが、コンサルタントであるケリー・グリーソンの『なぜか、「仕事がうまくいく人」の習慣――世界中のビジネスマンが学んだ成功の法則』（二〇〇一年一六位）をより仕事術・習慣術に照準を合わせたベストセラーの端緒として挙げることができる。同書では、仕事を先延ばしせず「すぐやる習慣」によって処理すること、電話タイムやメール処理タイムを決めてまとめて連絡をすること、仕事の計画・実行法、コミュニケーションの生産的かつ効率的な方法等が扱われ、仕事上の習慣の変革が促されている。同書が本節（1）（2）で扱ったような著作と異なるのは、「やりたいことをする」「自分を好きになる」ことは前提とされながらも、自分の内面を掘り下げ、向き合うことにはほとんど労力をかけず、仕事上の習慣や行動の変革に専ら傾注するという点である。というよりむしろ、仕事がうまくいき、自分の思うとおりに進めば、当然自分のことも好きになるだろうと考えられているのである（Gleeson 2000＝2001：53）。

同書で重要とされることは、「決断するという行為そのものが、その決断が正しいかどうかより重要」（2000＝2001：56）、「『すぐやる』習慣を身につけ大切にする目的は、あなたを行動志向の人間にすることにある。もっと決断力をつけ、行動を起こし、そのまま動き続けることだ」（2000＝2001：57）といった言及にもあるように、考え、内省するよりも決断し、行動することにある。小泉十三『頭がいい人の習慣術――この行動・思考パターンを知れば、あなたは変わる！』（二〇〇三年二一位）、樋口裕一『頭がいい人、悪い人の話し方』（二〇〇四年一五位）[39]、奥野宣之『情報は1冊のノートにまとめなさい――１００円でつくる万能「情報整理ノート」』（二〇〇八年二六位）といった近年の仕事術ベストセラーもまた、自己の内面の認識や変革には全く紙幅が割かれず、効率よく成果に結びつく仕事上の習慣、話し方、情報整理術等がひたすら列挙されている。このように、仕事術や習慣術を扱う著作では、自己を習慣・行動の集合体とみなし、習慣・行動のあり方にのみ働きかけていく志向が強くみられるのである(40)。

こうした仕事術・習慣術関連書籍とも部分的に内容を共有しつつ、かつそれ独自で一つのムーブメントをなしているのが脳科学者・茂木健一郎の『脳を活かす勉強法──奇跡の「強化学習」』(二〇〇八年一〇位)と『脳を活かす仕事術──「わかる」を「できる」に変える』(二〇〇八年二七位)、そして茂木が翻訳を行ったマーシー・シャイモフの『脳にいいことだけをやりなさい!』(二〇〇九年六位)、脳神経外科医・林成之による『脳に悪い7つの習慣』(二〇一〇年二三位)といった一連の脳科学関連書籍である(41)。本書の立場から注目したいのは、脳科学的知見がどのような自己の構築に結びつけられるかということであるが、ここではまず、近年における脳科学ブームの代表的人物である茂木の著作に注目してみよう。茂木の『脳を活かす勉強法』で紹介される勉強法には、かつてのベストセラーでとりあげられたような記憶術も含まれているが、それだけに留まらない。「『ドーパミン』による『強化学習』によって、脳を強化する」、「『タイムプレッシャー』によって、脳の持続力を鍛える」(茂木 2007:12)、勉強や仕事にあえて負荷をかけてそれを少しずつ越えていく、「自分と対象の距離をゼロにして没入する」(2007:69)等々、茂木が示す勉強法はより包括的な「自分の脳と上手につきあう」(2007:11-12)方法といえるものである。茂木はこうした脳のメカニズムにもとづく「つきあい方」を活用して、「いかにして自分の脳を喜ばせるか」(2007:12)ということ、また脳内の「喜びの回路」(2007:38)を多く回すことを目指そうとしている。『脳を活かす仕事術』においても、「喜びの中で『脳の出力と入力のサイクルを回す』」（2008：10）こと、脳のポテンシャル（潜在能力）を最大限に発揮することが推奨されている。すなわち茂木が読者に求めているのは、単なる勉強法や仕事術そのものの習得ではなく、脳科学的知識・技法を自覚的に自らに応用することで、脳内快楽を最大化しつつ、さらに脳内活動の最大化によって目標を達成しうるような自己の構築なのだ、と考えることができる。

だが茂木の目指すところはこのようなところに留まらない。たとえば『脳を活かす仕事術』では、『「生きる」とは、仕事を含めて、自分の人生を通して『生命の輝き』を放つことなのです」（2008：8）という自説が開陳され、生命観への踏み出しが行われている。このような傾向は、林の『脳に悪い7つの習慣』においてもみることができる。林は「脳に悪い習慣」をやめることで、「脳のパフォーマンスを最大限に発揮」（林 2009：5）することを著作の目的とし、その原理を説いていく（これは茂木と同様の志向といえる）が、あとがきにおいて「違いを認めて、共に生きる」という「脳が本来求めている生き方」（2009：181）に言及している。このような「生き方」の主張は、同書で説明される脳科学的知見を踏まえてのことで、ゆえなき主張ではないのだが、いずれにせよ近年の脳科学関連書籍では、単なる勉強・思考法の提供に留まらない、望ましい自己のあり方、あるべき生き方への積極的な踏み出しが伴われているのである。

（4）女性の生き方論と勝間和代の「位置価」

一九九〇年代後半以降の自己啓発書ベストセラーのいくつかの流れは、経済評論家の勝間和代に帰着する。ここまで扱ってきた著作の多くは、男性による、男性を中心的な読者として想定したものであった。もちろん、女性による、女性の生き方を論じたベストセラーはこれまでにも存在した（田中澄江『愛しかた愛されかた――心をとらえる女の魅力』（一九六二年一三位）、瀬戸内晴美『ひとりでも生きられる――いのちを愛にかけようとするとき』（一九七三年一四位）、中山庸子『今日からできるなりたい自分になる100の方法』（二〇〇〇年二七位）、上大岡トメ『キッパリ！たった5分間で自分を変える方法』（二〇〇四年八位）など）。特に二〇〇〇年代における中山と上大岡の著作は、それまでの女性によるベストセラーとは異なり、「女性らしさ」「妻らしさ」を出発点（それが肯定されるにせよそうでないにせよ）とするのではなく、「なりたい自分」「自分らしさ」という観点から自らに向き合い、また日常のささやかな実践によって自らを変革させようとする点で新しい傾向を有するものであった（このような傾向の先駆となるのが先述したカールソンの『小さなことにくよくよするな！』だといえる）。

だが中山や上大岡がとりあげる実践は、「女性らしさ」や「妻らしさ」という観点からこそ語り始められないものの、ファッションや化粧、消費行動等を通して「自分らしさ」を実現しようとするものが多く、その同時代的な女性のライフスタイルの範囲内における自己実現という限界をもつものだった（ただ、このようなライフスタイルの語り口自体は検討に値するだろう。この点については第四章で扱う[42]）。つまり、自己啓発書の主流である、ビジネス論への女性の参入には未だ障壁があったのである。しかし二〇〇〇年代後半、勝間がその障壁を打ち破ることになる。

勝間はこれまで自己啓発書を多数読んできたと公言し、また自己啓発書を読むことを積極的に推奨する（勝間 2009: 255）。勝間はその論理を取り入れて自分なりに改良し、「三毒追放（妬む、怒る、愚痴るをやめること）」や、コモディティ（他人でも代替がきく汎用的人員）にならないための「断る力」

の獲得を推奨する（勝間 2009:13）。著書『断る力』（二〇〇九年二七位）のポイントは「アサーティブネス」、すなわち「自分の要求や意見を、相手の権利を侵害することなく、誠実に、率直に、対等に表現すること」（2009:39）にある。そのプロセスは、自分自身をよく知り、自分の評価の軸を作り、本当にしたいことは何かを知り、それに集中して成果をあげることで可能になるという。

とはいえ、こうした主張は勝間のオリジナルではない（これは勝間も自覚している）。そのため勝間は、重要なのは自己啓発書に登場するこうしたさまざまな概念や実践を自分なりに整理・調整して、「自分へのコーチング」（2009:215）を行い、自らに最適な自己の認識・実践枠組を作り上げていくことだと述べる（自己啓発書を多く読んできた勝間の著作自体がそのコーチングの成果といえるかもしれない）。だがこのような考え方もやはりとりたてて新しいものではない。

考えるべきは、こうした議論がこれまで、特にベストセラー上では男性にほぼ占有されていたということである。勝間が切り開いたのは、中山や上大岡のように、女性の同時代的なライフスタイルに「なりたい自分」「自分らしさ」を結びつけるのではなく、ビジネスと結びついたかたちでの自己啓発に女性が参入する水路を広げたという点にあると思われる。[43] 勝間のこうした議論には、「勝間和代を目指さない」（香山 2009:181）ことを推奨する精神科医・香山リカの『しがみつかない生き方――「ふつうの幸せ」を手に入れる10のルール』（二〇〇九年九位）など、いくつかの批判的著作が現れている。こうした著述は、ビジネス的自己啓発の領域に勝間という「女性スター」が登場したことによる初発的な反応だとみることもできるが、少なくともいえるのは、勝間の登場によって、ビジネスの文脈における自己啓発において、また自己をめぐる問いにおいて、ジェンダー差をないもの、もしくは克服可能なものとして語る（こともできるという）、自己をめぐる意味の網の目＝文化がかたちをなしてきたということではないかと考える。その意味で勝間の特異性とは、自己啓発的言説のそれまでの系譜に由来して彼女が占めることのできた、その「位置価」にこそあると考えられる。そして勝間もまた、その位置価を自覚的に利用して情報発信を行う中で、先述したような自己啓発的言説の一般化を担ったと考えられるのである（少なくとも二〇一〇年までは）。

6 「自己の体制」をめぐる検討課題の提出

（1）系譜の確認

さて、ここまで戦後の自己啓発書ベストセラーの系譜をたどってきた（「自分自身を構成する流儀」の四つの観点から整理を行ったものが図表2‐3である）。戦後まもなくに起こったのは、自己の哲学的・文学的探究への志向だった（人生論）。高度経済成長期には、立身出世を志向する「記憶術」、サラリーマンとしての心がまえと精神論を説く「経営者論」がそれぞれ隆盛した。しかし後者の経営者論に関しては、どのように自己と向き合うのか、その術は具体的に説かれておらず、成功者に範をとって示される心がまえや精神論の遵守がただひたすらに説かれるのみであった。一九七〇年代の「仏教書」も、バブル経済を対岸にみた一九八〇年代後半から一九九〇年代前半の「伝統的精神への回帰」系著作も、ともに失われた「心」の重要さを訴える著作群だったが、それらもまた「心」にどのように向き合うかということについては、具体的な手続きを示すものではなかった。また一九七〇年代の「ライフスタイル・ライフワーク論」も、そもそもどのように自らのライフスタイル・ライフワークを定めるかという点については言及が乏しいものだった。これらの意味で、一九九〇年代前半までの自己啓発書ベストセラーには、「自分自身を構成する流儀」の四要件における「倫理的作業」、すなわち自己を認識し、また自己に働きかけるための技法の欠落を指摘できると考えられた。

しかし、一九九〇年代後半、自己啓発書ベストセラーに大きな変化が起こる。その大きな震源の一つが『脳内革命』であった。もちろんこの著作が全ての原因だというつもりはない。だが同書やその続巻・類書は、自己の内面という、それ以前のベストセラーでは不可視・不可触であった対象について、具体的に働きかけることができる、変革することができると謳い、そのためのさまざまな技法を人々に発信し、また多くの人々に消費されたという点で大きな意義をもつと考えられた。一九九〇年代後半の「邦訳自己啓発書」も同様に、自己という対象を認識し、変革するための綿密なプログラムを用意し、やはり多くの人々に消費されていった。これらの著作からみてとることのできる一九九〇年代後半の変化を筆者は、先述したように「内面の技術対象化」と表現した。つまり自己という対象が、その哲学的探究や心がまえの体得、精神性の（曖昧な）見直しによってではなく、定型化された技法・プログラムによってその内面を可視化され、また変革・コントロール可能な対象として位置づけられるようになったという変化を看取できるのではないか、と。

二〇〇〇年代、内面の技術対象化の志向は継続して観察された。二〇〇〇年代において特筆すべきは、その展開の多様性である。超越的法則論、スピリチュアリティ、仕事術、脳科学、女性のライフスタイル論との節合、女性のビジネス言説への参入、そして自己啓発的言説の一般化。二〇〇〇年代

図表 2-3　各カテゴリーにおける「自分自身を構成する流儀」

カテゴリー	倫理的素材	様式	倫理的作業	目的論
人生論（戦後〜1960年代）	ほぼ欠落（著作によっては懐疑、絶望、行動など）	哲学・文学・文芸評論的想像力もしくは教養主義にもとづく生についての探究・考察	欠落（著作によっては自らへの懐疑思考、行動の一体化、格言の反復と遵守）	時代と人生の意味の根源的な解明
記憶術（1960年代）	記憶	大脳生理学や心理学による記憶メカニズムの解明、成功者の模倣	各種記憶術、栄養摂取、睡眠、適度な運動	試験の突破による立身出世
経営者論（1960年代）	成功者になるための資質、心がまえ	成功者が示す心がまえの体得・模倣	欠落（もしくは規範の遵守）	仕事上の成功
仏教書（1970年代）	心の持ち方、執着	仏教の教え、高僧等の生き方が示す心の持ち方の体得	欠落（もしくは読経、仏教の教えを心に刻む）	執着からの解放、失われた精神性の見つめなおし
ライフスタイル・ライフワーク論（1970年代）	日々の生活全体、掘り起こされるべき自らの可能性	成功者の模倣	知的生活の技法、ライフワーク実現のための社内処世術・学習法	自分の個性を活かした生活・仕事の実現
伝統的精神への回帰、同時期におけるさまざまな「心」の模索（1980〜1990年代前半）	失われた「心」	日本の伝統的精神・過去の偉人・仏教の思想・市井の人々の知恵に学ぶ	欠落	物欲からの解放、「心」の充実、生・老・病・死への身の処し方の会得
『脳内革命』とその類書（1990年代中盤）	脳内モルヒネ、潜在意識、秘められた「脳力」	脳科学的メカニズムにもとづく脳内モルヒネ分泌の最大化、創造者の意志・宇宙の法則の受け入れ、万能ロジック（法則と実践の区分による世界理解）	プラス発想、イメージトレーニング（潜在意識のコントロール）、食事や運動による体質改善	自己実現、気分の改善、老化防止、自然治癒力の向上、仕事の実績上昇
邦訳自己啓発書ベストセラー（1990年代後半）	EQ（感情、本当の気持ち）、パラダイム・習慣	心理学的真実にもとづく自己の認識と表現、幸福・成功原則の内面化、あるがままの現実の受け入れ、変化に対する柔軟で迅速な適応	感情の言語化、自己モニタリング、7つの習慣の実行、日常的でささやかなアイデアの実行、柔軟な発想・思考	心の使い方の習得、主体的で積極的な生き方、ビジネスにおける成功（企業家的精神の獲得）、ストレスへの対処
法則系自己啓発書（2000年代）	思考	「思考は現実化する」という法則の認識と実践、トラウマという物語の受容、万能ロジック（法則と実践の区分）	ビジョンを描く、好きだったことを思い出す、自分自身を赦し、受け入れる、自分をほめる、万物への感謝	「やりたいこと」の実現、人生上の問題の解決、自分を変える
スピリチュアル系自己啓発書（2000年代）	思考、魂	霊的世界観による単純化と世界の法則に見合う実践、万能ロジック（万能的事後解釈、法則と実践の区分）	諸法則の実践、魂の声に耳を傾ける、魂の清浄性を保つ	魂を磨きより高いステージに向かうこと、究極の幸せ、魂の純度を上げる
仕事術本（2000年代）	行動、習慣	成功者の仕事術・習慣術の体得、最小限のコスト／最大限の成果（合理性）	すぐやる習慣等の仕事を効率的・合理的に行う仕事術の習得	仕事上の習慣や行動の変革
脳科学本（2000年代後半）	脳（学習メカニズム、快楽原理）	脳科学的メカニズムにもとづく習慣変革	強化学習、負荷の強化、ポジティブ思考、没入環境の構築	脳の強化、脳内快楽の最大化、勉強・仕事等目標の達成

において、自己を可視化し、変革し、コントロール可能な対象に化そうとするまなざしはさまざまな文脈に適用され、またその中で幾人かの著名な書き手（自己啓発言説へのアクセス・ポイント）を通して、あるいはメディアミックス的展開によって、より広く社会全体に発信されていったのである。ただ、一つの傾向として、内面の技術対象化を推し進めるための根拠がしばしば、反論が難しいもしくは不可能であるような強固なロジック（「強い心理主義」、万能ロジック）に支えられている著作が増加しているようにみられた。これは単純に自己啓発書におけるロジックの「洗練」を意味するのかもしれないが、先述したように、ここには現実を単純化することでストレスを低減してくれる、また新たな目標を断定的に示してくれるようなメッセージと権威が欲され、消費されるようになっていることの表われなのではないかとも考えられた。

（2）「自己の体制」をめぐる検討課題の提出

さて、本章の目的は、「自己の体制」を理解するための包括的な見取り図を描くことと、より焦点を絞った次章以降の分析に向けての検討課題を提出することにあった。見取り図については（1）で述べたとおりであるが、ここからさらに重要なポイントを析出し、他の自己啓発メディアとの比較検討、考察の精緻化を行っていくことが「自己の体制」の分析という本書の目的からすれば必要なことだろう。そこで、本章の分析結果を踏まえて、以下の三点を、次章以降においても再度検討すべき課題として提出することにしたい。

検討課題1　「一九九〇年代における内面の技術対象化は他の自己啓発メディアでも確認できるか」

自己啓発書ベストセラーの分析からは、一九九〇年代後半における、自らの内面を可視化・変革・コントロール可能とするような諸技法の増殖、すなわち「内面の技術対象化」という変容が観察された。この「内面の技術対象化」は、図表2-3に示した各ベストセラー群における目的論（「自分自身を構成する流儀」における）の推移から考えると、「自己の自己との関係」の技術的調整・変革――「なりたい自分」になる、「自分が本当にやりたいこと」を自分の内面から発見する、自分を習慣づけるといったこと――がそれ自体重要な意味を持つようになった（自己目的化した）という変容を伴っているのではないかと考えられる。つまり私たちが生きている現代は、フーコーが述べたような「自己への配慮」（Foucault 1984b＝1987）にかつてないほど、また技術的に専心している時代なのではないか、ということである。次章以降の分析資料においてもこうした傾向が見出せるのならば、自己啓発メディアが構築する「自己の体制」の基調に、内面の技術対象化志向があるということの証左になるはずである。

検討課題2　「自己啓発メディアの社会的機能とは何か」

一九九〇年代における「内面の技術対象化」という観点から理解できるベストセラーの登場に続いて、二〇〇〇年代には「原因と結果の法則」のような世界を司る理から自己を説き起こそうとする著作、霊的原理からやはり自己を語ろうとする著作、そして仕事術・脳科学関連書籍といった、自己の内面を技術的働きかけの対象としながらも、それのみに留まらない諸展開を確認してきた。これらからは、社会のさまざまな文脈に内面を技術対象と化そうとする言説が拡散していると考えることができる。では、こうした各文脈において、自己啓発的な内容を扱うメディアもしくは自己啓発的文言はそれぞれどのように異なって展開し、またどのような機能を果たしているのだろうか。この点は本章では各ベストセラー群の記述に際して簡潔には検討されているが、対象をより限定したうえで、より焦点を絞った考察を行う必要があるだろう。

検討課題3　「自己をめぐる権能の布置はどのようなものか」

図表2-2で示したように、自己をめぐる問いへの可能な、望ましい回答の様態に一定の影響を与える権能は、社会的に偏在していると考えられた。また図表2-2からは、影響を与えることのできる権能は時期ごとに流動しているのではないかとも考えられた。では他の自己啓発メディアにおける検討から、自己をめぐる権能の偏在・流動は確認できるのだろうか、また確認できるとすればそれはどのようなものであるのか。

これら三つの検討課題を手がかりとして、次章以降では今日における「自己の体制」についてのより詳細な検討を進めていくこととしたい。ただ、以下の各章では、各テーマの先行研究や資料の特性によって、分析や考察の展開が必ずしもこの三つの検討課題への従事には留まらないことをあらかじめ断っておきたい。つまりこれら三つの検討課題は、各章における分析の最大公約数ということである。次章では若い世代、特に「大学生」をターゲットとして、その選好にかかわらず関係し、また少なからぬ影響を及ぼしていると考えられるメディアについてとりあげたい。

注

（1）ギデンズ（Giddens 1991＝2005）は今日における「自己の再帰的プロジェクト」化を示す証左としてこうしたメディアに注目し、レベッカ・ヘイズルデン（Hazelden 2003）やハイジ・マリー・リムケ（Rimke 2000）も今日における自己のあり方を端的に表すものとしてこうしたメディアの分析を行っている。ギデンズの分析は本章の着想の一つの起点となっているものだが、その議論の焦点は自己そのものではなく、モダニティの特性との関係でセルフヘルプ・マニュアルを論じることにあった。そのため、資料抽出や分析の基準が非常に曖昧だという難点がある。リムケのセルフヘルプ・マニュアル分析も同様に資料抽出の基準が不鮮明である。

海外におけるウェンディ・サイモンズ（Simonds 1992）やヘイズルデン（Hazelden 2003）の分析は一定の基準からベストセラーを選出したもので、特にヘイズルデンは「自分自身を構成する流儀」の四観点から分析を行っており、本書の直接的な先行研究にあたるといえる。だがヘイズルデンは一四冊という少ない資料にもとづく分析である点でかなり限定的な知見である。海外において、自己啓発書についての最もまとまった知見を提出しているのは、ミッキ・マギーの『セルフヘルプ・インク』（McGee 2005）だといえる。マギーは一九七三年から二〇〇三年の『ニューヨーク・タイムズ』のベストセラー・リストから、自分自身やそのビジョンを特定の実践的処方箋によって改善しようとする著作をピックアップして分析を行った（McGee 2005: 195）。マギーは自己啓発書の隆盛をナルシシズムの文化の影響といった観点ではなく、ますます競争的になる労働の世界との関連において捉えようとする。セルフヘルプ産業はこうした労働状況に結びつき、現代のアメリカ人を終わりなき「変身／改革 makeover」と「自己改善」のサイクルに巻き込んでいるのだという。

日本国内においては、海外よりも研究の蓄積が一段と乏しい。自己啓発書に注目した先駆的な業績として森（2000）があるが、同書の論点は社会の「心理主義化」、そしてその背後にある「マクドナルド化」にあり、その一例として自己啓発書が登場するというものである。また、伊佐栄二郎（2006：11–12）により資料の選定基準の曖昧さと、通時的な検討の不備が指摘されている。修養主義・教養主義についての研究や宗教社会学的研究において自己啓発書がとりあげられることはあったが、それらの研究の焦点もまた自己のあり方にはない。そのため、国内における自己啓発書に照準したまとまった研究成果はほぼ伊佐のみという状況である。

伊佐はこれまでの国内の社会学的研究において、自己啓発書それ自体の意義に注目した研究の欠落を指摘し、戦後日本における「自己啓発」の系譜学を展開した。より具体的な伊佐の目的は、「現代人の自己のあり方を考えるには、self-help 書抜きでは考えられない」としたうえで、「自己啓発書の今日における地位はいかなる歴史的行程を経て築き上げられたのかを歴史社会学的に明らかにする」「self-help 文化が形成してきた『自己』の歴史をたどる」ことにあるという（2006：1–2）。伊佐はその方法論的限界を踏まえながら、一〇〇冊以上の書籍と数百の雑誌記事を対象とした言説分析を行った。伊佐は本書の立場と同様に晩期フーコーの知見を参照し、「自分自身を構成する流儀」の四つの観点から資料の詳細な分析を行い、一九七〇年代以降における感情の自己目的化、新自由主義的権威の導入について論じている。ただ、本章での自己啓発書の収集方法は出版ニュース社『出版年鑑』を主な基準とした伊佐とは異なる（伊佐はその他の資料も用いて自己啓発言説の分析を行っているが、本章ではより「ベストセラー」に照準している）。これはどちらが優れている、といった観点から捉えられるべきではなく、本章と伊佐はともに、自己啓発をめぐる膨大なメディア言説について、それぞれ異なった観点から接近・解読しようとする相補的な試みだと考えられるべきだろう。

（2）国立国会図書館のデータベースにおける同件名の関連語・下位語として、「人生観」「人生論」「処世法」

「成功法」「健脳法」「格言」があるが、「人生訓」カテゴリーが最も多くの発行点数を包含するものであり、自己啓発関連書籍として最も広い範囲をカバーすると判断したため、ここでは「人生訓」カテゴリーを参照している。

（3）そもそも、本章で扱うさまざまなベストセラーは、その著作の書き手と読者が一貫していないために、両者および著作の背後にある社会的世界についての検討を行うことが難しい。この点も踏まえて、本章では「文化のダイヤモンド」の四つの観点のうち、その創造者（著者）については分析に先立って概観するかたちで、また受容者（読者）と社会的世界については分析の中で部分的にそれぞれ言及することとし、主に文化的表象体に傾注して分析を進めていくこととしたい。

（4）その理由は、『年報』によるベストセラーは一九四五年以降発表され続けており、また（一九四五年から一九五九年までは上位一〇冊までであるものの）一九六〇年以降は上位三〇冊を発表するものであり、ベストセラーに関して最も長期間かつ広範な資料収集の可能性を見込めるためである。出版ニュース社『出版年鑑』は年間二〇位まで発表しているが、このような理由で収集可能性がやや落ちると考えられた。また出版取次最大手のトーハンや日本出版販売（日販）の年間ベストセラーも上位三〇冊を扱い、また各ジャンルに細分化されたベストセラーも発表されているのだが、トーハンは一九八〇年以前、日販は一九七五年以前のランキングが存在しない。そのため、一定の基準から、可能な限り長い間、また可能な限り多くの資料を収集できる『年報』の指標を用いるのがベストセラーの抽出基準としては最適だと考えられた。

（5）とはいえ、このような資料収集の基準は、自己啓発書という膨大な資料群へ迫る一つの限定的なアプローチである。別様の自己啓発に関する言説空間の再構成の可能性は、本書のスタンス以外にも残されている（伊佐 2006 の知見がまさにそれである）。

（6）出版点数のピークが二〇〇六年（七万七七二二点）であることを考えると、出版点数は多いが販売冊数と売上高の減少傾向が続く書籍出版動向のなかで、一定の売り上げを見込めるジャンルとして多発されていることが図表2-1のような傾向に現われているのかもしれない。
（7）ビジネスに関係する自己啓発書（経営者論、仕事術、ライフワーク論）は一〇四冊のうち三五冊（三三・七％）であり、女性論や脳科学・心理学、スピリチュアルといった他のジャンルに関連する自己啓発書がともに一〇冊前後であるのに対して、非常に大きな割合を占めている。
（8）ただ、たとえば新渡戸稲造『自分をもっと深く掘れ！』（1990）のように、著者の没後に出版された本がベストセラーになった場合は年齢のカウントは行っていない。
（9）ここからは、「作家・評論家・思想家」がほぼどの時期においても、自己のあり方をめぐる権能の中心を占めているように見える。ただここで注意したいのは、二〇〇三年以後、自己啓発書を専門に書く著述家がこのカテゴリーの一角を占めるようになっていることである。『ユダヤ人大富豪の教え』の本田健、『夢をかなえるゾウ』の水野敬也、『情報は1冊のノートにまとめなさい』の奥野宣之などがその例である。小泉十三の『頭がいい人の習慣術』は、既にある自己啓発書や成功者の著述をポイント立てて整理したものであり、また水野俊哉（2008, 2009）など、自己啓発書のメタ的な活用を専ら行う作家も登場している。このように、自己啓発書は近年、そのメタ的言及が可能になるまでに、その言説空間の内部を濃密化させているということができる。
（10）以下で扱うベストセラーについては、可能な限り初刊本にあたっているが、入手が叶わず、また国立国会図書館にも初刊本の蔵書がなかったものについては、入手・閲覧できるもののうち最も刊行年の古いものにあたっている。
（11）この動向は、竹内洋（1991: 169–170）による、立身出世主義を支えたエートスである修養主義が昭和三〇年代までは残存したという指摘に合致するように思われる。
（12）ついで、鈴木健二、江原啓之、五木寛之が三冊、高田好胤、渡部昇一、野口悠紀雄、春山茂雄、日野原重明、茂木健一郎が二冊で続いている。
（13）ただ、このような問題意識は一九六〇年代のみにみられるものではない。たとえば「プライオリティ思考」の重要性を説くビジネス書であるコンサルタント・山崎政志の『残念な人の思考法』（二〇一〇年二二位）でも、「人生でのプライオリティは、まず仕事である」（山崎 2010:6）ことを前提として議論が始められている。
（14）後代からみればこれは「欠落」なのだが、この時点を基準として考えれば逆に、ハウ・トゥなしに自己のあり方を語ることができた、そのような当時の言説の様態をみてとることも可能だろう。
（15）宗教団体の関係者ではあるが、「代表者ではない」という基準から著作をカウントしている。
（16）二〇一〇年、仏教関係者による自己啓発書が久々にベストセラーに登場する。小池龍之介『考えない練習』（二〇一〇年二四位）がそれだが、小池の著作は高田らと大きく異なった特徴をもつものである。著作のタイトルに「練習」という言葉が含まれているように、同書は煩悩を克服するための「身体と心の操り方」を、「早見表」まで完備して説く著作である。これを後述する「内面の技術対象化」の一バリエーションとして捉えることは十分可能だろう。また巻末に脳科学者・池谷裕二との（かみ合った）対談が収録されているように、同書では二〇〇〇年代のムーブメントである脳科学との節合も果たされている。
（17）関連する著作として梅棹忠夫の『知的生産の技術』（一九六九年二四位）が挙げられるが、同書は勉強法・研究法についての本なので、一〇四冊のリストには入っていない。
（18）渡部は、『続・知的生活の方法』のなかで、『知的生活の方法』は具体的には「大学院生から若い講師ぐらいの人」（渡部 1979:3）に向けて書いたつもりだったが、意外にも読者の範囲が広かったことから、ライフスタイルとして「知的生活」をとる人々が増えているのではないかと述べている。
（19）過去の人物ではないが、同系統のものとして、実業家キングスレイ・ウォードが息子にあてて送った書簡集『ビジネスマンの父より息子への30通の手紙』（一九八七年二位）もある。
（20）また、こうした生老病死を扱う著作は一過性の流行ではなく、これ以後も五木寛之の『人生の目的』（二〇〇〇年一〇位）と『人生の覚悟』（二〇〇九年二六位）、日野原重明の『生きかた上手』（二〇〇二年三位）と『人生百年　私の工夫』（二〇〇二年一八位）、渡辺淳一『鈍感力』（二〇〇七年三位）、他の自己啓発書とはかなり傾向が違うが上野千鶴子『おひとりさまの老後』（二〇〇八年一四位）など、しばしばベストセラーにのぼってきている。
（21）このとき、引用文にあるように「世のため人のためにならないこと」「悪いこと」といった善悪への言及がほぼ必ず伴われるのだが、その善悪の基準がどのようなものであるのか、具体的な説明が行われることはほとんどない。
（22）とはいえ、EQという情動能力を昔風の言葉でいえば「人格」であると言及する箇所もあり、人格の陶冶を説いたかつての自己啓発書と全く隔絶しているわけではない（Goleman 1995＝1996：384）。また、『7つの習慣』においても、人格の重要性が説かれている。
（23）ただ、これは自己中心的であることが最善ではない。原則にしたがって計画を立てているかが問題とされるのである（Covey 1989＝1996：168–178）。
（24）「お金の哲学」を語る実業家ロバート・キヨサキの『金持ち父さん貧乏父さん――アメリカの金持ちが教えてくれるお金の哲学』（二〇〇一年四位）でも、コヴィーと同様に「自分の運命を自分でコントロールすること」（Kiyosaki 1997＝2000：17）の重要性が説かれている。同書は「お金の哲学」を体得することが目的であるため、同書はコヴィーの著作に比べて具体的な技法という点では乏しい。だが、「自分の本当の気持ち」（1997＝2000：68）を知ること、それを受けて自分自身を突き動かしていくことが社会的成功の分岐点とされるという点ではコヴィーらと同様に、自己を実践対象としている。
（25）求めるものの飽くなき追求を推奨するジョンソンの著作に対して、ありふれた「今ここ」の幸せを見つめ直そうとするのがディーン・リップルウッドの『バターはどこへ溶けた？』（二〇〇一年二七位）である。

（26）年間ベストセラーには入ってこないが、自己啓発書にしばしばみられる「ロングセラー」に京セラ創始者稲盛和夫の『生き方——人間として一番大切なこと』（2004）がある。同書でも、「人生をつかさどる見えざる大きな二つの力」として、運命の存在と因果応報の法則（因果律、宇宙の意志）が挙げられている（稲盛 2004：209–210）。稲盛は思想家・安岡正篤の影響のもと、因果応報の法則によって、運命（変えられないものとしての宿命とは区分されている）が変えられると論じている（2004：211）。

（27）アレンの知見は欧米ではより早く浸透しており、カーネギーの『道は開ける』にも引用されている（Carnegie 1944＝1999：182）。

（28）ここでは、「流行っているレストランや店のオーナー」「印税の入る作家、画家、アーティスト」「特許、ライセンスなどをもつ人」「マルチレベルマーケティングで成功した人」「マンションや土地から家賃収入を得る地主」「有名なスポーツ選手、アーティスト」「株、債券、貯金の配当を得る人」が挙げられている。一方、不自由人としては「会社員、公務員」「大企業の社員、役員」「自営業者」「中小企業の経営者」などが挙げられている。他の箇所では「高等教育を受けた人間ほど、何が有利か、得か損かしか考えない」（本田 2003：85）という言及もあり、同書では諸社会集団・職業集団に対する上方あるいは下方の差異化が行われている。

（29）三年連続でベストセラーを著した書き手は、本章の抽出基準をとる場合他には存在しない。ここではより原理的に自らの主張を説明している『苦難の乗り越え方』の議論を中心に論じたい。

（30）スピリチュアル系の著作ではないが、コンサルタントであるローター・J・ザイヴァートらによる『すべては「単純に！」でうまくいく』（二〇〇三年二三位）でも、「あなたの中に潜んでいる可能性を引き出し、それを『最大限に発展させるための方法』」として、物・お金・時間・健康・人間関係・パートナーなどについて煩わされないような環境を整える「シンプリファイ（単純化）」が推奨されている（Seiwert and Kustenmacher 2001＝2003：10–17）。そうすることで、「自分の内面に、さらに一歩近づく」（2001＝2003：15）営みが推奨されるのである。

(31) ここでの言及は、政治学者エルネスト・ラクラウとシャンタル・ムフ（Laclau and Mouffe 1985＝1992）によって提出された「節合（分節化）articulation」の概念に依拠している。カルチュラル・スタディーズの中心人物であるスチュアート・ホールは「節合」について、「特定の条件下で、ふたつかもしくはそれ以上の異なったあるいは隔たった要素の統一体を形成しうる結びつきの形式のことなのだ。それは一切にとって、決して必然的でも決定的でも、また絶対的でも本質的でもない関係付け」（du Gay et al. 1997＝2000：7；Hall 1996＝1998：33）であると説明している。「統合されている」と考えられているものは、実際には異質の、相違した諸要素の節合にすぎず、別様の再節合が可能であるとして、ある対象の意味編成を非本質主義的な文化的恣意という観点から問い直し、また変容へと開いていく視点が節合の概念である。

(32) 他にも、霊的成長によって死後の世界では階層が分かれるという「階層の法則」など合わせて七つの法則があるが、これらの説明を行うことは本章の目的から遠ざかるので割愛する。

(33) この意味で、江原の志向は完全に「心理主義」的なものとは言い難い。むしろ、関係性の中で起こるあらゆる事象を通じて自己を磨いていこうとする、関係論的な自己啓発ともいえるものだと考えられる。

(34) これは、割愛したものの、『宜保愛子の幸せを呼ぶ守護霊』（一九九一年一〇位）において既にみられるタイプの万能ロジックである。

(35) ジャーナリストの池上彰（『伝える力――「話す」「書く」「聞く」能力が仕事を変える！』二〇一〇年三位）を同列に扱うことができるかは判断が難しいところだが、池上の活動のある部分は、このような「アクセス・ポイント」という観点から捉えることができるように思われる。

（36）自己啓発書は、総体的には「自己のテクノロジー」と「他者管理のテクノロジー」の両輪から構成されるものである。本書は専ら前者の側面に注目して分析を行おうとしているが、後者の側面を全く考慮しないというのも問題だろう。この点については第五章で触れることとしたい。

（37）二〇一〇年の「片付け」ブーム（小松易『たった1分で人生が変わる片づけの習慣』二〇一〇年二〇位）あるいは「断捨離」を本章のストーリー上に位置づけるならば、ここに挿し込むのが最も適合的だと考えられる。すなわち、身辺を整理する、あるいは「ゼロに戻す」「リセットする」ことで人生が好転することを主張するこれらのムーブメントは、「ノイズ」の純化・浄化および単純な原理への志向を同様に有する「自己のテクノロジー」だと考えられるのである。

（38）ベストセラーランキングには入ってこないが、これは各人にとって最適な仕事術・習慣術を見つけ出し、あるいは作り出そうとする（つまり公式解が存在しない）、「GTD（Getting Things Done）」や「ライフハック（ス）」といわれる自己啓発書の潮流とも重複している。

（39）同書に加え、池上の『伝える力』、野口敏の『誰とでも15分以上会話がとぎれない！話し方66のルール』（二〇一〇年一三位）など、自己表現をめぐる著作群も近年一つの潮流を形成している。

（40）ただ、仕事術系のベストセラーにも諸傾向がある。たとえば本田直之の『面倒くさがりやのあなたがうまくいく55の法則』（二〇〇九年二一位）は、「小さな面倒をやっておく」ことで負の連鎖から抜け出し、日々のストレスからの解放と成果の獲得を目指すものである（本田 2009:8）が、一九九〇年代の邦訳自己啓発書ベストセラーに近しいような法則・技法が提示されている。

（41）脳科学のブーム自体は茂木に始まるものでもなく、その傾向も仕事術・習慣術にすべて収まるものではないが、脳科学的知見と仕事術・習慣術は非常に相性がよく、脳科学者以外が著した自己啓発書においてもしばしば脳科学的知見が引用されている。

（42）だが、後に勝間と上大岡は共著『勝間和代・上大岡トメの目うろこコトバ』（勝間・上大岡 2010）を出版しており、(また勝間の林真理子への心酔を考えると) 勝間の「路線」は女性の同時代的ライフスタイルと隔絶しているというわけではない。

(43) この観点からすれば、平林都『平林都の接遇道——人を喜ばせる応対のかたちと心』(二〇一〇年二五位) は、マナー、ホスピタリティの体得および表現といった経路から女性による参入が可能であることを示している。

第三章　「就職用自己分析マニュアル」が求める自己とその社会的機能

1　大学生の就職活動における「自己分析」について

(1)　自己分析という「自己の体制」

一九九一年に二・八六倍を記録した新規大卒求人倍率（リクルートワークス研究所調べ）は、いわゆる「バブル崩壊」の後急激に低下し、一九九六年には一・〇八倍に、以後一旦持ち直すが二〇〇〇年には〇・九九倍へと至った（図表3-1参照）。「失われた一〇年」とも称されたこの時期、大学生の就職活動の形態は大きく変容した。形式的だった筆記試験の重視、圧迫面接の増加、一九九七年の就職協定廃止や情報化の進展に伴うオープンエントリーの活性化、エントリーシートによる選考の導入、

図表 3-1　新規大卒求人総数・求人倍率

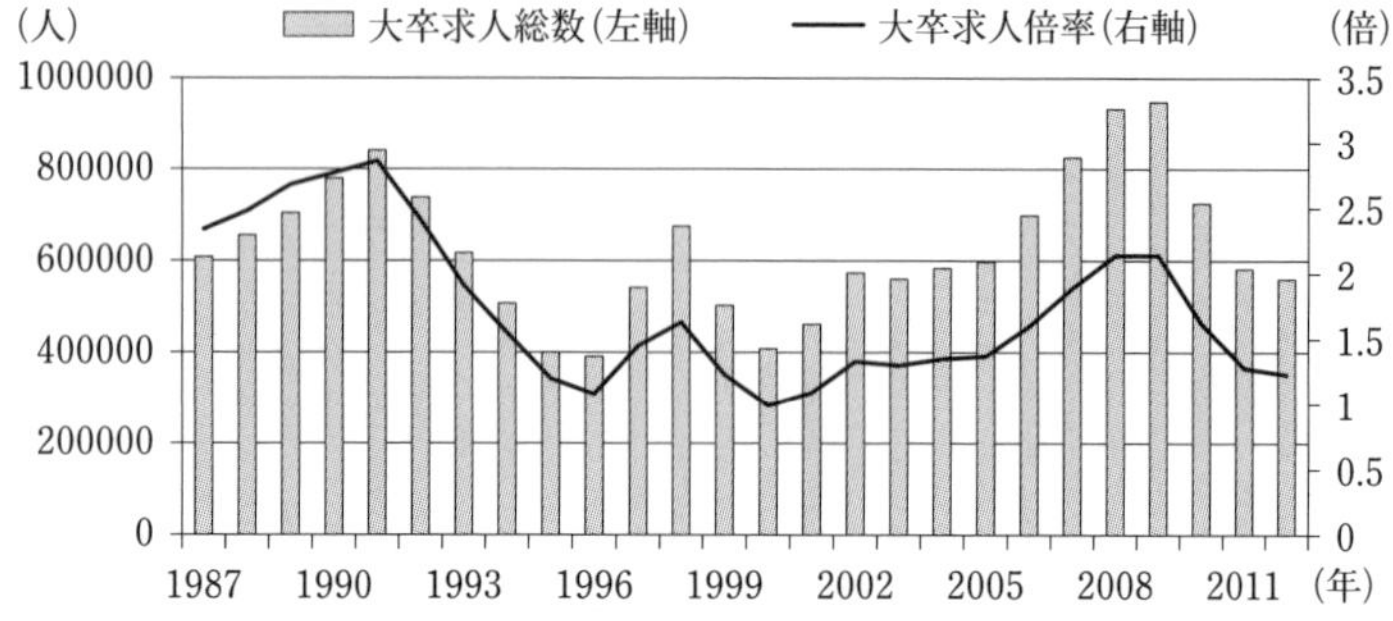

出典：リクルートワークス研究所

就職ナビゲーションサイトの隆盛、等々。

　こうした変容のさらなる一例に、それをしなければ「就職活動は根拠がなく、受動的になり、途中でつまずいた場合に取り返しがきかず、面接やエントリーシートでも印象を残せず、内定が出てもしばしば後悔することになる」（桑原・竹野 1997:22）として頻繁に言及される「自己分析」という慣行の定着がある。自己分析の定義は一様ではないが、たとえば石渡嶺司と大沢仁（2008:26）によれば、「自分の過去の成功体験や失敗体験、行動パターン、価値観などを振り返り、『自分とはこういう人間なのだ』ということを発見する」作業と説明されている。堀健志らの大学生調査では、就職活動に際してこの自己分析を行った大学生は七七・四％にのぼるという（堀ほか 2006:89）。また木谷光宏（2003:134）は大学生が就職活動を通じて学んだことの最上位項目が「自己理解（性格・能力）」であること、上村和申（2004:43）は自己分析や面接での自己表現が成功した学生ほど就職活動全体への評価が高いことをそれぞれ明らかにしている。こうした調査から、自己分析という作業が今日の大学生の就職活動における中核的慣行として定着していることが確認できるだろう。

実施率七七・四％という数値は、今日における就職を控えた大学生にとって、自己分析は当然行うべき、あるいは行わなければならないという位置づけにあることを示すものといえる。その意味で、「失われた一〇年」以後の、特に「ロストジェネレーション」と括られる世代以降の大学生にとって、自己分析とは、多かれ少なかれその実行が誘われ、動機づけられ、望ましいとされ、また自然に選びとってしまうような自己への向き合い方、つまりまさに「自己の体制」として立ち現れていると考えられる。

（2）自己分析に関する先行研究とその難点

だが、なぜ自己分析なのだろうか。なぜ「自分の過去の成功体験や失敗体験、行動パターン、価値観などを振り返り、『自分とはこういう人間なのだ』ということを発見する」ような作業が必要なのだろうか。ロストジェネレーション世代の学生があまりに自分自身を知らないためだろうか。そのような単純な話ではないとして、自己分析についての先行研究は、この慣行がなぜ、またいかに定着したのかということをめぐって積み重ねられてきた。筆者は、先行研究の傾向は概して二つに整理することができると考える。第一が、自己分析の定着を自己・他者の内面性を何よりも重視する風潮としての「心理主義化」の一展開と指摘した森（2000）や中井孝章（2004）の研究(1)、第二が『就職ジャーナル』誌（リクルート）における自己分析の表象を素材として、新規大卒採用市場の変化と自己分析定着の関連性について検討した浦川智子（2003）、香川めい（2007）、鵜飼洋一郎（2007）の研究である(2)。

これらの研究は、社会の心理主義化、新規大卒採用市場あるいは国内労働市場の変化（一九九〇年代における弾力化）が自己分析定着の背景にはあり、それが決して大学生の「不甲斐なさ」に由来するものではないことを主張してきた。この点は筆者も同意するものである。

だがこれらの先行研究には、共通した二つの根本的な欠落点があると考えられる。第一は自己分析をめぐる実情への配慮の欠如である。たとえば、自己分析を行う学生が約八割にのぼるとしても、その実行の程度にはマニュアル本を買い込んで強迫的に行う学生もいれば、本を買わずに自分で何となく済ませる学生もいる（胡散臭いと思っている学生も多いだろう）という多様性を先行研究では捉え損ねている。また、就職活動以後も自己分析を行い続ける学生はほとんどいないという影響力の時限性や、自己分析の受け手（学生）に対する送り手の存在についても看過されている。

第二に、自己分析の定着因について、社会の心理主義化、一九九〇年代の弾力的な労働市場との親和性といった観点からそれぞれ説明を行う諸先行研究は、自己分析の特性をその社会的背景へと還元し、分析を平板化させてしまっている点にも難点があると考えられる。確かにこれらの社会的背景論は、自己分析の定着を概略的に説明してくれるものではあるだろう。しかしこれらは、自己分析に関する諸作業の詳細な様態までを自動的に説明してくれるものではない。筆者が迫ろうとするのはまさにこの様態である。つまり、大学生が就職活動を通じて学んだことの最上位項目が「自己理解（性格・能力）」であり、自己分析や面接での自己表現が成功した学生ほど就職活動全体への評価が高いのであるならば、そのような自己（分析）をめぐる意味の網の目＝文化の様態を明らかにすることこそが、自己分析という慣行の本質に最も迫りうるアプローチであり、またなされるべきことだと考えるのである。

（3）「サブ市場」という観点

先行研究の欠落点をフォローしつつ自己分析に迫ろうとするとき、「サブ市場」という観点の導入が非常に有効だと考えられる。すなわち、新規大卒採用市場には、就職ナビゲーションサイト、イベント会社による説明会等の運営サービス、出版社等による就職活動関連情報の提供等、多くの下位市場が存在すると考え、自己分析をそうした一下位市場および一商品として捉えるのである。こう考えることで、自己分析の定着を単にメディア上の文化的表象体の変化（あるいはその背後にある採用市場等の変動の表われの再認）とみるだけではなく、出版社のビジネスモデル確立、書き手の登場と定着、扱う商品の定型化、それに伴う学生のニーズ創出・喚起、人事担当者による取り入れ等と関連して起こるものとして、「文化のダイヤモンド」のダイナミクスのうちに位置づけて多面的に理解することが可能になる。また、自己分析を一つの商品と考えることで、それが新規大卒採用市場に関わる企業と学生のうち、それぞれの状況認識とニーズに従って、異なった程度で希求、消費されているという多様性も理解できるようになる。そして、メイン市場である新規大卒採用市場の内部で流通する一商品と考えることで、強迫的に自己分析を行う学生でさえ、内定獲得（採用市場からの離脱）とともにその強迫性が消失し、その影響力が弱まっていくことも解釈可能になる。このように、サブ市場という観点を導入することで、先行研究において欠落している送り手と受け手、自己分析への多様な関わり、その影響力の時限性といった論点について、一貫した見通しを立てることが可能になるのである。

では、この自己分析をめぐるサブ市場は一体どのような商品を扱う市場なのだろうか。そしてこのサブ市場はメイン市場である新規大卒採用市場と、そのユーザーである企業と学生にいかなる影響を及ぼすのだろうか。自己分析市場とは、何らかの物品を販売する市場ではない。この市場が扱うのは、自己を分析する(これは石渡らの引用にあるような「振り返り」のみに留まらない)各種の作業であり、またその作業を通して目指される、あるべき自己のモデルである。それゆえ自己分析とは、読み手に自らを作業対象とすることを促し、また作業を通して就職活動に向けた自らの意識の明確化・啓発・変革を促すという点で、「自己の自己との関係」への働きかけを通した主体化技法、すなわち「自己のテクノロジー」として定位することができると考えられる(3)。つまり、第二章で扱った自己啓発書とは文脈や目的は異なるものの、自己分析に関連するメディアもまた、「自己のテクノロジー」を扱う一種の自己啓発メディアとして捉えられるというわけである(4)。

本章ではこのような自己分析の理解にもとづき、より具体的に次の二点について明らかにしていきたい。第一は、自己分析市場が扱う商品としての「自己のテクノロジー」とはどのようなものなのか、またそれはどのような自己のモデルを求め、希求や消費の程度差はあるにせよそのニーズを喚起するのかについて、理念型的な再構成・分析を行うことである(第3節〜第6節)。第二は、そのような「自己のテクノロジー」を提供する自己分析市場が、その上位市場である新規大卒採用市場と、そのユーザーである企業と学生に果たす機能を考察することである(第7節)。次節では、本章で扱う資料について説明する。

2 「就職用自己分析マニュアル」について

自己分析市場で扱われる自己について分析しようとする際、いかなる分析素材が適切だろうか。先行研究では時勢を最もよく反映するとして『就職ジャーナル』誌が分析対象となってきた。しかし同誌は自己分析を毎号重点的に扱うわけではなく、その発行部数は二〇〇一年の九万部をピークにそれ以降五万部強で推移しており（二〇〇九年に電子媒体へ移行）、その影響力も限定的だと考えられる。同誌のみの分析では決して自己分析市場の網羅的な分析にはなりえないだろう。

ここで浮上するのが、自己分析をその内容に含む就職対策書である。就職対策書という書籍ジャンルは毎年非常に多くの点数が発行されており（後述）、その中には一〇万部の発行部数を誇るという杉村太郎の『絶対内定』シリーズ（一九九四年初刊、ダイヤモンド社）等のベストセラーもある。そのため、自己分析を重点的に扱うメディアとしては、これらの書籍ジャンルをより代表性が高く、より多くの学生に読まれているサンプルとみなすことができると考えられる。香川（2007：139）は就職対策書を時勢の変化に柔軟に対応していないとして退けたが、次節でみるようにこれらの対策書は決して時勢に対応していないものではなく、時期ごとの傾向を客観的に観察することができるものである。そこで本章では、自己分析を内容に含む就職対策書を分析素材としたい（以下これを「就職用自己分析マニュアル」あるいは「マニュアル」と呼称する）。

次に、この分析素材の選定基準、性質について説明する。筆者は、一九八〇年代以降の書籍情報を

図表 3-2　就職用自己分析マニュアルの年ごと新規刊行・発行点数

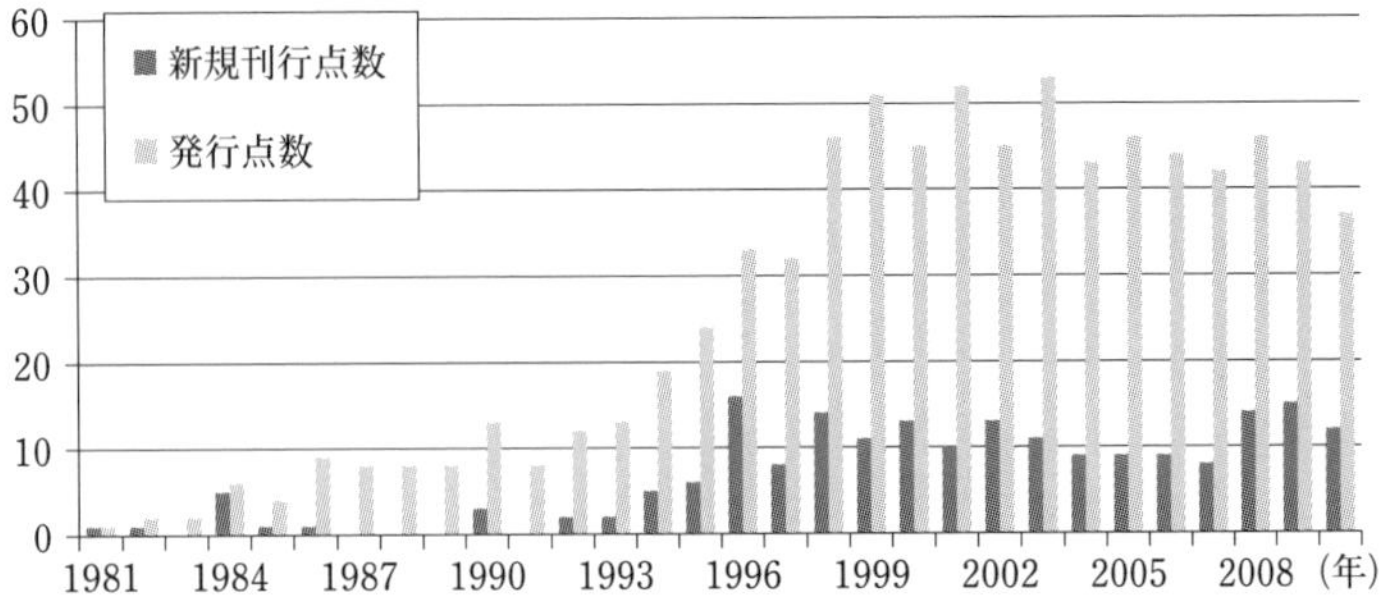

最も網羅的に掲載していると考えられたオンライン書店「本やタウン」(当時。現在は「Honya Club.com」に改称)のデータベースを用いて、自己分析という語をタイトル・内容に含む八六九冊の書籍から、大学生向けの就職対策情報を掲載していると判断された二一八タイトル計四九四冊を抽出した(二〇一〇年一二月までの刊行書籍を対象)。この二一八タイトル四九四冊について、国立国会図書館データベースおよび「Amazon.co.jp」「Yahoo!ブックス」等の書籍データベースを併用して、タイトルが変わったが内容が同じもの、「本やタウン」には掲載されていない年次の版を統合・追加し、最終的に二〇三タイトル七九三冊を選定した。この二〇三タイトル七九三冊を本章における「就職用自己分析マニュアル」とする。

ただ、これらすべてが自己分析の項目のみで構成されているわけではない。その内容が自己分析のみで構成されるマニュアルは二〇三タイトル中二一タイトル(一〇・三%)で、多くは就職活動ガイド、業界・企業研究、ＯＢ・ＯＧ訪問等の企業アプローチ、エントリーシート・履歴書対策、面接対策、筆記試験・小論文対策、性格適性検査等の項目とともに自己分析が掲載されている。

図表 3-3　就職用自己分析マニュアルの執筆者

執筆者カテゴリー	団体数・人数	延べタイトル数	延べ発行点数
コンサルタント・就職アドバイザー	54	90	253
企業・団体	30	45	281
出版社編集部	18	38	146
心理学者・カウンセラー	15	28	119
文筆業・ライター・ジャーナリスト	16	20	63
人事担当者・大学就職課員	7	8	21
その他・不明	25	27	86
計	165	256	969

マニュアルの年ごとの新規刊行・発行点数を示したものが図表3-2である。ここからは一九九〇年代中盤以降に自己分析市場が拡大し、現在でも活況を呈しているようにみえるが、点数の増大を単純に市場規模の拡大とみることはできないようである。筆者が聞き取り調査を行った出版社の編集者によれば、かつてこの出版社では就職対策書を年二〇タイトル近く、各二、三万部程度発行していたが、近年ではタイトル数も減り、各一万部程度の発行になっているという(5)。この理由として編集者は、自己分析関連書籍を扱う出版社やタイトルの増加、インターネットの普及に伴う同種情報の拡散、少子化等をその理由として挙げていた。一九八〇年代初刊のマニュアルは全て一〇年以上にわたって発行されているが(平均発行回数は一八・二回)、一九九〇年代初刊のマニュアルは平均発行回数が四・七回で、六九タイトル中二八タイトル(四〇・六%)が一回で発行を終えている。二〇〇〇年以降は平均発行回数二・五回、一二四タイトル中七五タイトル(六〇・五%)が一回で発行を終えている。これらから自己分析市場は、その市場が飽和もしくは縮小傾向にある中で、多くの出版社が限られたパイを奪い合う、競合状態にあるとみることができる。

マニュアルの内容に立ち入る前に、その送り手、つまり執筆者について整理しておきたい（図表3-3）[6]。執筆者の最も多くを占めるのが、キャリア・就職を専門とする「コンサルタント・アドバイザー」（九〇タイトルを執筆、二〇三タイトル中四四・三％）である。ついで「就職試験情報研究会」のような「企業・団体」[7]（四五タイトル、二二・二％）、「出版社編集部」（三八タイトル、一八・七％）、「心理学者・カウンセラー」（二八タイトル、一三・八％）と続いている。先述の聞き取り調査によれば、団体や出版社編集部が著者である場合もコンサルタントや心理学者等に内容を一部委託することがあるという。

図表3-3からいえるのは、自己分析市場には特定の専門家が多く関与し、あるべき自己のモデルを語る際の権威になっているということである。そのため、就職用自己分析マニュアルにおいても、自己啓発書ベストセラーと同様の「自己をめぐる権能の偏在」を指摘できると考えられる。具体的にその偏在の様態についてみてみると、自己啓発書ベストセラー執筆者の最も多くを占めていたのは「作家・評論家・思想家」、ついで「医者・心理学者・脳科学者」「コンサルタント」となっていたが、就職用自己分析マニュアルにおいても、コンサルタントと心理学者が執筆者の多くを占めていることがわかる。そこで、まだ暫定的な知見ではあるものの、「自己をめぐる権能の偏在」についての一つの仮説をここで示しておくことにしよう。すなわち、コンサルタントや心理学者といった職業集団は、今日の自己をめぐる権能保有者の重要な一角を占めているのではないか、と。この仮説については第四章・第五章で再度検討することとしたい（またその際は、権能の「偏在」とともに権能の「流動」という点にも注目していく）。

3　自己分析の定着と目的論の濃密化

(1) 就職対策書における「自分自身に対して行う作業課題」の登場

就職対策書において、自己分析という表現は近年突然に登場したものではない。たとえば一九五四年発行の『大学・高校卒業者のための就職事典』では、「今、諸君のなすべきこと、それは真に自分にふさわしい職業は何であるかを知ること」であり、「そしてそれは『自己の適性を知る』ことからはじめられなければならない」として、「自己分析をきびしく」やることが推奨されている（旺文社 1954：14-15）。また、一九六四年発行の『会社の選び方』（片方 1964：17）においても、自己分析という表現こそ登場しないものの、「より幸福で豊かな人生を送るためには、まず、自分自身の個性を知り、その自分の個性を生かすことのできる会社、職場を選ぶことが大切」といった言及をみることができる。だがかつての自己分析、あるいはそれに類する表現は、本章で分析しようとする「自己のテクノロジー」の定義に必ずしも合致するようなものではなかった。むしろ、当時の自己分析あるいはそれに類する表現においてより重要視されていたのは、

職業の性質上それぞれ適格の人が求められる。それゆえ諸君は気軽く性格に適さない会社を選んでも会社側で拒否するかよしんば入社しても仕事に情熱のわかないのは必定である。自分を知るものはけっきょく自分なのだから、だいたいの判断はつくだろうが、さらに先輩・恩師・父兄などに

率直に相談したり、科学的な検査で内向性、外向性などの性格判断をしてみるのも一方法だろう。（旺文社 1959：85）

とあるような、友人・家族の意見を聞くことや、専門的な心理検査・適性診断の利用であった。また、当時の就職対策書の紙幅の大半を占めたのは企業情報であったため、そもそも自己分析という表現は対策書に頻繁には登場せず、また特別な意味や重みづけが与えられることもなかった。(8)

一九八〇年代になると、自己分析という表現は、当時の就職対策書の中核的要素であった面接対策の箇所にしばしばみることができるようになる。具体的には、面接で予想される質問としての、自らの性格や長所・短所、適性を把握するという文脈で散見される言葉であった。この時期の面接対策のポイントは、「自分自身を見直し、どの部分を人にPRしたらよい印象が与えられるか、また自分自身を理解してもらえるかを考えて構成することが大切である」（就職試験情報研究会 1985：111-112）とされており、後の時期に比べて表面的である。そのため自己分析の意味する内容も、模範解答を踏襲して性格や適性のアピールに結びつけるか、あるいは適性診断を受ける以上のものではなかった。つまり一九八〇年代においても、自己分析という表現には特別な意味や重みづけも、それに伴われる定型的技法もなかったのである（この点は、当時の自己啓発書ベストセラーにおける倫理的作業の不在と相似する傾向として捉えられる）。(9)

こうした傾向に変化が現れるのが一九九〇年代前半である。かつて一九八一年二月号の『就職ジャーナル』に「J式自己発見ノート」(10)として、自分自身の内面を探る技法を紹介した心理学者の佃直毅と渡辺三枝子は次のように述べている。

「自分の進路や就職先は自分で探すべきだ」と言うのは容易ですが、実際に自分一人で考えるのは容易なことではありませんし、賢明なこととともいえません。本書は、就職先を選んでいく過程で、あなたが取り組まなければならない課題を、作業という形で提供しています。(佃・渡辺 1987:2)

佃らの著書は一九八七年の時点では先駆的なものであったが、一九九〇年代に入るとこうした自分自身に対して行う作業課題（倫理的作業）が掲載されるようなマニュアルが多く登場するようになる。(11)つまりこの時期において、自己分析は「自己のテクノロジー」としての要件を備えるようになり、またこのような傾向が以後のマニュアルの基調となっていくのである。

こうした経緯を踏まえ以下では、近年における自己分析がどのような「自己のテクノロジー」であるのかを検討すべく、マニュアルに多くみられる作業課題を抽出し、分析を行っていくこととする。作業課題の抽出は、二〇三タイトルのマニュアルのうち、より代表的で影響力が大きいと考えられる、二回以上発行された九六タイトル（これらの累計発行数は六八六冊で、七九三冊のマニュアルの八六・五％を占める）の初刊本を対象に行った。マニュアルは初刊本以降、細かい字句の修正を除けば、ほとんどの場合同内容で次年度以降の版（タイトルは変わらずに『〇〇年度版』という部分の表記のみが改められる）が刊行されるためである。筆者はこの九六タイトルにおいて多くみられる作業課題を整理したが、その傾向は一九九二年（バブル崩壊の頃）、一九九七年（就職協定廃止年）を境に大きな違いがあると考えられた。そこで以下ではサンプル数が偏ることになるが、一九九一年まで、一九九二年から一九九六年まで、一九九七年以降という三つの時期区分を設定し、適宜資料の傾向を端的に示しているとみられた記事サンプルを提示しながら記述を進めていく。

(2) 自己分析の目的論——採用市場の変化との節合

そもそも、なぜ自己分析を行わなければならないのだろうか。九六タイトル中四七タイトル(四九・〇%)では、自己分析を行う目的や必要性が記載されている。この目的論は、バブル崩壊の前後で大きく異なっている。先に、一九八〇年代において自己分析という言葉は面接対策の箇所に散見されたと述べたが、この時期における目的や必要性もまた、面接の場における適切な受け答えのためと考えられており、それが当時の就職をめぐる状況と重ねて考えられるようなことはなかった。

一九九〇年代になり、自分自身に対して行う作業課題がマニュアルの一角を占めるようになる頃、自己分析の目的論も違った志向を持ち始める。

就職活動を通じて君たちに経験して欲しいのは、「いかに効率よく世の中を渡るか」という小手先の技術を覚えることではなく、「本当に自分がやりたいのは何か」という「自分探し」のプロセスである。この「自分探し」=「自己分析」がきちんとできていれば、たとえ時間がかかっても、最終的には納得のいく仕事に巡り会える。(鷲見 1996:1)

良い就職って何だろうか。(中略) 残念ながら答えはない。よい就職は一人ひとり違うからだ。あくまで、自分にとっての良い会社(将来的にやりたい仕事ができるなど)を見つけること、それが就職活動なのだ。それには、まず「自分はどんな価値観を持っているのか」「どんなことをやりたいのか」を知らなければ、良い会社を見つけることはできない。そのためにも、自分自身を徹底的に洗い出す「自己分析」が必要になってくる。(中略) 今まで抱いてきた気持ちや感情などを全部吐き出すことが大切だ。そのうえで、自分の考えを整理していく。この作業を通じて、自分のやりたいことが見えてくるはずだ。(日経事業出版社編 1996 : 8-9)

このように、「やりたいこと」をみつけるために、自らの内面を掘り下げる自己分析を行うべしという目的論が多くみられるようになる。上場企業へ男子学生の半数が入社できた「超売り手市場」のバブル期は終わり、決められたルートが崩壊したという状況認識が織り込まれて、自らの「やりたいこと」を定め、企業を絞り、厳選採用を勝ち抜く、といった自己分析の目的論が主張されるようになるのである。その後、一九九七年の就職協定廃止を受けた採用活動の自由化、早期化、長期化、職種の多様化、学歴不問別採用の実施、そして終身雇用制の崩壊、転職者の増加、フリーターやニートの問題等が次々と自己分析の目的論に組み込まれていく。たとえば次のようにである。

終身雇用制が崩れつつある現在、そして今後、ひとつの会社で職業生活を全うする人の割合は以前よりも減少すると思われます。それでも、自分の望んだ会社で、望んだ仕事を続けていれば、それに越したことはありません。また、転職するにしても、自分の意志や判断で決定していくという心構えは持っていたいものです。そのためには、まず自分自身が、就職も含めてどのような生き方を望んでいるのかを考えてみることが大切になってくるでしょう。（森松・大栄総合研究所就職試験対策プロジェクト 1998:8）

自己分析の最初の目的は「やりたいこと」の発見と言ってもいいよね。やりたいこと（将来のビジョン）が決まらないまま妥協して就職した人はすぐに転職を考え、そのまま就職しない人はフリーターやニートになってしまうんだよね。（中略）ニュースでいっていたけど、大卒者の約三五％が入社三年以内に会社を辞めているんだって。みんな、自己分析がうまくいっていなかったんだと思うわ。（Best Colleges グループ 2005:60）

このように、自己分析を行わねばならない理由として言及される事項は実に多様である。このうちのいずれか（バブル崩壊や就職協定の廃止は必要条件かもしれないが）に自己分析の定着因を還元することは非常に困難であり、また逆にこれらの諸要因の複合的な作用によって自己分析が定着したと結論するのもあまりに雑駁に過ぎるだろう。ここで、意味の網の目＝文化に注目しようとする本書の立場から、自己分析の定着因についての、従来の見方とは異なる一つの解釈を提出してみたい。それは、このように多元的な観点から自己分析の目的・必要性が語られるようになったこと自体が、より精確に言い換えるならば自己を分析するという営みと社会的状況との節合可能性の増大・多元化それ自体が、自己分析の定着と不可分な関係にあるのではないかという解釈である。つまり、自己分析を行わない理由が見つけられないほどに自己分析の目的・必要性が多元的に語られ（自己分析と社会的状況が節合され）、自己分析からの逃げ道が塞がれていくような言説の布置形成自体を、自己分析の定着（因）とみなすべきではないか、と。

さらに、こうした多元的な自己分析の目的・必要性が語られたうえで、自己分析が就職活動を左右する重要な営みであることが多くのマニュアルで語られ、自己分析からの逃げ道はさらに塞がれていく。

就職にあたって面接に行く前の準備、すなわち「自己分析」をあらかじめやっておくことが大切になります。実はこの自己分析で就職活動の九割が決まってしまうと言っても言い過ぎではありません。（ハナマルキャリアコンサルタント 1997:13）

就職活動は、自己分析から始まる。自己分析とは、自分はどんな人間か、自分はどんな仕事をしたいのかを探っていくこと。徹底した自己分析は、志望業界や志望企業を決めるときのみだけでなく、エントリーシートの記入や面接のときなど、就職活動のあらゆる場面で生きてくる。自己分析がうまくいくと、就職活動全体がスムーズに進む。逆にいえば、自己分析をなおざりにすると、就職活動はうまくいかないのだ。（山口 2000:16）

二〇〇八年秋からの世界同時不況で、現在、日本の経済状況はかなり悪化しています。（中略）社会がこういった状況になると、多くの学生は「こんなに景気が悪いのに、自分が就職できるわけがない」と言い出します。はたしてそうでしょうか？私が指導している学生は、どんなに不景気であろうと、しっかり就活をして、内定を獲得しています。（中略）なぜ内定できるかというと、それは自己分析をしっかり行い、自分自身を知って、そのことを選考を通して企業にきちんと伝えることができたから。就活がうまくいかない人の多くは、自分自身のことを、きちんと伝えられていないだけなのです。（才木 2009：155）

一九九一年までのマニュアルにおける自己分析の目的・必要性の掲載率は二〇・〇％だったのが、一九九二年から一九九六年は三一・三％、一九九七年以降は五七・一％と増加している。自己分析の目的論として、採用市場の変化をはじめとするさまざまな社会的背景が次々と節合され、またそうした目的論が多くのマニュアルで掲載されるようになっている点で、なぜ自己分析を行うのかということをめぐる意味の網の目＝文化は濃密化の方向に向かっているといえるだろう。ロストジェネレーションと括られる世代以降の大学生にとって、自己分析をめぐるこうした濃密な意味の網の目＝文化は、自己分析から逃れることを容易には許さない。第1節ではその実施率という観点から言及したことだが、より精確にはこのような意味で、近年の大学生にとって自己分析とは半ば強制的に誘導され、動機づけられ、望ましいとされ、選びとらざるをえないような自己のあり方（「自己の体制」）として立ち現れていると考えられるのである。

4　過去・現在・未来から「本当の自分」を導出する

（1）自己分析という「自己のテクノロジー」の様態

自己分析の具体的な作業とはどのようなものだろうか。そして、自己分析とはどのような自己のモデルを求め、作り出そうとするテクノロジーなのだろうか。筆者は九六タイトルにおいて登場する「自分自身に対して行う作業課題」を全て記録し（九〇種にのぼった）、類似する作業課題を、出現傾向や特性による分類を通して七つのパターンへと整理統合した。その掲載傾向を時期区分ごとに整理したものが図表3-4である。

マニュアルに多く掲載されている自己分析の作業課題は、上位から順に「過去の回顧」「現在の自分の分析」「未来の想像」である。図表3-4をみると、このうち「過去の回顧」と「現在の自分の分析」の作業課題は一九九一年以前から掲載率が高いことがわかる。だがこの時期における「掲載」の多くは、面接で予想される質問に対する模範解答の提示、あるいは一行程度の書き出し作業であった。それに対して一九九二年以降のマニュアルでは、一項目について一ページの書き出し作業、その後数ページの解説といったかたちで掲載されることが多く、一九九二年を境として掲載の内実に大きな違いがある。一九九二年から一九九六年までの掲載率低下は、この時期に自分自身に対して行う作業課題を掲載するマニュアルが登場してきたものの、作業課題の定型化には至らず、マニュアル間のばらつきが大きかったことによるものである。これが一九九七年以降、過去・現在・未来についての作業

図表 3-4　就職用自己分析マニュアルにおける各作業課題の掲載傾向

分類	作業の例	～1991 (n = 10)	1992～1996 (n = 16)	1997～ (n = 70)
過去の回顧	自分史を書く、好き（嫌い）だったこと、熱中したこと、印象深かったこと、感動したこと、楽しかった（辛かった）こと、人に誇れること、成功・失敗体験、困難を乗り越えた体験、憧れていた職業、影響を受けた人物・本	10（100%）	10（63%）	66（94%）
現在の自分の分析	自分の性格・特徴、長所・短所、趣味・特技、資格、持っている能力、好きなところ・嫌いなところ、こだわり、今関心があること	9（90%）	10（63%）	64（91%）
未来の想像	キャリアプランを描く、将来の自分について想像する（私生活）、入社してからやりたいことを考える、自分の夢を書き出す	4（40%）	9（56%）	58（83%）
他己分析	他人の意見を聞く	1（10%）	6（38%）	42（60%）
職業の導出	希望する職種・企業（やりたいこと）の導出	2（20%）	4（25%）	37（53%）
働くとは	なぜ働くのか	4（40%）	6（38%）	27（39%）
適性診断	適性診断テストをする	5（50%）	7（44%）	21（30%）

注：96 冊のマニュアルを対象として、発行時期別に分析を行った。図表 3-5 についても同様である。

課題の掲載数・掲載率が飛躍的に伸び、各マニュアルにおいてこの三パターンの作業課題がほぼ揃って提示されるようになる。

自己をめぐる意味の網の目＝文化に注目する本書の立場からすれば、一九九二年以降のマニュアルにおける作業課題の内実の変化は自己分析における「内面の技術対象化」として、一九九七年以降のマニュアルにおける各作業課題の掲載率上昇は自己分析の「技術的定型化」として、それぞれ定位することができると考えられる。またこうした変化は、第二章で示した検討課題の一つである「一九九〇年代における内面の技術対象化」が、就職用自己分析マニュアルにもあてはまることの証左になりうるだろう。自己啓発書ベストセラーと就職用自己分析マニュアルという、読者層や文脈が大きく異なると考えられる二つのメディアにおいて、ともに一九九〇年代において、その読者の内的世界を技術的なまなざしのもとに置こうとする志向が強まったという観察結果は、私たちがその中を生きる「自己の体制」の中核的志向に「内面の技術対象化」があるという解釈の妥当性を高めるものである。

(2) 過去の回顧と現在の分析——共通項の抽出による「本当の自分」の発見

さて、では各マニュアルにおいてほぼ揃って提示される三パターンの作業課題とは、具体的にはどのようなものなのだろうか。まず「過去の回顧」についてみていきたい。この作業は、図表3-4のようにさまざまな項目について回顧あるいは分析する作業だということができる。筆者は、ここで注目すべきは作業課題となる個々の項目ではなく、各作業課題に通底する、ある共通の志向だと考える。それは、

自分史　この作業を通じて必要なことは、「現在の自分」だけにとらわれず、過去はこうだった、という「忘れかけていた自分」もよく思い出すことである。そうすることによって、初めて「本当の自分」が見えてくる。（就職試験専門研究会 1997:11）

過去の経験が原因となって、今の自分ができあがっているということを自分の中で把握しておくことが大切。自分がなぜ、今のような自分になったのか、どうしてこの仕事にあこがれているのか、その答えは必ず過去の体験に求めることができるからです。（採用情報研究会 2003a:10）

といった、「本当の自分を探す」「自分の本質・ルーツを探す」という志向である。つまり、何らかの観点から過去を回顧し、書き出し、挙げられた事柄における共通項の探索を通して、「本当の自分」「忘れかけていた自分」、あるいは「自分の『軸』『核』」（学習研究社 2002:20）を必ず発見できるというのである。

また、「現在の自分の分析」は、たとえば「現在　自分の棚卸　自分の中にある能力をすべて書き出してみて『在庫確認』をする。まるで小売店で棚や倉庫の商品の数を確認する棚卸しをするかのように、ひとつずつ自分の要素を取り出してみよう」（上田 2006:36）とあるように、自分の能力、あるいは性格・特徴や好きなこと、得意なこと、現在行っている活動等を整理し、やはりそれらの共通項の探索を通して、自分自身の「本質」を自ら見つけ出そうとする作業である。これらから、「過去の回顧」と「現在の自分の分析」とは、自らの「本質」を自ら見出し、抽出していくという「自己の自己との関係」の構築を促す作業課題だということができる。

（3）未来の想像――「本当の自分」の最大化

次に「未来の想像」についてみてみよう。この作業課題は、たとえば「なりたい自分に近づくための第一歩を踏み出すには、まずはどんな自分になりたいのかをハッキリさせる必要がある」（尾方 2002：58-59）といったかたちで促されている。すなわち将来のビジョンを描くことを通して、「なりたい自分」を可視化する作業が「未来の想像」であるといえる。このとき、「なりたい自分」とは私生活（結婚や家族設計、趣味等）に関してでも職業生活に関してでもよく、また漠然としたものや実現不可能なものであっても構わないという。

> サクセスライフ自己分析では、はじめに「未来設計自己分析」を行っていきます。前述したとおり、この自己分析を行うことで、公私共に最高の人生を考えることができるようになります。そして将来の自分像を描いていくことで、自分の仕事や就職活動に対する思いを明確にしていけるとともに、モチベーションを高めることができるようになります。（坂本 2005：116）

> 心の中にある夢ややりたいことを、人にいうのは恥ずかしいから、と他人にだけでなく、自分にも隠してしまってはいないだろうか。（内田・神瀬・佐藤 2007：178）

むしろ、こうした言及にあるように、ためらわずに自分の理想を最大限に描くことが推奨される。こうしてこの作業課題は、未来を想像することで「なりたい自分」、あるいは「夢」「やりたいこと」といった言葉で表現される、自らの本質的な願望を発見するとともに、それを最大化して描くという「自己の自己との関係」の構築を促すのである。

このように、これら三つの作業課題は、過去・現在・未来とそのベクトルこそ異なるが、

> 自分の過去を振り返り、現在を知り、未来を思い描くことによって、「自分の本質」や「自分の目指すもの」がはじめてわかってくるのである。（早稲田教育出版 1998：44）

> 過去から現在、そして将来に至るまで、一本筋の通った価値観は、自分の中で非常に重要なポジションを占めていると考えるべきです。（中略）大切なのは自己分析によって自分の価値観や欲求、能力といった成り立ちを再認識することです。（桑原 2000：70）

とあるように、「自分の本質」を自ら導き出すという志向においては共通しているといえる。この意味で自己分析の作業は、ギデンズがセルフヘルプ・マニュアルの分析からモダニティにおける自己の特性として理念型的に抽出した、自らの内面に依拠した（内的に準拠した）、また一貫した再帰的自己理解を導き出していくという志向をその中核に有しているといえるはずである（Giddens 1991＝2005：84–88）。

5　自己を客観的に見直し、「輝き」を演出する

(1)「なりたい自分」から「なれる自分」へ、自己理解から示差性の獲得へ

だが就職用自己分析マニュアルの傾向は、ギデンズが例示したセルフヘルプ・マニュアルの志向にすべて収まりきるものではない。ギデンズが示した事例や、第二章でとりあげた自己啓発書ベストセラーの多くが、自分自身で遂行され、また完結する探求もしくは実践を前提としているのに対し、自己分析を通して導出された自己理解は、自分だけが納得して終了とはならない。自己分析の作業においては多くの場合、自らの「本質」を導き出した後に、「『なりたい自分』から『なれる自分』」(山根 2004:16) へスライドさせる作業、すなわち現実に選択可能な就職先を導き出す作業が接続されるためである。図表3-4で整理した自己分析の作業課題の中では、「職業の導出」とあるカテゴリーがこれにあたる。自己分析の成果を踏まえて具体的な企業・職種を導出するこの作業は九六タイトルのマニュアルのうちでは四三タイトル (四四・八%) で掲載されており、特に一九九七年以降は七〇タイトル中三七タイトル (五二・九%) がこの作業課題を扱っている。このように就職用自己分析マニュアルでは、「本当の自分」と特定の職業の節合が作業の一環として課されているのである。

またその前後では、就職活動においては、「あなたが思っている自分」ではなく、「他人からみたあなた」が評価され

ることになります。あなたなりの自己分析に他人の意見も加味して、「本当の自分」をしっかり認識することが必要です。(桑原 2000:13)

自己分析の思い込みを防ぐために　自分一人で自己分析をしていると思いこみの部分が出てきてしまう場合があります。この思い込みを防ぐためにも、必ず第三者に「診断」してもらいましょう。(学習研究社 2002:32)

とあるように、導出された「本当の自分」、あるいはそこから導かれた志望業界・企業への想いが自分だけの思い込みにならないように、また人に伝わるものとなるように、「他己分析」を通した客観化・補強がしばしば促されている。図表3-4にもあったように、「他己分析」の掲載率は全体では五一・〇%だが、一九九一年までの掲載率は一〇・〇%、一九九二年から一九九六年までは三七・五%、一九九七年以降では六〇・〇%と、近年になるほどその掲載率が高くなっている。

だが、より強力に「本当の自分」の客観化・調整を求めるのは、近年における選抜プロセスと自己分析の「連動」である。これは面接もそうだが、端的にはエントリーシートについていえることである。エントリーシートの三大質問項目は学生時代にしたこと、志望動機、自己PRだといわれるが(学習研究社 2000:28など)、学生時代については「過去の回顧」、志望動機は「過去の回顧」と「未来の想像」、自己PRは「現在の自分の分析」がそれぞれ関係しており、自己分析における中核的作業とまさに重なり合っている。エントリーシートは第1節で述べたように、一九九七年の就職協定廃止

図表3-5　就職用自己分析マニュアルの構成要素

	～1991 (n＝10)	1992～1996 (n＝16)	1997～ (n＝70)	計 (n＝96)
面接対策	8 (80%)	10 (63%)	40 (57%)	58 (60%)
エントリーシート・履歴書対策	1 (10%)	5 (31%)	47 (67%)	53 (55%)
業界研究・企業研究	3 (30%)	7 (44%)	29 (41%)	39 (41%)
就職活動ガイド	3 (30%)	6 (38%)	27 (39%)	36 (38%)
企業アプローチ	4 (40%)	7 (44%)	23 (33%)	34 (35%)
筆記試験・小論文対策	6 (60%)	5 (31%)	14 (20%)	25 (26%)

以降、年々定着の度合を高めてきたが、九六タイトルの構成要素を整理した図表3-5からは、かつて多くのマニュアルに含まれていた面接対策、筆記試験・小論文対策の掲載率が一九九二年以降に落ちた一方で、エントリーシート・履歴書対策が近年急激に掲載率を上げていることがわかる（主に近年はエントリーシートによる）。また、マニュアルにおける志望動機・自己PR対策の掲載率も、一九九六年以前ではそれぞれ五三・八％だが、一九九七年以降では志望動機が七二・九％、自己PRが八〇・〇％と大きく上昇している。つまり近年のマニュアルの多くは、「本当の自分」の導出のみで自己分析を終了させるのではなく、それがエントリーシートをはじめとする、自己分析と連動した（ものとして語られる）選抜プロセスにおいて示差的な機能を発揮できるように、客観化・調整を促しているのである。

このように、就職用自己分析マニュアルは、内的に準拠した自己理解（「本当の自分」の導出）から始まりながらも、それを特定の職業志望へと節合し、他者のまなざしを織り込み、選抜プロセスを想定した客観化・調整を促すという点で、ギデンズの示した事例や第二章で扱った自己啓発書ベストセラーとは異なった志向を有するメディアだということができる。

（2）自己表現の明確化とエピソード化

エントリーシートや志望動機・自己ＰＲの対策が自己分析に節合されるとき、第4節で示してきたものとはまた異なったかたちで「自己の自己との関係」を取り結ばせ、読み手に意識の明確化・啓発・変革が促されることになる。それは具体的には、自己表現をめぐる二つの傾向として整理できる。この二点について述べることは、選抜プロセスにおける示差的な機能を獲得するために、どのような自己の客観化・調整を行う必要があるのかということを詳らかにすることでもある。

第一の傾向は、自己表現の「明確化」である。エントリーシートで重要なのは一目でわかる自己ＰＲを行うことだとされる。そのためマニュアルでは、「自分という商品の価値をしっかり把握して、『自分にはこんな価値があります。こんなことができます』と売り込む」べく、「自分という商品のセールスポイント」を的確にアピールする必要があるとされるのである（尾方 2002：59）。ここで目指される自己ＰＲは、一九八〇年代のマニュアルにみられたような「どの部分を人にＰＲしたらよい印象が与えられるか」という表面的なＰＲではない。それは、性格、特徴、能力等の「現在の自分の分析」を経て、「自分の一番伝えたいこと」を明確に表現する自己ＰＲである。より具体的には以下のように、積極的で端的な自己演出が求められる。

> 就職試験を勝ち抜くには、「ありのままのあなた」を伝えることではなく、「輝きのあるあなた」を伝えることが大切なのだ。そこそこの長所をたくさん並べても、あなたのみの「輝き」は感じられない。自分の「売り物」を何か一つに絞って、それで徹底勝負を挑むべきだ。（中略）つまり、

輝きのある自分を伝えるためには「自己演出」が必要なのだ。あなたは自分に注文を出す演出家であり、その注文を遂行する役者にならなければならないというわけだ。（樋口 1997:16）

ひとことで自分を表わす　これは、自分の一番伝えたいことがはっきりしていれば、できることです。また、そこまで考えつめていなければ書けない、ともいえます。自分をいろんなものに例えるためには、自分のことを見つめ直す訓練をする必要があります。その結果、例えとして印象的なワンワードを選ぶことができれば、言うことはありません。（柳本 2007:106）

だが、アピールポイントの明確化のみでは、エントリーシートや面接を通り抜けることは難しいという。そこで求められるのが、第二の傾向としての「自分の一番伝えたいこと」に具体的なエピソードを肉付けし、インパクトと説得性を増していく、自らの「エピソード化」である。

「これが自分の長所だ！」と自信満々でも、他人に具体的に伝わらなければ「自己満足の強いヤツだ」「自分で思っているほどじゃないさ」「口だけじゃないの」などと思われてしまいます。それじゃあ困る。もっと具体的に「こんな時に、こんな風に、この長所を発揮したんです」ということが伝えられないと…。（細田 2002:20）

このように、伝えたいことに常に具体的なエピソードを伴わせることが推奨されるのである。マニュアルの読み手である学生たちに課されるのは、過去・現在・未来から「本当の自分」を発見するだけでなく、他者の反応を予期しつつ、自らのアピールポイント（輝き）を明確化し、それを常に説得力あるエピソードとともに提供するべく自らと向き合い、演出・表現していくような「自己の自己との関係」でもあるのである。

6 自己分析の終着点

第3節において、自己分析の目的論を、社会的状況との節合可能性の増大という観点から検討したが、目的論にはもう一つ注目すべき点がある。それは、その継続性についてである。これは、自己分析は一生続けられるべきという立場と、企業から内定をもらうまでの間行えばよいという立場に分かれて論じられているが、いずれの立場も次のように自己分析を行うことを推奨している。

自己分析は、何度も繰り返して修整・改善をしていってこそ本物になっていくのだ。（中略）それはなぜか。自己分析を進めていくうちに、あなた自身がグングン成長し、自分を見る眼もより多角的に、より深く、厳しくなってきているからである。（中略）そして、徹底的に自分を見直し、追求したときに、確固たる自信が生まれ、進むべき方向に迷いがなくなるのである。（早稲田教育出版 1998 : 76）

自己分析はこの段階で終わりということは決してありません。たとえばOB・OG訪問や、面接などで社会の空気に実際に触れることで、新たな自分を発見することもあるのです。就職活動中はずっと自己分析を継続するものと考えてください。（採用情報研究会 2003b：19）

つまり自己分析は、少なくとも就職活動中においては何度も修正・改善される「再帰的プロジェクト」であるべきだというのである。各マニュアルでは、このような絶え間ない営みとしての自己分析が、就職活動の開始時だけでなく、エントリーシート・面接対策、活動がうまく進まないとき等のどの場面においても、状況を改善する最も有効な手段だということが共通して語られている。

では自己分析の修正とはどのような基準でなされるべきなのだろうか。多くのマニュアルでは、「自己分析は診断テストではない。これが正解という答えはないし、優劣や点数もつかない」（日経事業出版社編 1996：10）、「自己分析にはけっして正解はなく、何度も試行錯誤を繰り返しつつ、自分の手で完成させていくものだ」（桑原・竹野 1997：23）とあるように、その公式解がないことがしばしば言及されている。だがマニュアルでは共通して、一つの手がかりが提示されている。それは、

一見周りの学生と同じようなことをしていても、そこで自分なりに考え、どうしてそういう行動をとってきたのかを、考えていくことが大切です。些細な行動であっても、つねに「なぜ？」「どうしてそうしたのか？」を自分に問いかけ、追求してください。（才木 2000：8）

自分で自分を質問攻めにする　あらゆる角度から自分に問いかけてみる。その答えを探す過程はまさに自己分析なのだ。そしてその答えは必ず書いてみよう。（尾方　2002 : 149）

とあるような、自分自身への質問的態度、すなわち「自己の自己との関係」の構築である。つまり、どのような時期であっても、自己理解を組み直し、自己アピールを練り直すための手がかりとその答えは、すべて自分の中にあるのだというのである。ここにみることができるのも、自らの内面に依拠した、すなわち内的準拠的な志向である。

このように、内的に準拠した自己分析の修正によって、就職活動におけるあらゆる状況が打開できると語られているのだが、仮にマニュアルが説く自己分析を完璧に行ったとしても、それが必ずしも他者との示差性として機能し、希望する企業からの内定を獲得できるわけではないだろう（逆に、マニュアルを踏襲し過ぎているとしてマイナスに評価される場合もある）。むしろ、多くの学生にとって実際に自己分析および就職活動の終着点となるのは、「内定の獲得」という非常に単純で端的な出来事である。マニュアルは「内定を獲得し、本当に納得できる会社を決めたときが、自己分析の終わりなのである」（内田・神瀬・マツダ 2007 : 186）と説くが、自己分析を行った学生の全員が、希望する企業や「本当に納得できる会社」からの内定を獲得できるわけでは当然ない。そのため、多くの学生にとって自己分析とは実際のところ、自分自身による内的に準拠した「本当の自分」の導出とその修正が促される一方で、自己分析の「正しさ」を決定する最終的な審級（内定発行の権能）が自分自身にはないために、ときに葛藤的である「本当の自分」と、意中の企業であるにせよそうでないにせよ「人事担当者に認められ、他人と差異化できた、内定を獲得した自分」について、前者を後者に向けて調整し、すり合わせることで収束することになるのである。

7　自己分析が求める自己とその社会的機能

(1) 自己分析が求める自己

自己分析を特定の「自己の自己との関係」を取り結ばせ、就職活動に向けて意識の明確化、啓発、変革（主体化）を行う「自己のテクノロジー」として分析すると、その傾向は図表3-6のように整理することができるだろう。

自己分析がまず促すのは、「本当の自分」を過去の回顧と現在の分析を通して自ら析出するとともに、未来の想像を通して「夢」「やりたいこと」を自ら最大化して描くような、再帰的・本質主義的な自己の発見・最大化である。だがそれが自己満足で終わらないように、また実際に採用プロセスを勝ち抜けるように、導出された自己の客観化・調整、具体的には自己を最大限にアピールできるような演出・表現（明確化、エピソード化）の推敲が求められる。より端的に言い直せば、自己の本質の発見・最大化、他者の反応を予期したその客観化・調整（導出された本質の演出・表現）、そしてそれらの絶え間なき修正――こうした「自己の自己との関係」と、それを打ち立てるための「自己のテクノロジー」が自己分析市場で扱われ、そのニーズが喚起され[12]、大学生と人事担当者それぞれの状況認識に従って、ときに強迫的に消費・実行されているのである。

図表 3-6　就職用自己分析マニュアルにおける「自分自身を構成する流儀」

倫理的素材	自己の「核」「軸」「本質」 自らの「輝き」と自らを伝える「エピソード」
様式	新規大卒採用市場の採用プロセス（エントリーシート、面接）へ向けた調整 就職コンサルタント等の専門知識 成功者（一流企業の内定獲得者）の模倣
倫理的作業	自己分析（過去の回顧、現在の分析、未来の想像、他己分析） 自己表現（自己のキーワード化、エピソード化）
目的論	自己理解の促進、「やりたいこと」の導出 働く意義の確定 内定の獲得（差異化能力の獲得）

（2）自己分析の社会的機能

では、こうした自己分析を扱うサブ市場はこのような「自己のテクノロジー」と自己のモデルを提供することで、その上位市場である新規大卒採用市場と、そのユーザーである企業と学生に対してどのような機能を果たしているのだろうか。第一に考えられるのは、採用活動が自由化・多様化した不透明な新規大卒採用市場において（こうした状況認識自体がマニュアルでは盛んに言及されるのだが）、「何をすればよいのか」という手続きを詳細に提示することを通して、その不透明性を低減するという機能である。もちろん自己分析の希求や消費の程度差はあるが、図表3-2でみたような競合状態の中でさまざまな「自己のテクノロジー」を提供する自己分析市場は、今日の新規大卒採用市場における、学生と企業双方にとっての一つの行動および差異化基準を発信し続けているということができるだろう。

ただ、自己分析がどんなにうまくいったとしても、第6節で述べたように、実際には誰もが当初導出した「本当の自分」をそのまま就職先に結びつけられるわけではない。その意味で、自己分析は他者（端的には不採用通知）による否定が予期される「本当の自分」をわざわざ導出させ、挫折を誘発し、別の可能な選択肢に向けて調整を促そうとするものでもある。ここから、新規大卒採用市場における、職業移行に対する個人的動機づけの支援・調整機能を自己分析市場の第二の機能として考えることができる。誘発された挫折が適度な刺激となり、より納得のいく、もしくは第一志望ではないにせよそれなりに納得できる就職活動の成果に繋げられるのであれば、この機能は今日の職業移行における通過儀礼を果たすものとして積極的に評価することもできる。

だが、今日（少なくともこの原稿を書いている二〇一一年はそうである）のように採用状況が悪化する時期においては、誘発された挫折が納得のいく成果に繋げられることなく、描かれた「本当の自分」と納得のいかない成果との落差を抱えてしまう学生を生む可能性が高くなると考えられる（不況期における第二の機能の不全）。採用市場の変化の多くは学生個々人の問題というよりも、社会・政治・経済的動向との関連で捉えられるべき問題である。しかし自己分析市場は、そうした採用市場の変化を自己分析の目的論として次々と取り入れ、また採用プロセスに直結した「自己と自己との関係」を取り結ぶさまざまな個人的作業課題を提示することで、望ましくない就職活動の結果や未内定者の増加、早期離職者の増加、フリーター・ニートの問題等を、そうした作業課題を遂行できない学生個々人の努力不足として説明するロジックを提供する（第三の機能）。それは採用市場の悪化によって自己分析の目的論が濃密化するほど、また作業課題が定型化され「本当の自分」や「やりたいこと」の導出方法、その演出・表現方法が洗練されるほどに強固なロジックとなるという循環構造を持つものでもある。

本章の分析結果から、私たちは何を考えるべきだろうか。私たちが考え、気づく必要があるのは、「本当の自分」や「やりたいこと」は自ら導出できる、またそれは客観化・調整可能である、演出・表現可能である、絶え間ない修正が可能であるといった、「自己の自己との関係」へのまなざしそれ自体が、就職活動の結果を個人に帰責するロジックをまさに駆動させているということである。つまり、本章で明らかにしてきたような、自己への微細なまなざしそのものが新規大卒採用市場の状況認識や採用プロセスと結びつくその契機にこそ、社会問題を個人化する最もミクロな駆動因があるということ、また今日における「統治」の実践――すなわち行為者個々人による自助的な調整を促し、またその責任を個々人に引き受けさせるような社会問題の処理形式――が駆動する可能性があるということを私たちは認識しなければならないのである。このようなとき、自己をめぐる問いは、その様態が社会的変数との相関物であるという以上に、政治・経済・社会問題の賭金（争点）となっているのだから。

さて、本章では「一九九〇年代における内面の技術対象化」「自己啓発メディアの社会的機能」「自己をめぐる権能」という三つの検討課題について、就職用自己分析マニュアルという、決して偏った選好を持つ人々のみが読むものではないと考えられるメディアを通して検討してきた。簡潔にいえば、第一と第三の課題については、第二章とかなり近しいかたちで傾向を確認することができたといえる。また第二の課題については、第二章とはまた異なった機能を析出することができたと考えている。だがここではまだ検討課題についての総括はせず、さらに異なったメディアを素材として、私たちにとっての「自己の体制」についての分析結果を積み重ねていくこととしたい。

注

（1）特に中井は、学生が就職情報誌や就職対策のマニュアル本を通して心理学的知識を活用することで、心理学的知識をもって自己をみつめなおすことを是とする社会（心理主義化する社会）に組み込まれ、同時に「本当の自己」「本当の感情」という幻想が生産されると論じた。このような見方は「自己の体制」を論じる本書にとって重要だが、何をもって心理主義的とみなすのか、また何が心理学的知識であるかという基準は曖昧であり、実証的根拠に乏しいという難点がある。

（2）各論者の議論は決して一様ではないが、それぞれの議論においては、バブル崩壊後の不況期における新卒者採用の抑制に伴う就職戦線の激化、一九九七年の就職協定廃止による就職・採用活動の自由化・多様化・長期化、エントリーシートの普及といった変化を背景に、それまで採用基準として通用していた「学校歴ではない何か」が求められ、そこで「主体的に選択を行う軸」としての自己に注目が集まり、自己分析は強迫的に学生に要求されるような、またそれ自体目的化するような慣行になっていったという解釈が示されている。各論考は、自己分析の定着を心理主義化の表われとして理解する（当てはめる）のではなく、新規大卒採用市場の変動との関連により注目し、自己分析と採用市場の共振性を描き出そうとした研究といえるが、資料分析の観点が明示されていないという難点がある。

筆者（牧野 2009b）もまた、『就職ジャーナル』について、その創刊（一九六八年）から二〇〇八年の休刊直前までにおける自己分析関連記事の展開について検討している。以下、注での『就職ジャーナル』への言及はこの論文によるものである。

（3）既に触れたことではあるが、フーコーは「自己のテクノロジー」が他者統治のテクノロジーと絡み合っており、他者に課される場合もあることを複数の箇所で示唆している（Foucault 1988＝1990：19–21 など）。

（4）この「自己のテクノロジー」概念から自己分析にアプローチすることで先行研究といかなる差異化が可能になるだろうか。第一は、「自分自身を構成する流儀」に関する四つの分析視点を用いることで、自己分析の特異性をより明確に理解できる点である。第二は、学生の自己分析への多様な関わりという点を一方で踏まえながらも、程度差をもって希求・消費される一商品としての「自己のテクノロジー」という観点から自己分析にアプローチすることで、その商品そのものの特性を理念型的に抽出するという分析の立場を確保できる点である。第三は、自己分析を扱う媒体では、社会状況を踏まえた目的論が自己分析の具体的作業と一まとまりになって提示されることが多い点に関連している（第3節で詳述）。つまり目的論が技法と直接結びついていると捉える「自己のテクノロジー」概念を用いることで、自己分析の特性をその社会的背景（心理主義化や労働市場）へと還元してしまうという先行研究の難点に対応し、自己分析の特性を資料内在的に考察できるようになると考えるのである。
（5）二〇〇九年四月一三日に行われた筆者による聞き取り調査から。
（6）一つのタイトルを複数の執筆者で書く場合があるため、タイトル数の合計が二〇三以上、延べ発行点数が七九三以上となっている。また、タイトル数の少なさの一方で延べ発行点数では「企業・団体」が最も多いことが図表3-3からわかる。これは一九八〇年代から発行が続いている、すなわち延べ発行点数の多いマニュアルの執筆者がこのカテゴリーであることによる。つまり逆にいえば、「コンサルタント・就職アドバイザー」は延べ発行点数が多くはならない一九九〇年代以後において、マニュアルの執筆者として台頭したのである。その意味で図表3-3は権能の「流動」について若干ながらも示唆を与えてくれる。
（7）こうした「企業・団体」が出版社編集部の別名だという可能性もあるが、ここでは区別してカウントしている。
（8）一九六八年の受験新報編集部『大学生の就職ガイダンス』では次のような言及がある。「自分が選んだ職場が、多少性格に合わないとわかっても、悲観する必要はなく、その職業に自己を適合さす《ママ》努力が必要である。先輩は皆、そのように努力しているからである」（受験新報編集部 1968：22）。このように、自分自身の理解よりもむしろ、職業へ自らを適合させることが現実的であるという意見も当時の就職対策書にはみられた。

（9）『就職ジャーナル』誌上では一九八〇年代前半、佃をはじめとする一部の記事登場者によって自己に取り組む手続きが定型化されてきたものの、その影響力は弱く、この時点でも自己分析という表現は特定の意味や重みづけを持つには至らなかった。

（10）六ステップからなり、①自己PR、②今までの経験、③人生において大切な価値、④自分の職業的方向、⑤習慣・態度・行動様式、⑥情報収集について書き出すという各作業の後、総合的なカルテが作られ、課題をさらに書き込むようになっている。

（11）『就職ジャーナル』誌上でもこの時期、「自分自身に対して行う作業課題」が多く掲載されるようになる。

（12）仮に胡散臭いと思う学生や採用担当者が多くいたとしても、自己分析市場は毎年多くの「顧客」を獲得し、現にここ二〇年近くの間存続し続けている点がこのことの証左となるだろう。また、仮にマニュアルを全く読まなくとも、このような「自己の自己との関係」に志向して、就職活動を行った学生は少なくないのではないだろうか。マニュアルを全く読まない、気にしていないという学生がいたとしても、それはこうした「自己の自己との関係」の構築をせずに済むということではなく、むしろ逆に、マニュアルがなくともそれを「自然に」できるからこそ、過度に気にせずに済むのではないだろうか（しかしそのような学生でも、内定が出ない状況が続けば、その「原因」の一つとして自己分析に目が向くということは十分ありうるだろう）。あるいは、全く「やりたいこと」がわからず、自己理解が自分自身の思い込みにすぎず、また自らのアピールポイントも不明確で要領を得ない大学生が、採用試験を次々と勝ち抜くというのは、今日を生きる私たちのリアリティとしてはやや考え難いはずである。また、筆者が行った大学四年生へのインタビュー調査では、自己分析マニュアルを読み込んだという学生はそれほど多くはないものの、自分で工夫して自己分析を行ったという学生や、エントリーシートや面接対策に関連して、自分の「やりたいこと」やアピールポイントの明確化に意識的に取り組んだという学生が多くみられた（牧野ほか 2011）。これらの意味で、自己分析が促す「自己の自己との関係」とは、エミール・デュルケムが「社会的事実」の概念に関して述べた、「私たちの行為が必然的にそこに流し込まれていく鋳型」（Durkheim 1895＝1978：93）のようなものとして捉えることができるのである。

また、二〇一〇年に入って、自己分析をする必要はないと論じる就職対策書が複数登場しているが（森田 2010; 福山 2010）、これらはマニュアル化された自己分析からの脱却を主張する（というマニュアルなのだが）、あるいは本章で示した「自己の自己との関係」のうち、自己の「本質」の抽出を切り捨てて、自己演出・自己表現により重きを置こうとする志向を持った著作群だといえる。だがこれらの著作もまた、自己分析を否定しながらも、あるべき自己のモデルを異なった観点（書き手の戦略的差異化という可能性もある）から語り、読者を導こうとする別様の言説であるといえるだろう。このような活性化を経つつ、自己分析市場は現在も存続しているのである。

第四章　女性のライフスタイル言説と自己
——ライフスタイル誌『an・an』の分析から

1　女性向け自己啓発メディアへの接近

第二章で述べたように、自己啓発書というメディアは基本的には男性が中心となって、また永らく女性の参入を許さなかったビジネス書を一つの核として発信・消費されるようなメディアであった。また、第三章で扱った就職用自己分析マニュアルは、性別によって異なった行動が求められることはほぼないものの、(1) ビジネスの世界への参入を促すメディアであるという点で、また著者として最も多いカテゴリーであったコンサルタント・就職アドバイザーの八一・五％（五四名中四四名）が男性であるといった点からみても、やや男性親和的といえる側面をもっている。しかしながら、女性の生き方を扱うメディアも、決して捨て置くことのできない、自己のあり方をめぐる独自の言説空間を形作っていると考えられる。たとえば、比較的大きな書店に行けば、赤とピンクで装丁された女性向け自己啓発書が居並ぶ、独特の雰囲気をもったコーナーが設置されていることは珍しいことではない。また雑誌コーナーに行っても、自己啓発的な文言を掲げている女性向け雑誌を容易に、また多く見つけることができるはずである。そこで本章では、女性を読者とする自己啓発的なメディアをとりあげ、今日の「自己の体制」についての知見を積み重ねることとしたい。

だが、女性向けの自己啓発メディアについて、どのような基準でピックアップを行うべきだろうか。包括的かつ通時的な書籍ベストセラーリストを用いるという第二章のような基準では、抽出できる資料はそれほど多くなりえないことは既に明らかである。そこで本章では、雑誌メディアに目を転じてみることにしたい。雑誌メディアの包括的データベースである『大宅壮一文庫　索引目録』には、「心理一般」（大項目「科学」—中項目「人間について」—小項目「心理一般」）という項目がある。この項目に分類される記事の内容は心理テスト、心理操作のハウ・トゥ、ルポルタージュ、コラム等さまざまであるが、この項目が最も「私」「自分」「自己」が何であるか、どうあるべきか、そのために何をすべきかといったテーマ、すなわち自己をめぐる問いとの関連性が最も高いと考えられた(2)。そこでこの「心理一般」項目を参照して、雑誌メディアのピックアップを行うこととする。

「心理一般」項目の記事数は、一九四五年から二〇一〇年までの六六年間で延べ三三二一誌における四六六九件であった。三三二一誌のうち、記事数の上位二〇誌を整理したものが図表4-1である(3)。

女性向け情報・ライフスタイル誌『an・an』が突出した記事数であることが一見してわかる。二位

図表 4-1 『大宅壮一文庫　索引目録』における「心理一般」項目の記事数上位 20 誌

順位	雑誌名	ジャンル	記事数
1	an・an	女性向け情報誌	440
2	女性セブン	女性週刊誌	211
3	BIG Tomorrow	男性向け情報誌	188
4	コスモポリタン	女性向け情報誌	122
5	現代のエスプリ	心理系ジャーナル	121
6	プレジデント	ビジネス誌	120
6	プシコ	心理系ジャーナル	120
8	女性自身	女性週刊誌	116
9	AERA	総合・写真週刊誌	100
10	non・no	女性向け情報誌	86
11	週刊女性	女性週刊誌	85
12	SPA	総合・写真週刊誌	82
13	自由時間	男性向け情報誌	81
13	ターザン	男性向け情報誌	81
15	日経ビジネスアソシエ	ビジネス誌	80
16	週刊宝石	総合・写真週刊誌	60
17	微笑	女性週刊誌	58
17	THE 21	ビジネス誌	58
19	ダカーポ	総合・人文系月刊誌	51
20	PHP カラット	女性向け情報誌	47

の『女性セブン』、三位の『Big Tomorrow』は、その記事数の半数以上が精神科医による連載コラムであることを考えると、そうした連載記事を全く含まない『an・an』の記事数の多さはより際立つ。また、『an・an』が含まれる女性向け情報・ライフスタイル誌というジャンルは、四六六九件の「心理一般」記事のうち一三五〇件（全体の二八・九％）を占め、総合・写真週刊誌（六七一件、一四・四％）、男性向け情報・ライフスタイル誌（五八〇件、一二・四％）、女性週刊誌（四七〇件、一〇・一％）、総合・人文系月刊誌（四一六件、八・九％）、ビジネス誌（三六三件、七・八％）といった他ジャンルを大きく引き離している。こうした「心理一般」項目の傾向を踏まえて本章では、自己啓発的なメディアであると標榜はされないものの、人間の心理に関連する記事を多く掲載し、したがって自己をめぐる問いに関する話題を積極的に扱うと考えられた代表的なメディアとして、また人間の心理を扱う代表的な雑誌ジャンルである女性向け情報・ライフスタイル

誌の一サンプルとして、『an・an』を分析の素材としたい。

以下、まず次節では『an・an』の特性と資料選定・分析の視点について述べる。第3節から第6節では時期を区切って同誌における「自己のテクノロジー」の変遷について、第7節では「自己をめぐる権能」の所在について検討し、第8節では自己啓発的言説の機能について中間的な考察を行う。

2 ライフスタイル誌『an・an』の特性と資料選定・分析の視点

(1)『an・an』の特性とその展開

一九六九年二月にフランス・ELLE社との提携契約を結んだ平凡出版(現マガジンハウス)は、同年に新雑誌のテスト版となる『平凡パンチ女性版』を発行したのち、一九七〇年三月に新雑誌『an・an』を創刊する。同誌は翌年に創刊された『non・no』(集英社)とともに、「若い女性たちの間に新しい風俗を浸透」(井上・女性雑誌研究会 1989:37)させた革新的な雑誌であるといわれる。

新しい風俗とはどのようなものか。それを最も端的に表現しているのが、斉藤美奈子(2000:235)が述べる「ファッション革命」についての言及である。すなわち、洋裁、炊事や住まいの手入れといった家事や花嫁修業の領域に属していた事柄を、既製服の購入、食べ歩きやクッキング、インテリアという趣味=ファッションに転換し、消費可能なものへと化していくという、それまでに全くなかった風俗が両誌の創刊以降に浸透したという言及である。

加えて、「アンノン族」と呼ばれる旅する女性たちを生みだした一九七〇年代の旅行特集、DC(デ

図表4-2　『an・an』における巻頭特集の記事内容

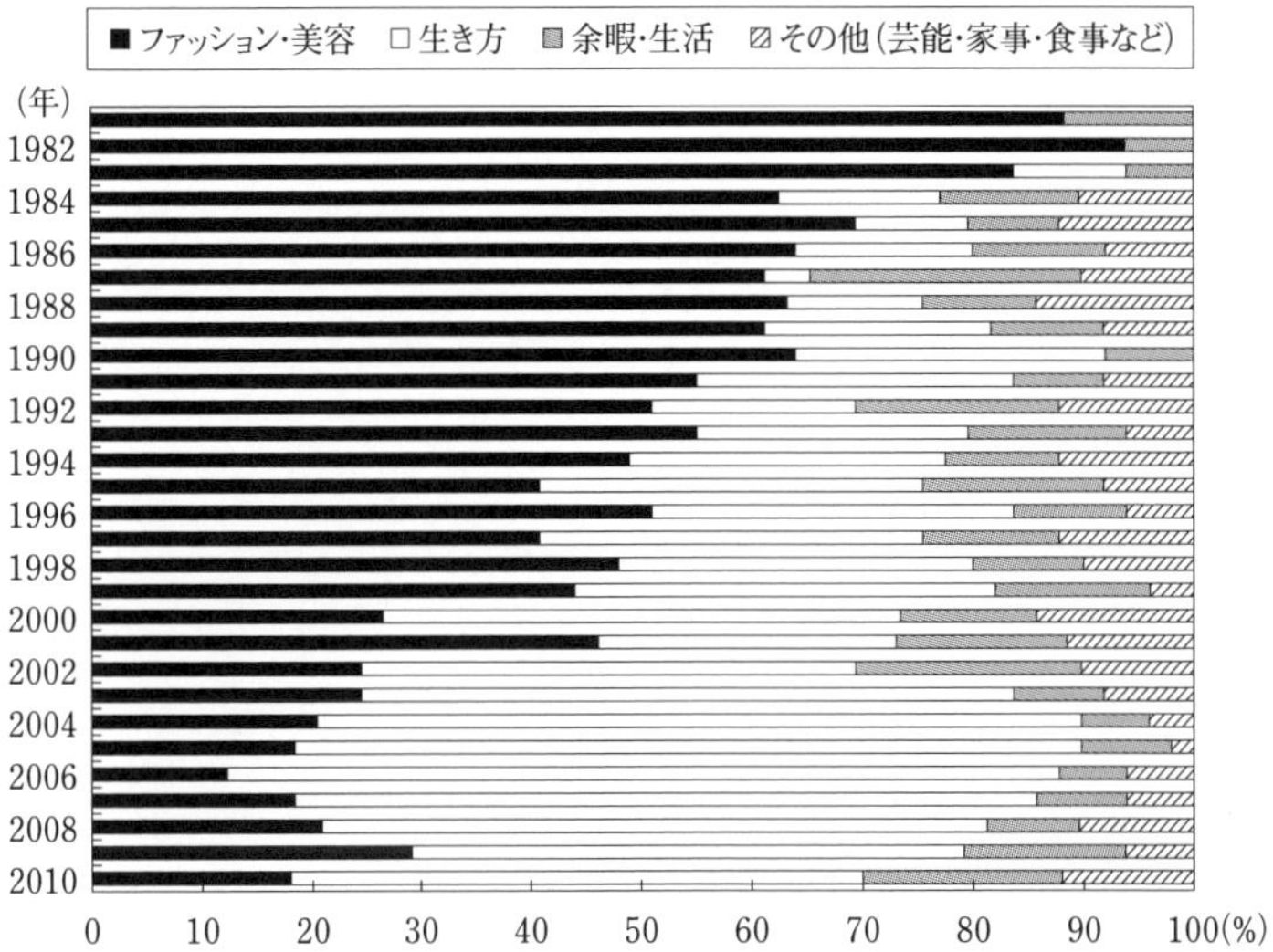

ザイナーズ&キャラクターズ）ブランドを前面に押し出した一九八〇年代のファッション特集、同じく一九八〇年代以降に展開された恋愛・占い・セックス特集など、『an・an』は独自の特集によって話題を集め続けてきた。メディア・リサーチ・センター『雑誌新聞総かたろぐ　二〇一一年度版』によると、同誌の二〇一〇年の発行部数は二〇万七〇九二部であり、一九九七年の七二万部（公称部数）と比べると一時のピークは去ったものの、女性の生き方について「オールマイティ」（斉藤 1999:53）に、また積極的な情報発信を続けてきた稀有な雑誌であるということができる。(4)

ここで、『an・an』の全体的な傾向について、定量的に整理しておきたい。図表4-2は、毎号巻頭に特集記事が掲載されるスタイルが確立された一九八一年八月二八日号から二〇

図表 4-3　生き方関連特集の内訳の経年変化

	恋愛・結婚・男性	女性のあり方・生き方・仕事	占い・運命・血液型	心理・悩み・対人関係	性	計
1980 年代	20（46.5%）	14（32.6%）	2（4.7%）	4（9.3%）	3（7.0%）	43
1990 年代	54（36.5%）	38（25.7%）	33（22.3%）	14（9.5%）	9（6.1%）	148
2000 年代	112（36.6%）	87（28.4%）	59（19.3%）	36（11.8%）	12（3.9%）	306
計	186（37.4%）	139（28.0%）	94（18.9%）	54（10.9%）	24（4.8%）	497

一〇年末までの特集記事の内容について、年ごとに整理を行ったものである（整理にあたっては、井上輝子・女性雑誌研究会（1989）の枠組を参照した）。図表4-2から明らかなように、一九八〇年代は「ファッション・美容」（対象となる一四四二特集記事のうち六六二回、四五・九%を占める）が中心だった『an・an』の巻頭特集は、近年に近づくほど、恋愛、あるべき女性、仕事、占い、心理、悩み、対人関係、性といった「生き方」（四九七回、全体の三四・五%）を扱う特集（以下、「生き方関連特集」と呼ぶ）を中心とするように変化してきている。

次に、近年その割合を増してきた、生き方関連特集の内訳について整理したものが図表4-3である[5]。『an・an』の生き方関連特集は、計四九七回のうち一八六回（全体の三七・四%）を数える「恋愛・結婚・男性」に関するものと、一三九回（二八・〇%）を数える「女性のあり方・生き方・仕事」に関するもので約三分の二を占めている。その構成比は、「占い・運命・血液型」に関するものが一九九〇年代にその割合を大きく増加させた以外は劇的な比率の変化はなく、生き方関連特集の増大に伴って各内容の特集がともにその数を増やし続けてきた。このような雑誌の路線転換プロセスの中で、先述したような「心理一般」にカテゴライズされる記事がその数を増大させてきたと考えることができるだろう。

（2）記事の選定基準

だが、生き方関連特集に掲載される記事や「心理一般」項目に分類された記事すべてが、本書で検討しようとする「自己のテクノロジー」という観点に合致するものというわけではない。では、本書の立場からすればどのような記事を参照するべきだろうか。筆者は第二章と同様に、「自己のテクノロジー」概念を念頭において、次のような資料抽出基準を設けた。

①自分（読者）自身を表わす指示語（「私」「自分」「自己」、あるいは「あなた」、より包括的に「女」）、あるいは自分（読者）自身に内在する性質・要素とみなしうる何らかの指示語（「性格・性質」「気持ち・感情」「能力」「悩み」「深層心理」「願望・欲望」「適性」「習慣・行動」など）を記事タイトルに含む。

②上記の指示語に、何らかのかたちで働きかける動詞が記事に含まれる（「知る」「暴く」「理解する」「探す」「変える」「なる」「解決する」「作る」「磨く」「強化する」「高める」「向き合う」「好きになる」「癒す」など）(6)。ただし、記事タイトルから自分自身への働きかけが何らかの消費行動に関係する（ファッション、髪型、化粧、模様替えなど）、あるいは占いと血液型性格診断に関係する（年三回程度組まれる占い・血液型特集によって膨大な記事数がカウントされ、抽出資料に著しい偏りが出てしまうため）と明らかに判断できた記事は除外する。

この基準にもとづいて、『an・an』の創刊号から二〇一〇年末までに発行された一七三九号までの目次に掲載されている約五万件の記事から、記事の抽出作業を行った。その結果、三三五の号に掲載された一〇一八件の記事が抽出された。一〇一八件の記事を時期別に整理すると、一九七九年以前が七件、一九八〇年から八四年が二三件、一九八五年から八九年が二八件、一九九〇年から九四年が五九件、一九九五年から九九年が一四二件、二〇〇〇年から〇四年が三〇二件、二〇〇五年から一〇年が四五七件と、近年になるほど増加傾向にある。先述の基準は解釈的な基準であるが、少なくとも記事タイトルの水準では「自己のテクノロジー」という観点からピックアップできるような記事が増加しているということがいえるはずである。

(3) 分析の視点――自己に働きかける「動詞」への注目

以下に続く分析は先述の一〇一八件の記事を素材として行うが、その際、各個の記事内容を逐一記述することは実質的に不可能であり、また、ただ任意の記事をとりあげるという記述形式も恣意的との批判を免れないだろう。そこで、第二章と同様に分析と記述の単位を定めるのが望ましいと考えられた。筆者は先述の資料選定基準のうち、自分自身に働きかける「動詞」の傾向に注目し、その整理・分類を行うことでその単位を構成することとした。これは「自己のテクノロジー」という観点から抽出された一〇一八件の記事について、どのような「自己の自己との関係」をとろうとするものなのか、その全体的な志向を明らかにする作業ともいえる。動詞の整理・分類は、記事タイトル上の同誌をまずそのまま集計し、その後ＫＪ法を用いて動詞カテゴリーを整理統合するという手順で進めた。その結果、図表4-4のように八カテゴリーが得られた(7)。

図表 4-4　動詞カテゴリー

カテゴリー名	含まれる動詞
①認識・受容	分析する・診断する・知る・振り返る・発見する・向き合う・気づく・出会う・つきあう・調整する・認める・受け入れる・感じる・愛する・好きになる・信じる
②変身・矯正	なる・変える・変身する・転換する・作る・着替える・抜け出す・別れる・直す・取り除く・捨てる
③強化・向上	鍛える・強化する・高める・磨く・伸ばす・鋭くする・成長する・育てる・大切にする・蓄える・注入する・獲得する・身につける・集中する・引き出す・奮い立たせる・発揮する・生みだす・輝かせる・目覚めさせる・超える・思う・瞑想する・祈る・褒める
④学習・研究	学ぶ・研究する
⑤解決・克服	解決する・解消する・克服する・立ち向かう・対処する・立ち直る・整理する
⑥実現・行動	する・始める・準備する・実現させる・つかむ・決断する・賭ける
⑦治療・解放	癒す・リフレッシュする・回復する・治療する・洗う・リハビリする・喜ばせる・元気になる・解放する
⑧表現・発揮	生かす・表現する・発信する・演じる・使う・プロデュースする

図表 4-5　動詞カテゴリーの時期別登場頻度・割合

	①認識・受容	②変身・矯正	③強化・向上	④学習・研究	⑤解決・克服	⑥実現・行動	⑦治療・解放	⑧表現・発揮
～1989 (n = 58)	19 32.8%	20 34.5%	4 6.9%	0 0.0%	6 10.3%	1 1.7%	4 6.9%	7 12.1%
1990～1994 (n = 59)	26 44.1%	7 11.9%	6 10.2%	4 6.8%	11 18.6%	3 5.1%	2 3.4%	6 10.2%
1995～1999 (n = 142)	65 45.8%	34 23.9%	15 10.6%	6 4.2%	18 12.7%	9 6.3%	5 3.5%	9 6.3%
2000～2004 (n = 302)	126 41.7%	65 21.5%	58 19.2%	14 4.6%	31 10.3%	33 10.9%	10 3.3%	13 4.3%
2005～2010 (n = 457)	92 20.1%	114 24.9%	118 25.8%	90 19.7%	39 8.5%	41 9.0%	36 7.9%	15 3.3%
計 (n = 1018)	328 32.2%	240 23.6%	201 19.7%	114 11.2%	105 10.3%	87 8.5%	57 5.6%	50 4.9%

注：各時期における割合は、各時期の抽出記事総数に対するものである（たとえば1989年以前は58件が総数）。また、一つの記事で複数の動詞がカウントされる場合があるので、各時期の割合の合計が100%以上になっている。

各動詞カテゴリーの時期ごとの傾向を整理したものが図表4-5である。ここからは「①認識・受容」カテゴリーの動詞が多くの時期で最も頻繁に掲載されていること、「②変身・矯正」カテゴリーは一九八〇年代までは最も登場頻度が高いもののその後一九九〇年代前半に一旦落ち込み、一九九〇年代後半以降再びその頻度を高めていること、「③強化・向上」「⑥実現・行動」カテゴリーは二〇〇〇年代以後にその頻度を増していること等の浮沈をみてとることができる。そこで以下では、こうした各時期における登場頻度の増加に注目して記述を進めていくこととする。(8)

3　一九八〇年代以前——変えられる外見、変えられない内面

一九八九年までの抽出記事において最も多い動詞カテゴリーは、「②変身・矯正」(三四・五%)であった。まずこのカテゴリーの記事に注目し、特に、当時の「変身」が何を意味していたのかを明らかにすることから分析を始めよう。その出発点としては、抽出された記事の中で最も古い記事、すなわち一九七四年四月二〇日号の「あなたがなりたい、あなたになれる　変身の原理三一」から始めるのがいいだろう。同記事は、

もっとちがうあたし。別の人になってみたい。誰でもが秘かにもっている望みですが…。服、髪型、化粧を変えるだけでなく、気持ちやしぐさまで研究してみるわけです。徹底的に演出。ほんとに心底からなりきってみる。不可能と思われたことまで可能になります。新しい世界がそこにある。

［1974.4.20 : 49］(9)

というリード文（記事タイトルの脇に置かれ、二行程度で記事の概要を説明する文章）から始まり、各種の「変身の原理」が紹介されるという記事である。この記事で示される「変身」の手がかりは、服、髪型、化粧といった外見から、気持ちやしぐさまで、ありとあらゆることがらに及んでいる。そしてそのポイントは、「無口であまり笑わない女を演ずる」「五歳くらい年上の女になったつもりの立居振舞」「深く愛し合っている恋人をもっているつもり」「もう精いっぱい愛してるのよ、というひたむきな感じ」等の理想的な各種のイメージになる「つもり」、というところにある［1974.4.20 : 52,56］。浅野（1998）は、一九七〇年代中頃の『an・an』においては、理想的イメージを提示してその接近を企図する「役割タイプへの言及」、外見の「演出」というレトリックがみられると述べていたが、この記事における「変身」はまさに、役割になりきる自己演出（服や髪型、気持ち等はそのための手段である）によって成り立っているといえるだろう。

だが、この記事にみられるような、変身の手段を何でもありとする志向は、これ以後長い間みることができなくなる。これ以後の記事で基調となるのは、ファッション・髪型・化粧といった外見の操作による変身である。たとえば「変身願望を実験する」［1980.10.1 : 8-31］では、「マニッシュで男っぽい」「うんと少女っぽく、ロマンチックなイメージ」「キビキビと働くオフィスガールのイメージ」「大胆で挑戦的なイメージの女」といったイメージがファッションや化粧を通して可能になると語られている。また、「誰でも今すぐ魅力的になれる！」［1983.9.30 : 8-15］でも、「大胆に着る」こと、「私のイメージじゃない」服に挑戦することが魅力的になるための方法だと語られている。あるいは、「イメージを変えて自分を売り込む法」［1986.4.11:6-9］では、「ルイ・ヴィトンのトランクに身のまわりのものをつめ込む」「インペリアルプラザをのぞく」といったブランド品を所有する、もしくは話題の場所に足を運んでみることがイメージを変える方法として示されている。[10] そしてその一方で、「うわべは、ファッションやメークで変身できるけど、本当に内容がともなった、素敵な女になることは難しい」［1984.12.14:39「いい女になれる年頃三〇歳」］として、外見の操作は可能だが、内面の変容を自ら引き起こすのは難しいという区分けがなされるようになっている。[11]

整理しておこう。一九八〇年代までの『an・an』において、自己の変身とは概して、ファッション・髪型・化粧といった外見操作あるいは消費行動を通して、同誌が提示する理想的イメージに自らを近づけていく営みとして語られ続けた。他カテゴリーの記事においてもこれはほぼ同様である。たとえば「①認識・受容」カテゴリーの記事「八〇年代は個性の時代　あなたのよさをどう発見するか」［1980.1.1/11:6］では、「違うタイプの服、色使い」による「見落としていたあなたのよさ」の発見が語られている。また、「③強化・向上」カテゴリーの記事「自分を磨く楽しみ」［1986.10.17:24-29］では、休日のツーリング、ゴルフ、洋服、語学留学、資格取得等、結婚したらできなくなってしまうかもしれない趣味や仕事を通して自らを磨くことが説かれている。双方ともに、自己発見・自己向上が語られてはいるものの、そうした発見・向上は、外見操作あるいは何らかの余暇活動・消費行動を通して成し遂げられるものだとされているのである。つまり一九八〇年代以前の『an・an』においては基本的に、自己変革・発見・向上とは外見操作・余暇活動・消費行動（という「自己のテクノロジー」）によって可能であるとのみ語られており、その一方で自己の内的変革・発見・向上へのまなざしは欠如しているか、もしくは否定的にしか語られなかったのである。[12]

4　一九九〇年代前半――心理テストが構築する「本当の自分」

（1）一九八〇年代以前の「心―科学」をめぐるダブル・スタンダード

動詞カテゴリーの中で最も多く登場する「①認識・受容」カテゴリーに分類される最も古い記事が、一九七九年の「寂しくありませんか？『セルフ』の孤独度自己診断法」［1979.7.1：89］である。同記事は『an・an』誌上に心理テストが初めて登場した記事でもある。この記事の内容は自らの「孤独度」を心理テストから診断し、その後「孤独療法」によって孤独の恐怖を取り除く手順が紹介されるというものである。だがこの記事はアメリカの雑誌『セルフ』からの抜粋で、『an・an』独自の企画ではない。そのためか、記事の最後には孤独療法について「いかにもアメリカらしいとりくみ方といえる」として、一定の距離感が表明されている。

また「精神分析して、まず自分を知る」［1984.9.21：91-93］では、「『精神科へ行くなんて…。私、もう何の救いもない！』なんて嘆かないで」「インテリだから精神分析を受ける、精神分析を受けたからインテリになる――インテリの自分を知るってワクワクします」として、精神分析という読者にとって馴染みの薄い対象について、「インテリ」というイメージのファッション性からその効用が説明されている。また「マインドコントロール　精神安定は肌にとってものすごく大切」［1984.6.8：75］

では、カセットテープやレコードによる音楽療法について、「ウソかホントか冗談か、日本ではまだ新顔なだけに、評価が分かれるところ」と半信半疑の扱いがなされている。その一方で、心理テストについてはこれらの記事や、「マルチ感覚度テスト　あなたは五感をフルに生かしてますか」［1982.9.17:70-74］等の記事においても懐疑的な言及はみられない。

こうした記事からみてとることができるのは、一九七〇年代から一九八〇年代の『an・an』におけるある種のダブル・スタンダードである。すなわち、心理テストという自己認識の技法に対しては無条件に受容されている一方で(13)、その発信源といえる心理学や精神分析といった人間の内面を扱う諸学問やそれに関連する技法（科学的根拠が伴わないものもあるが）、つまり第一章で言及したローズの表現を再び持ち出すならば「心―科学」そのものについては、その位置づけが安定していないというダブル・スタンダードが存在していたのである。

（2）『それいけ!!ココロジー』と深層心理への接近――本質主義的自己の構築

一九八〇年代後半から一九九一年頃までの「①認識・受容」カテゴリーの記事に多くみられるのは、「チャート診断」と呼ばれる、選択肢で「はい」を選ぶか「いいえ」を選ぶかで次に進む質問が異なり、最終的に読者がどのようなタイプであるかを診断するテストや、選んだ選択肢にもとづいて得点（たとえば「いい女度」「嫉妬度」等）を算出するテストであった。一九九〇年代、『an・an』に掲載される心理テストの形式・内容が大きく変わり、それに伴って、以前にはみられなかったような独特な自己へのまなざしがかたちをなしていくことになる。

その端緒となったのが、一九九一年に日本テレビ系列において始まったテレビ番組『それいけ!!ココロジー』である。同番組は出演者に対して心理テストや夢判断を行う、心理学をテーマとしたバラエティ番組で、『それいけ×ココロジー』（それいけ×ココロジー編 1991）という書籍年間ベストセラー一位（一九九二年の『出版指標年報』による）を生むほどの人気を集めた。『an・an』においても一九九二年以後、同番組で使用された心理テストや夢判断が、番組の出演者をしばしば伴って掲載されるようになる。

『それいけ!!ココロジー』以後、『an・an』に掲載される心理テストはしばしば次のような体裁をとるようになる。たとえばその質問文は、

あなたと彼は、遠距離恋愛中。いつもは週末ごとに、交代でお互いの住む場所へ通っています。一度、二人が住む、ちょうど中間の場所で落ち合おうと、彼が提案してきました。さて、それはどんな場所でしょう。あなたが思い浮かべたのは、次のどれに近い？　a　ビルが立ち並ぶ大都会　b　海や高原を控えたリゾート都市　c　地方の落ち着いた静かな街［1993.1.1/8:78「九三年の自分が見える！アンアン・サイコロジーで、あなたに潜む深層心理を分析」］

結婚して間もないA夫とB子。でも、幸せな二人に、早くも危機が訪れました…。A夫が浮気をしているらしいのです。B子は夫の浮気を確かめようと、ある日A夫の後をこっそり尾行してみました。やはり、浮気は本当のようです。ところで、B子は今、手にあるものをしっかりつかんでい

ます。それは、何だと思いますか。［1993.10.8：52「深層心理を探ってあなたの愛の終わりを診断」］

といったように非常に抽象的で、その質問によって何が聞かれているのか一見してわからないようなものになっている。そしてその回答結果や診断内容についても、

ここでは、あなたが心の奥底ではSEXが好きか嫌いかを、診断します。スコーンとハチミツのからまりは、SEXの象徴。そこから連想するものに、あなたのSEXに対する潜在意識が表れます。（中略）質問のシーンは、あなたの心の中で演じられているドラマで、登場する男性は、実はあなたが求めている理想像なのです。［1993.1.1/8：82-83「九三年の自分が見える！アンアン・サイコロジーで、あなたに潜む深層心理を分析」］

実は、その原因は幼少期の精神的トラウマにあります。あなたは、勉強も遊びも一人前以上にこなせる人間に、というポリシーで育てられた可能性が高く、女性性（弱さを持つこと）を否定して生きているのです。そのために心の底で男性を無意識に拒否し、見えない心の壁を男性に対して張りめぐらせている可能性が大。［1993.5.14：87「恋愛できない女の深層心理を分析したら」］

といったように、「心の奥底では」「潜在意識では」「実はあなたが」「無意識に」といった表現が多用されるようになる。また、こうした心理テストを掲載する記事のリード文にも、「自分という存在を、

意識のさらに奥深くから知りたい」「心の奥に潜む深層心理から導き出して診断してみる」といった、自らの内面奥深くに迫り、それを知ろう、暴きだそうという志向が表明されるようになる。つまり、一九八〇年代までのテストがタイプ分類や「〇〇度」の算出に重きを置いていたのに対し、一九九〇年代以後のテストは、読者の深層心理、潜在意識、「あなたの知らないあなた」を暴き、解釈することに重点を置くようになるのである。ここで筆者が考えようとしているのは、こうした心理テストの妥当性に関してではない。本書の立場において注目すべきは、一九九〇年代前半の『an・an』において、心理テストの形式変容と軌を一にして、それまでの同誌では語られることのなかった自己のあり方――奥深くに隠された、読者自身も知らない真実が秘められた自己――が突如語られ始め、そのような自己へのまなざしがそれ以後定着・自明化するという、自己の可能な様態の変容である。

このような変容に伴って、一九九〇年代以降、かつての記事にみられたような心理学や精神分析に対する距離感はもはやみられなくなる。むしろこの時期以降は、心理学者や精神科医が恋愛や生き方に関する記事にも登場し、その専門知識を駆使して読者へのアドバイス、ハウ・トゥ提供を行うようになっている。つまり、かつてその位置づけが懐疑的であるか不安定であった「心―科学」およびその専門家は、心理テストの形式変容とほぼ軌を一にして、『an・an』(あるいは女性向け情報・ライフスタイル誌、ひいてはマスメディア一般)における自らの役割を見出した(見出された)のである(14)。

こうした動向について、定量的な観点から整理しておきたい。一九八〇年代の生き方関連特集においてで心理テストが登場した割合は二〇・九%(九特集)だが、一九九〇年代前半(一九九〇から九四年)ではそれが三八・一%(二四特集)へと跳ね上がっている。これは一九九〇年代後半には四五・九%

（三九特集）、二〇〇〇年代前半には五一・六％（六三特集）とさらに増大していく。心理テストによって診断される事項は、たとえば「恋人のできない原因」から「潜在的コンプレックス」「もうひとりの自分」「恋愛力」「夢の叶え方」「転職すべきか待つべきか」「ココロ年齢」「結婚力」など、実にさまざまである。だがその目的自体は以下の引用記事のように一貫している。

ひょっとしたら、いつものあなたは、どこか自己を抑制した〝偶像〟なのかもしれない。最近とくに関心が高まっている深層心理テストで、あなたの意識の奥深くに眠っている本当の顔をのぞいてみて。恋愛・結婚・ＳＥＸ・対人関係…等、あなたに潜む真の願望は？［1996.9.20：22「本当の自分が判るという、深層心理テストの鋭い分析！」］

「あなたの意識の奥深くに眠る」「本当の」「潜在的な」内的真実があり、それを明らかにするのが心理テストであるということ。一九九〇年代前半に大きくその性質を変化させた心理テストは、一九九〇年代、また二〇〇〇年代にかけても、その奥底に知られざる真の内面性があるものとして自己を表象し続けていく。つまり一九九〇年代以降の『an・an』における心理テストとは、知られるべき、暴かれるべき内的真実を必ず含有する対象として、また心理テストを通してそれが必ず明らかになるような対象として自己を表象し続け、またその読者自身への適用を促し続けることで、本質主義的な自己のヴァージョンを浸透させていく「自己のテクノロジー」だったと考えられるのである。

5　一九九〇年代後半――内面の技術対象化

（1）自己発見・自己認識手続きの増殖――「あるがままの私」を知り、受け入れ、好きになる

一九九〇年代前半の心理テストが切り開いたのは、外的操作・余暇活動・消費行動を通した趣味嗜好の自己発見・自己認識ではなく、「本当の自分」という言葉に象徴されるような内的世界そのものを探求していく、自己発見・自己認識の新たな地平であった。一九九〇年代、特にその後半の『an・an』においては、このような内的世界への接近が心理テスト以外の手段を通しても可能だと語られるようになる。

その端緒ともいえるのが、一九九六年の特集「もっと自分を好きになろう！」である。その巻頭記事「あなたがいまより成長したいなら、もっと自分を好きになろう！」［1996.11.8：6–7］では、

いまの自分が常に最高！と思えたなら、毎日がどんなに楽しいだろう。（中略）自分を好きになれないのを、周りのせいにするのが癖になっていませんか？（中略）いま、ここにいる素のままの自分を受け入れることができなければ、心が安らぐこともなければ、自分自身が成長していくこともできない。あるがままの自分を素直に認める気持ちを持つことが自分を好きになる第一歩。

自分を認めて、もっと好きになる。そうすれば、あなたはもっと輝ける。

自分の最後の味方は自分だから、何かできたら自分を褒めてやって。どんな状況でも褒めてくれ

る友だちを持つのも意外と大切です。

として、「素のままの自分を受け入れる」「あるがままの自分を認める」「自分を認めて、もっと好きになる」「自分を褒める」ことが推奨されている。この巻頭記事の次には、「自分を好きになる方法って?自分を詳しく知ることが、自分を好きになる第一歩です」〔1996.11.8:8〕という記事が続く。同記事では「自分を好きになるための第一歩は、まず今の自分のことをよく理解してあげることではないでしょうか」という観点から、「自分を知るためのメソッド」としての「夢日記をつける」「自分のいいところと悪いところを挙げてみる」「何かをするときに自分にとって楽な方法と苦しい方法両方でやってみる」といった手法が紹介されている。

また、「あなたの中にも必ず眠っている、未知数に賭けてみよう!」〔1997.9.19:14-15〕では、「今の『自分』は氷山の一角。誰にでも、無限の潜在能力がある」「未知数の在りかは人それぞれ。自分の願望をもう一度見つめて」として自己の内的潜在性が語られたうえで、

願望が本当に自分の気持ちから出ているものかどうか、もう一度見つめ直してみる。
自分が面白がれるポイントを常に意識していく。
普段の生活とは違う、もう一つの世界を持つ。

といった「〝もうひとりの自分〟という未知数を見つけ出すための考え方や、すぐにできるトレーニ

ング方法」が提示されている。このように一九九〇年代後半の『an・an』では、心理テストを必ずしも介さずに「本当の」「もうひとりの」「あるがままの」自分と向き合い、知ることが、また（これが心理テストの志向とは異なる点だが）そのような自分を認め受け入れること、自分で自分を好きになることが、それぞれ技術的に可能であり、また望ましいことであるという物言いがしばしば登場するようになる。

今紹介した記事は、「①認識・受容」カテゴリーの記事におけるものだが、同様の傾向は、同時期の「⑤解決・克服」カテゴリーの記事においてもみることができる。たとえば「コンプレックス宣言をする、それが克服のための第一歩だ」［1997.3.14: 8-9］では、

> コンプレックスは隠すからつらくなる。だから進歩もない。大切なのは、コンプレックスを認め、新たなビジョンを宣言すること。
> なぜコンプレックスから抜け出せないのか。まずは、その原因を知ることが大切。

として、まず自分自身の現状を認め、受け入れることが大切であると繰り返し言及がなされる。そのための作業課題としてこの記事では、自分の「本当の気持ちを探る」ために「自分の嫌いなところを書きだしてみる」ことや、「将来なりたい自分を具体的にイメージする」こと（こうした作業課題は前章でとりあげた就職用自己分析マニュアルにも重複する、自らの「本質」の自己抽出志向を有しているといえる）、そしてそれをもとにしてコンプレックスを克服するための「具体的な目標を定める」ことな

どが促されている。このように「⑤解決・克服」カテゴリーの記事においても、外的操作等でも、また心理テストでもなく、自分自身と直接向き合うことを通して「本当の自分」を発見し、またそのようにして発見された自己を認め、悩みを克服するといった一連の「自己の自己との関係」の組み直しが促されるようになっているのである。

(2)「自己の変身」の意味変容——外見だけでなく、内面も変えられる

次に「②変身・矯正」カテゴリーの記事についてみていきたい。第3節で述べたように、一九八〇年代までの同カテゴリーの記事における自己の変身とは、主にファッション・髪型・化粧等を通してなされる外見の変化を意味していた。このような観点から自己の変身を語る形式は、ファッション中心の誌面構成をとっていた当時の『an・an』の方針とも合致し、一九八〇年代までの抽出記事において、このカテゴリーの記事は最も多い三四・五%を占めることになった。

一九九〇年代、生き方中心の路線に『an・an』が転換し始めた頃、「①認識・受容」カテゴリーの記事が(抽出記事において)増大し、「②変身・矯正」カテゴリーの占める割合は一一・九%へと激減する。だが一九九〇年代後半、「②変身・矯正」カテゴリーの占める割合は二三・九%に回復し、二〇〇〇年代においても二三・六%と高い割合を占め続けることになる(図表4-5参照)。しかしこのことは、『an・an』が再びファッション路線に舵を切り、ファッション等による自己の変身を促す記事が増えたからではない。そうではなくこの増加は、「②変身・矯正」カテゴリーに分類される記事において、一九八〇年代までとは異なったかたちで自己の変身が語られ始めたことによるものである。

変化の萌芽は一九九〇年代前半にはみることができるが[15]、新たな語り口が明確なかたちをとりはじめるのは一九九五年から一九九六年にかけてである。たとえば「あなたもモテる女になれる、その秘訣を教えます」［1995.4.7：7-8］では「モテない時期のメンタルトレーニング」として、「足したり引いたりしない、普通の自分でいること」「過去を振り返るより明るい未来を、下を見るより上を、欠点を直すより魅力をつくる気持ちが新しい恋を呼ぶ」といった「気持ち」の持ち方が、「モテる」女へ変身する秘訣として示されている。

また、一九九六年の特集「あなたの変身願望を叶えます」の巻頭記事「変わらなきゃ！という気持ちこそ、女を美しくするエネルギー」［1996.4.12：6-7］では、タイトルに表われているように「気持ち」が変身の重要なポイントであるとされ、

変化を恐れる心理は、自分の可能性への諦めとか、我慢、あるいは、好奇心の欠如。一種のマイナスの発想です。

変身願望は、持ちようによって毒にも薬にもなるものかもしれない。憧れとのギャップに、今の自分を嘆く。これではかえって逆効果。一〇〇％パーフェクトな自分を夢見るのと同時に、そのためのステップを楽しむ、小さな成果を喜ぶポジティブさが必要だ。（中略）できなかったことよりできたことを糧に、新しい自分を敏感に感じ取って。

イイ女へと自分を変身させていくアプローチの方法は幾通りもある。結果よりもむしろ、そのプロセスこそが実は変身の醍醐味かもしれない。さまざまな角度から考えた変身願望の叶え方。あな

たの第一歩を見つけて！

として、内面の積極的な見直しと変革のさまざまな可能性が語られている。また、この特集の後半には「話題のメンタルトレーニングで、新しい性格に自分を変える」［1996.4.12:56-57］という記事が掲載されている。この記事には『脳内革命』の春山茂雄が登場し、心理学者・メンタルトレーナーとともに、

自分の行動パターンを見直したり、変えたりすることで、性格は変えられます。

自分の姿を楽しくイメージする。そして、それを実現するために、今やるべきことを考える。いずれやることでなく、今やるべきことというのが大切。それに意識を集中させて取り組むことで、人は変わってくる。

脳の働きに、効果的に粘り強く働きかけ、自分が潜在的に持っている能力を引き出す。


といった自分自身の内面の変革が技術的に可能であることが語られている（春山の言及は三番目の引用文である）。これらの記事では、一九八〇年代にみられた、自分自身の内面を意図的に変えることへの否定的感覚はもはやみられない。逆に自分自身の内面は、自分自身の見直し、将来なりたいイメージの想像、行動目標の作成と実行といった作業の実行によって意図的に変えられるというのである。

ただ、こうした記事の傾向が『an・an』を一気に塗り替えていくわけではない。たとえば「好かれ

る女になるために、秘かに実行すべきことは?」[1997.1.17:24-27]では、美容、スケジュール管理、本や映画、料理、ファッションが変身の技法として紹介されているように、この時期を境に自己変革の手段がすべて自己の内面に働きかけるものに入れ替わったわけではない。そもそも、一九八〇年代に特集全体の七〇・六%を占めていたファッション関連特集は一九九〇年代にその割合を大きく減少させたとはいえ、その割合は未だ四九・九%であり、生き方関連特集の三〇・〇%(一九八〇年代は一〇・五%)を大きく上回っている。つまり、ファッション・髪型・化粧、その他余暇活動や消費行動を通じた自己の変身は多くの記事で語られ続けているのである(本章における抽出基準の内外双方においても)。そのため、自己の内面に働きかけて自己変革を実現しようとする諸技法は、『an・an』における自己変革技法の一角を占めるようになったに過ぎないと考えるのがより妥当な理解であるだろう。だが少なくとも、一九八〇年代までは積極的に語られることのなかった、あるいは不可能なものとして語られていた内面の変革が、一九九〇年代後半になって突如技術的に可能なものとして語られるようになった、という変化が起こったことは確かだといえる。つまり、一九九〇年代後半以降、外的操作・余暇活動・消費行動を通して自己変革を行うことは以前と同様に可能だが、それに加えて、内面に志向した「自己のテクノロジー」の活用によって、自己を内側から「も」変えることができるというように、『an・an』における「自己の体制」は変容したのである。(16)

さて、ここまで「①認識・受容」「⑤解決・克服」「②変身・矯正」カテゴリーの記事を例に述べてきたような一九九〇年代後半における変化を、「内面の技術対象化」という観点から解釈することは十分可能であるはずだ。自己啓発書ベストセラー、就職用自己分析マニュアル、そして『an・an』と、文脈・読者層の異なる各メディアにおいて、特定の手続きを通して自らの内面が技術的に認識・実践可能であるという、自己の可能な様態の変化が一様に一九九〇年代（特にその後半）に、いわば同時多発的に起きているのである。だが二〇〇〇年代の『an・an』においては、「内面の技術対象化」はさらなる展開をみせていくことになる。

6　二〇〇〇年代——あらゆる手段を用いて「私」に取り組む

（1）「私」を磨き高める「自己のテクノロジー」の増殖

一九八〇年代は六・九％、一九九〇年代は一〇・四％を占めるに過ぎなかった「③強化・向上」カテゴリーの記事は、二〇〇〇年代に二三・二％へと大きくその割合・記事数を増大させている（図表4-5参照）。なぜ、このような増大が起こっているのだろうか。

経緯は他のカテゴリーと同様である。第3節で示したように、一九八〇年代における自己の強化・向上とは、趣味や仕事を通して語られるものであった。一九九〇年代に入っても、「楽しみながら自分を磨く、秘密の趣味を持とう」［1992.11.13：24-25］のように、「自分磨き」の素材は絵、コンピュータ、写真等の趣味であると語られていた。つまりこの時期までの「自分磨き」が意味するのは、余暇活動や消費行動の充実であった。また、一九九〇年代までの記事数の少なさからわかるように、そもそも自己を磨き、高めるということについて、当時の『an・an』の関心はさほど高いものではなかった。一九九〇年代の終盤、第5節で述べたような自己発見・自己変革の手続きの変化と歩調を合わせるように、このカテゴリーの記事傾向もまた変わり始める。たとえば「目標をしっかり持てば、あなたの力は必ずアップする」［1998.11.6：8–9］では、心理学者とメンタルトレーナーによって、目標を持つことで自らの力を高めることができること、その目標を達成すればさらなる力が身につくことが語られ、そのための「潜在能力を引き出す目標の立て方」「達成する意欲を増幅させる目標の見つけ方」が語られている。

「ただ目標を持てばパワフルになれるというわけではありません」（中略）何の努力をしなくてもできてしまうこと、実現不可能な壮大過ぎる夢は、目標と呼べない。では、上手な目標の立て方とは？「今の自分の実力や環境を考慮して計画を立てるのではなく、二年後にこうなりたい、という理想像をまず最初に描くこと。そのために一年後どうしているべきか、半年後は、今月は、今日は…と考えれば、現在の自分に集中できるように。そして目標を実現した時の自分の姿を、感覚的なレベルまで、常にリアルにイメージする。そうすると、それがまるで実体験のことのように脳にインプットされ、新たな潜在能力、パワーが引き出されていくんです」

〝何がやりたいかがわからない〟という人が増えている現代で、具体的に目標を探す方法とは？「まず過去の自分を振り返って、趣味や、なりたかったものを思い出し、なぜそれが好きだったのかを分析する」。そこから発想が広がって、忘れていた夢や目標を再認識するきっかけに。

この記事では、「力をアップ」させるための手続きとして、過去の回顧、未来の想像といった、第三章で扱った就職用自己分析マニュアルにも共通するタイプの手続きに加え、行動目標の導出とそれに関連する行動スケジュールの設定というタイプをみることができる。同様の手続きをとりあげている記事に「体の中から輝くために、メンタル&フィジカル鍛錬法」[1999.1.22:28-29]がある。この記事ではまず、夢のような目標、最低限度の目標、一生の目標、五〇年後の目標といった遠い目標から、今週の目標、今日の目標、今の目標といった近い目標までをそれぞれ書き出して、自分の夢や目標を具体的に設定する作業課題が提示されている。さらに同記事では、プレッシャーを楽しむように心がけて成功している自分を思い描くリラックス法、プラス思考で鏡に映った自分を見つめる、自分に話しかける等の自己暗示法が紹介されるなど、さまざまな「自己のテクノロジー」が提示されている(このような手続きは、「②変身・矯正」カテゴリーの記事と一部重複している)。

二〇〇〇年代、同様の志向を有する記事が頻出する。「まずは、強く願うことが大切。あなたを必ず幸せにするイメージの力。イメージトレーニングの基本」「前向きパワーを磨く実践行動学」「ピンチの次にはチャンスあり。逆境をバネにする強さを身に付ける」「恋愛脳を鍛えるエクササイズで昨日までのダメ恋から脱却!」「見極め力、プレゼン力、愛され力…。デキる女に必須の五大能力を磨く!」「凹まない、怠けない、テンパらない、心の筋トレでたくましくなる!」等々。この時期の「③強化・向上」カテゴリーの記事において顕著なのは、自らの内的強化・向上を可能にする「自己のテクノロジー」の増殖である。それらを整理したものが図表4-6であるが、ここに整理された強化・向上テクノロジーのうち、部分的には就職用自己分析マニュアルとの重複があるものの、多くのタイプはその範疇に収まるものではないといえるだろう。図表4-6から看取することができるのは、二

図表 4-6　2000 年代の「③強化・向上」カテゴリー記事にみる「自己のテクノロジー」

タイプ	手続き
自己発見・認識・分析（過去の回顧、現在の自分の分析、未来の想像）	過去の自分の行動と結果を振り返ってみる、できること・持っているものリストを作る、日記をつけ自らの感情を見直す、自分の思いや夢、理想を言葉に出してみる、自分の夢をみつめなおす
目標の設定	やりたいことを全部書き出す、将来なりたい自分を確定させる、そのための行動スケジュール・タイムスケジュールを作る
行動の開始・持続	とりあえず体を動かして達成感を得る、今すぐできることは何かを考える、簡単にできそうな小さなことを少しずつクリアする
イメージトレーニング	演出したい自分・演出場面のシミュレーションをする、自分のブログ上でストーリーを作成する、成功している自分を思い描く、失敗の映像を成功のイメージに置き換える
ポジティブ思考・感情高揚	鏡の中の自分を褒める、他人や自分に肯定的な言葉をかける、好きな映画の DVD をストックする、欲しいものは先送りにしない、「私、運が強いから」を口癖にする、自分のいいところをリストアップする、自分のモチベーションを上げてくれるものを書きだす、OK 日記をつける、自画自賛日記をつける、日記にはよかったことだけ書く、「でも」「どうせ」等の否定語を使わない、“大丈夫貯金”をする、嫌な経験を徹底的にイメージしてその反動でプラス思考になる、少しの成果でも自分を徹底的に肯定する、人と比較しない
感情の発現	落ち込みの原因や失敗をカミングアウトする、自分の第六感に忠実になってみる、一人でいるときに気持ちを表現する、とことん落ち込んでみる

〇〇〇年代の『an・an』における、自らの内面を技術的に強化し、鍛え、磨き、高め、ポジティブになることができるという「内面の技術対象化」のさらなる加速、あるいは独自の展開である。

(2)「行動集」の増殖と日常生活の「自己のテクノロジー」化

二〇〇〇年代においてもう一つ注目すべき記事カテゴリーが、「⑥実現・行動」カテゴリーである。同カテゴリーの記事は、一九八〇年代までの一・七%(一件のみである)[17]から、一九九〇年代六・〇%、二〇〇〇年代九・七%と増加し続けている(図表4-5参照)。このカテゴリーの記事に関して、特に二〇〇〇年代に顕著にみられるのが、「女のレベルがみるみる上がる、今すぐ実行したい二四の行動集」「愛されるためにいますぐ実行!日常のルール二九を緊急提言」といった、自己変革・強化に向けての大量の行動集・法則・ルールを提示するというタイプの記事である。

もちろん、一九九〇年代以前にこうした記事が全くなかったわけではない。だが一九九〇年代までは、一度に紹介されるハウ・トゥはほぼ一桁であったのに対し、二〇〇〇年代においては、ハウ・トゥの一記事あたりの数が概して多く、またそのために傾向の整理が不可能といえるほどに自己変革・強化の手続きが多様化している。その一例として、「小さなことから、まず実践。気持ちを鍛える三一の方法」[2005.3.2:20-23]で紹介されている諸技法をみてもらいたい(図表4-7)。

この記事では、自分自身の内面に直接働きかけるような技法も多く掲載されているが、それだけではなく、日々の生活(余暇活動・消費行動も含む)全体に関する事項が自己の強化手続きとしてリストアップされている。他の記事では「『シーズンの主役バッグ』を決めて買う」といったファッションに関する事項、「石の持つ力を感じてみる」「新月に目標を立てる」「先祖のお墓を掃除する」といった「スピリチュアルな」と表現できるような事項が自己変革・強化を実現するハウ・トゥとしてリストアップされる場合もある。[18] 図表4-6では、自分自身の内面に働きかける「自己のテクノロジー」

図表 4-7　記事「小さなことから、まず実践。気持ちを鍛える 31 の方法」の内容

楽しいことリストを作る、お腹を意識して話す、人をプラスマイナスで見ない、一人での行動を増やす、店員に自分から話しかける、落ち込むのではなく悔しがる、お茶を味わって飲む、できなくて当たり前と思う、愛想笑いをやめてみる、物事を二択で考える、動物と触れ合う、食の嗜好を変える、頭を下げてお願いしてみる、メールを使わない日を作る、うずまきを見る、同じメニューを 3 日連続で食べる、時間を区切って生活する、腹六・五分目でやめてみる、前向きな“依存”を作る、一働いたら倍休む、欲しいものを計画的に買う、ダメと言ってくれる人を見つける、風を浴びる、嫌いな人の別の一面を想像する、日々の感情をメモする、大自然と触れ合う、気づいたらストレッチをする、感情は早めに言葉にする、朝前向きになれるものを置く、お風呂にじっくり入る、自分の弱みは先に宣言する

の増殖を示したが、図表4-7に例示されたような二〇〇〇年代における「⑥実現・行動」カテゴリーの記事からは、内面に直接働きかけるような技法に留まらず、日々の些細な事柄がすべて内的な自己変革・強化等のきっかけとされるようになっているという事態を看取することができる。

このとき、ファッション・美容・化粧等の外的操作、余暇活動、消費行動、内面への直接的働きかけといった区分は特に意味を持たないものとなっている。なぜならこれらはすべて、内面を変革・強化する自己実践の素材として、機能的に等価なものとして位置づけられているからである。また、心理テストも自分を変え、高めるための呼び水として位置づけられることになる[19]。二〇〇〇年代後半において「①認識・受容」カテゴリーの記事割合が低下していることを合わせ考えると、(人口に広く膾炙した表現を用いれば) 一九九〇年代から続いていた自己認識・自己発見すなわち「自分探し」への志向は、自らを変革・強化する「自分磨き」への志向に変容したもしくは吸収されたとみることができるかもしれない。さて、このような、日常生活のあらゆる事項が自らの内面に働きかけるための素材と化されていくという事態について、

以下では「日常生活の『自己のテクノロジー』化」と表現することにしよう[20]。

だが、このように多様な「自己のテクノロジー」を、どう使いこなせばよいのだろうか。ここで、抽出記事中最多となる七八もの行動メニューを紹介する記事「今日から実行しよう！幸運体質になるプログラム」[2003.2.19：26-29]における、メニューを作成したセラピストの次のような言及に注目してみよう。

（「このプログラムを、全部実行しなければいけないの？」という質問に対して：筆者注）その必要はありません。直観的に〝これならできる。効果がありそう！〟と感じるものが、あなたに必要なプログラムです。（中略）五個から一五個ぐらい選んだら、それを必ず実行してください。

この言及によれば、たとえば図表4-7にあるような、多様な志向に展開するさまざまな手続きを全て実行する必要はないのだという。ではどうするのか。この記事では、こうした多様な自己への働きかけ手続きをどう選び、組み合わせ、意味づけ、どのような機能を持たせていくのかは、読者の「直観」と「必要」に委ねられている。つまり（非常に単純なことだが）、あらゆる事項を自己をめぐる問いに節合していく「日常生活の『自己のテクノロジー』化」に伴われるのは、その自己選択・自己コントロールの要請なのである[21]。二〇〇〇年代の『an・an』がたどりついたのはこのような、日常生活のあらゆる事項を内的な自己変革・強化等の呼び水とし、「自己の自己との関係」を自ら調整・コントロール可能とする、またそれを望ましいとするような「自己の体制」であった。また、二〇〇〇年代の『an・an』では、生き方関連特集の割合が特集全体の五六・六％と、ファッション関連特集の二三・七％を大きく凌駕するに至る。そして恋愛、あるべき女性のあり方・生き方、仕事、占い、心理、悩み、対人関係、性といったさまざまなテーマにおいて、述べてきたような「日常生活の『自己のテクノロジー』化」への志向が発動し、同誌の基調をなすに至るのである(22)。

（3）『an・an』における「自己の体制」

ここまで、各時期区分において特徴的な推移をみせた動詞カテゴリーの記事を中心に記述を進めてきた。『an・an』における「自己の自己との関係」への志向は概していえば、一九八〇年代以前における外的操作・余暇活動・消費行動を通した変身・演出、一九九〇年代前半における内的真実発見への関心の強まり、一九九〇年代後半における「内面の技術対象化」、二〇〇〇年代における「日常生活の『自己のテクノロジー』化」と展開してきた。「内面の技術対象化」という論点は『an・an』においても観察することができたわけだが、二〇〇〇年代においてそれがさらなる特異な展開をみせた点、すなわち日常生活全体の「自己のテクノロジー」への節合という展開をとり、技術対象化のさらなる加速がなされたという点は、この「内面の技術対象化」という論点をさらに精緻化しうるような知見だと考えられる。

また、近年の『an・an』が創出しようとする自己のヴァージョンについて簡潔に整理を試みるならば、それは隠された内的真実を含有し（そしてそれは暴くことが必ずでき）、内面・外見・生活全体といったあらゆる経路を通してその根底から塗り替えられ、強化・向上することのできる対象としての自己、

図表 4-8 『an・an』における「自分自身を構成する流儀」

倫理的素材	1990 年代中頃まで：外的なイメージ 1990 年代以降：発見されるべき内的真実、「本当の自分」「ありのままの私」（自分探し） 1990 年代後半以降：変革・強化されるべき内面（自分磨き）
様式	専門家複合体による混成的な真理（第 7 節で詳述）
倫理的技法	1990 年代中頃まで支配的：ファッション等の外的操作・余暇活動・消費行動 1990 年代前半以降：心理テスト 1990 年代後半以降：内面へ働きかける諸技法 2000 年代：日常生活全体
目的論	自己の認識・発見・受容・変革・強化・向上・治療・表現 悩みの克服 「輝いた」生き方、恋愛の成就

ということができるだろう（それを目指そうとする「自分自身を構成する流儀」は図表 4-8 のように整理できる）。一九九〇年代から二〇〇〇年代の『an・an』は、このような自己を創り出すために「自己の自己との関係」の技術的調整に従事することそれ自体を、女性のライフスタイルの一重要事項として、また一つのファッションとして示し続けた。ここから、内的な自己発見・変革・強化の自己目的化およびファッション化を、この時期の同誌が果たした機能として指摘することができるだろう。

ところで、そもそもなぜこのような自己へのまなざしが生まれ、定着したのだろうか。たとえば、「いまの時代は情報が溢れていて、本当に必要なものを見つけにくい。そのせいで目的がみえずに迷っている人が多い」[2005.7.6:16「恋も仕事もうまくいく、プロデュース上手な女を目指そう」]とあるような言及に注目し、「不透明な時代」といった社会的背景からその発生・定着を考えることも可能かもしれない。そしてここに、女性のライフコースをめぐる状況の変化（進学、就職、結婚、出産、離婚等々）を重ねて考えていくこともできるかもしれない。だがこのような状況認識の提示は、前章で扱った就職用自己分析マニュアルにおける目的論（社会的背景への言及）の濃密さとは対照的に、『an・an』においては散発的なものでしかない。そのため、こうした散発的な言及を、自己のまなざしの変化についての端的な手がかりとして読み込んでいくことの実りは乏しいと筆者は考える。意味の網の目＝文化に注目する本書の立場からすれば、自己へのまなざしが変化した原因については、散発的に登場する、また曖昧な状況認識を手がかりに議論を進めるよりもむしろ、自己をめぐる意味の網の目＝文化にさらに分け入り、それを解きほぐすような探究を行うことがより有意義だろう。

7 自己を語る権能の所在――生き方関連特集における記事登場者の分析

（1）「雑誌記事への登場」の解釈と分析の視点

その探究における選択肢の一つが、第3節から第6節でみてきたような「自己のテクノロジー」を提供し、読者を特定のヴァージョンの自己へと誘っていくのは誰かという、自己をめぐる権能の所在に関する検討である。先に紹介した「今日から実行しよう！幸運体質になるプログラム」において、七八の行動メニューを提供していたのは一人のセラピストであった。また、ここまでの分析においても、心理学者やメンタルトレーナーといった、「自己のテクノロジー」の提供者を幾度か示してきた。つまり『an・an』においては、読者の行動を導き、水路づける特定の人物あるいは集団が存在していると考えられる。とはいえ、こうした特定の人物・集団が圧倒的な権能を所有しているというわけではない。なぜなら、雑誌メディアにおいて、こうした記事登場者の登場決定権は本人よりも雑誌編集者の側にあるためである（より詳しくは次章で述べる）。では今度は雑誌編集者が「黒幕」かというと、それもまた単純な見方だと考える。雑誌編集者はバックナンバーや他誌の売れ行き、活字・非活字メディアを含めた流行、雑誌の現在の路線や編集長の方針、自らの選好等を、それぞれの雑誌における制作ルーティンの中で調整しながら、各号の特集テーマや記事構成、取材対象等を決定していくためである(23)。

こうしたメディア制作プロセスを考慮したうえで、本章では「雑誌の記事に登場する」ということについて、次のように考えることにしたい。すなわち、大きくいえばファッション中心か生き方中心か、その中でもたとえばどういった嗜好を有するどのようなターゲットのどの部分を攻めていくのかといった雑誌の路線・方針に見合う記事のテーマについて、記事が制作される各時点においてそれを語ることができる、また読者に納得してもらえるだけの説得性・専門性・権威を有していると雑誌編集者に「見立てられている」こと、およびその見立てが制作ルーティンで承認され、実際に記事に登場すること、というようにである。より端的にいえば、記事への登場は、雑誌が扱うテーマに関する権能の保有が雑誌制作ルーティンの中で認証されたことの端的な表われであり、登場頻度はその量的指標であるという解釈のスタンスである。

このような観点から以下では、本章でこれまでみてきた「自己のテクノロジー」に関する記事のほとんどが組み込まれている、『an・an』の生き方関連特集における記事登場者について、職業別に集計した結果を報告していく。ここでの「登場」の基準は、

①記事本体とは別に、名前とプロフィールが紹介されていること
②本人のコメントが記事本体の中にあること

とする。また、対象とするのは、毎号巻頭に特集記事が掲載されるスタイルが確立された一九八一年八月二八日号から二〇一〇年末までに出版された一四四二の号のうち、恋愛、あるべき女性のあり方・生き方、仕事、占い、心理、悩み、対人関係、性といった女性の生き方を扱う四九七の巻頭特集記事である（その詳細は第2節で述べている）。四九七回の生き方関連特集に登場した人物は合わせて一万九五七九人にのぼった。これらの人物について分析することで、近年の『an・an』における生き方、ならびに自己へのまなざしを語ることのできる権能の所在を明らかにし、同誌における自己をめぐる意味の網の目＝文化についてより深く理解することができるようになるだろう。

（2）記事登場者の登場スタイルと登場頻度の変動

一万九五七九人の記事登場者について、まず性別という観点からみると男性が七五三三人（三八・五％）、女性が一万二〇四六人（六一・五％）となっている。女性向けライフスタイル誌という雑誌の特性上、記事登場者には女性が多いことがわかる。これについて時期ごとの変動は小さい。

次に記事登場者の職業についてみてみたい。職業の分類と集計は、記事に記載されている職業をまずそのまま集計し、その後ＫＪ法を用いて職業のカテゴリーを整理するという手順で進めた。[24] その結果、一万九五七九人の記事登場者は四二の職業カテゴリーに分類された。図表4－9は、四二の職業

図表 4-9 『an・an』における生き方関連特集における登場者の職業(上位 20 位)

順位	職業	人数（%）
1	俳優・女優	2593（13.2%）
2	ミュージシャン	1583（8.1%）
3	霊能力者・占い師・風水師	1461（7.5%）
4	タレント	1453（7.4%）
5	作家	1341（6.8%）
6	エッセイスト・ライター・ジャーナリスト	1318（6.7%）
7	漫画家・イラストレーター	1234（6.3%）
8	放送作家・構成作家・脚本家	792（4.0%）
8	心理学者・精神科医・カウンセラー	792（4.0%）
10	モデル	587（3.0%）
11	芸人	564（2.9%）
12	広告産業関係者	541（2.8%）
13	アナウンサー・レポーター	495（2.5%）
14	デザイナー	388（2.0%）
15	医師	346（1.8%）
16	スタイリスト	321（1.6%）
17	ヘアメイク	276（1.4%）
18	プロデューサー・ディレクター	273（1.4%）
19	コンサルタント	268（1.4%）
20	アパレル勤務	244（1.2%）

カテゴリーのうち上位二〇位までを整理したものである。

『an・an』においては概して、俳優・女優、ミュージシャン、タレント、モデル、芸人、アナウンサー・レポーターといった、一般的には「芸能人」と括ることのできる人物が記事登場者のかなり多くを占めているということができる。だがこうした芸能人のうち、第3節から第6節でみたような自己実践のハウ・トゥを紹介し、列挙するような者はほとんど存在しない。芸能人の記事への登場は多くの場合、複数の人物への並列的なインタビュー記事の中で登場するという形態をとる。[25] あるいは、『an・an』が扱う特集テーマについて、その「さじ加減」を座談会形式で話し合うといった記事においても芸能人は多く登場する。[26] 一部の、表紙グラビアを飾るような人気のある女優等が、『an・an』が提示する生き方の体現者として登場することもあるが、[27] 彼女たちから生き方のハウ・トゥが自覚的に、また体系的に提示されるということは少ない。つまり芸能人たちはほとんどの場合、生き方関連特集の流れ（巻頭記事、インタビュー、ハウ・トゥ、座談会、心理テスト等）に沿って配置され、特集を円滑に進行させていく「潤滑油」のような役割として配置されており、その登場頻度の高さの一方で、彼（女）らにおける強い権能の所有を観察することはできないように思われる。[28]

図表4-9からは、作家、エッセイスト・ライター・ジャーナリスト、漫画家・イラストレーター、放送作家・構成作家・脚本家といった、広い意味で「文筆業」と呼ぶことのできるような人々も多く記事に登場していることがわかる。この文筆業従事者の場合、その登場形態は多様である。芸能人と同様のインタビュー記事や座談会の中に登場する形態もあれば、突撃ルポへの挑戦、[29]何らかのハウ・トゥの自覚的・体系的な提供、[30]格言集・メッセージ集の寄稿、[31]エッセイ・短編小説の寄稿[32]など、実にさまざまである。こうした登場形態は、文筆業従事者であれば誰でも、どれでも可能、というわけではない。ハウ・トゥの提供や格言集のようなメッセージの直接性がより高い記事形態については、ある一部の文筆業従事者（作家と脚本家が比較的多い）がかなり偏って登場しているのを観察することができる。つまり、文筆業従事者の内部、あるいは作家や脚本家といった諸職業の内部において、ハウ・トゥやメッセージを示し、『an・an』の扱う生き方について指導的な役割を担いうる人々と、芸能人たちと混じって座談会を行う、突撃ルポを行うといった比較的砕けた（バラエティ的な）役割を担う人々といった「棲み分け」あるいは「格の違い」があると考えられるのである。

次に、広告産業従事者（プレス）、デザイナー、スタイリスト、ヘアメイク、アパレル勤務といったファッション系職業従事者、および映画監督、演出家、作詞家、編集者、プロデューサー・ディレクター、アーティスト（芸術家）、カメラマン、プランナー、芸能人マネージャー、テレビ局勤務といった芸能系職業従事者に注目してみたい。こうした「業界系」と括れるような人々の記事登場形態は、先述したインタビューや座談会に加え、心理テストの作成[33]、ファッションやお気に入りのお店等のライフスタイルの紹介[34]、そしてファッション・美容関係の記事等[35]、やはり多様である。だがこれらの業界系職業従事者は、ごく一部の作詞家等を除けば、意識的に自らのライフスタイルの正統性を強く主張することは少なく、多くの場合芸能人に近い登場パターンをとっている。つまり概していえば、業界系職業従事者に強い権能を看取することは難しい。

次に、心理学者・精神科医・カウンセラー、医師、コンサルタント（これらの多くは就職・結婚・恋愛コンサルタントといった肩書の人物が多く、企業を相手にするコンサルタントはほぼ登場しない）、脳科学者、マナー専門家・コミュニケーショントレーナー、血液型研究者といった諸職業に注目してみたい。これらの職業は必ずしもアカデミックな訓練を積んだ者ばかりではないが、人間の内面や行動を専門的に扱うということで、やや拡張的だが小沢牧子（2002）の知見を参照して「心の専門家」[36]と呼ぶことにしたい。このような「心の専門家」の記事登場形態はかなり限られている。その多くは、第3節でとりあげたような心理テストの提供や、生き方に関するハウ・トゥの提供・指南という形態で登場する。また彼（女）らは、読者あるいは芸能人等他の記事登場者の悩み相談におけるアドバイザーとしても登場する[37]。こうした記事においては、アドバイスをする役割は常に専門家の側である。一方、女優やミュージシャンといった芸能人は、一部の表紙を飾ることができるような「カリスマ」を除けば、読者を代替する存在として記事に登場し、専門家とともに登場する場合は必ず診断・アドバイスを受けるという従属的な位置に置かれている（「カリスマ」がこうした専門家とともに登場し、その診断・アドバイスを一方的に受けるという記事はほとんどみられない）。この意味で、専門家たちは確かに『an・an』で扱われる生き方に関する、より指導的な位置を占めているということができる。[38] だが、「文筆業」や「業界系」の一部にもこうした専門家たちと同様の位置を占める者がいたように、その権能を独占的なものとみることはできない。

最後に、霊能力者・占い師（占星術師・手相観等も含む）・風水師といった職業集団をとりあげたい。これら「霊能系」職業従事者の記事登場パターンは「心の専門家」よりもさらに限られている。霊能系職業従事者の『an・an』への登場は、占い関連特集への登場人数が一一九九人（登場総数の八二・一％）と著しく偏っており、またそれ以外の特集についても、特集内における占い関連記事への登場がほとんどである。だが、一部にはメッセージ集やハウ・トゥの提供といった形態で記事に登場する者もいる（江原啓之など）。[39] このように、霊能系職業従事者においても、単に占いの提供だけに留まる者と、より積極的に露出し、訓導的なメッセージやハウ・トゥを提供する者の「棲み分け」「格の違い」が存在していると考えられる。

『an・an』における記事登場者の傾向は、概してここまで述べた「芸能人」「文筆業」「業界系」「心の専門家」「霊能系」という五つのカテゴリーに整理することができると考えられる。ここまでに扱った職業以外にもフードアドバイザー、インテリアコーディネーター、ヨガインストラクター、アロマテラピスト、実業家、評論家、美容アドバイザー、スチュワーデスといった諸職業が『an・an』には登場するが、その登場総数は一四八七人と全体の七・六％であり、これまでに紹介した諸カテゴリー

図表 4-10 『an・an』における生き方関連特集における登場者の職業(10 年ごと、上位 15 位)

	1980 年代	人数(%)		1990 年代	人数(%)		2000 年代	人数(%)
1	広告産業関係者	179 (10.3%)	1	俳優・女優	1093 (13.1%)	1	俳優・女優	1361 (13.9%)
2	ミュージシャン	167 (9.6%)	2	ミュージシャン	955 (11.4%)	2	作家	784 (8.0%)
3	俳優・女優	134 (7.7%)	3	霊能力者・占い師・風水師	721 (8.6%)	3	霊能力者・占い師・風水師	704 (7.2%)
4	デザイナー	106 (6.1%)	4	タレント	692 (8.3%)	4	エッセイスト・ライター・ジャーナリスト	699 (7.1%)
5	漫画家・イラストレーター	90(5.2%)	5	エッセイスト・ライター・ジャーナリスト	531 (6.4%)	5	タレント	687 (7.0%)
6	作家	88(5.1%)	6	漫画家・イラストレーター	511 (6.1%)	6	心理学者・精神科医・カウンセラー	625 (6.4%)
7	エッセイスト・ライター・ジャーナリスト	86(4.9%)	7	作家	461 (5.5%)	7	漫画家・イラストレーター	624 (6.4%)
8	アパレル勤務	83(4.8%)	8	モデル	328 (3.9%)	8	放送作家・構成作家・脚本家	510 (5.2%)
9	タレント	74(4.3%)	9	アナウンサー・レポーター	319 (3.8%)	9	芸人	485 (5.0%)
10	モデル	57(3.3%)	10	放送作家・構成作家・脚本家	272 (3.3%)	10	ミュージシャン	452 (4.6%)
11	スタイリスト	54(3.1%)	11	広告産業関係者	233 (2.8%)	11	医師	256 (2.6%)
12	ヘアメイク	50(2.9%)	12	デザイナー	207 (2.5%)	12	コンサルタント	212 (2.2%)
13	その他	48(2.8%)	13	心理学者・精神科医・カウンセラー	161 (1.9%)	13	モデル	197 (2.0%)
14	霊能力者・占い師・風水師	36(2.1%)	14	プロデューサー・ディレクター	148 (1.8%)	14	アナウンサー・レポーター	139 (1.4%)
14	アナウンサー・レポーター	36(2.1%)	15	スタイリスト	133 (1.6%)	15	スタイリスト	133 (1.4%)

図表 4-11　各時期における各職業カテゴリーの登場頻度

	芸能人	文筆業	業界系	心の専門家	霊能系	その他	計
1980 年代	474 29.6%	273 17.1%	658 41.2%	32 2.0%	36 2.3%	126 7.9%	1599
1990 年代	3480 42.5%	1795 21.9%	1368 16.7%	343 4.2%	721 8.8%	484 5.9%	8191
2000 年代	3321 33.9%	2617 26.7%	998 10.2%	1272 13.0%	704 7.2%	877 9.0%	9789
計	7275 37.2%	4685 23.9%	3024 15.4%	1647 8.4%	1461 7.5%	1487 7.6%	19579
権能の強さ	弱	多様	弱	強	一部強	−	

に比して小さな割合に留まっている。

こうした登場傾向を踏まえたうえで、時期ごとの変化についてみてみよう。図表4-10は四二の職業カテゴリーについて、その記事登場回数を一〇年ごとに区切って整理したもの、図表4-11は「芸能人」「文筆業」「業界系」「心の専門家」「霊能系」という五つのカテゴリーについて、やはり記事登場回数を一〇年ごとに区切って整理したものである。

概していえば、常に記事登場者の大きな部分を「芸能人」が占めているものの、一九八〇年代には特に「業界系」が多く登場し、一九九〇年代以降に「文筆業」「心の専門家」「霊能系」がそれぞれ登場頻度を伸ばしたという推移をみてとることができるだろう。『an・an』のファッション路線（一九八〇年代）から生き方路線（一九九〇年以降）への転換に伴って、生き方に関する権能は総体的には図4-11のように、より詳細な職業別の様態としては図4-10のように流動してきたのである。

（3）「権能複合体」という解釈の提出

さて、ここまでの分析を経て筆者が述べたいのは次のようなことである――自己を含め、恋愛、女性のあり方、対人関係、性といった、女性の生き方をめぐって発言力を持ち、指導的な役割を担うことができるのは、特定の個人でも、また特定の職業集団でもなく、さまざまな職業のさまざまな立場の人々からなる「複合体」として構成されているのではないか、と。

さまざまな職業、という表現が意味するのは、『an・an』の生き方関連特集において生き方について定義し、その実践について指導的な語りを発する権能を有しているのは、心理学者、精神科医、セラピスト、脳科学者、コミュニケーショントレーナー、マナー専門家、（結婚・恋愛）コンサルタントといった「心の専門家」だけでなく、作家、脚本家、作詞家、霊能力者といった多様な職業の従事者へと広がっているということである。つまり、心理学者やコンサルタントが自己をめぐる権能保有者の一角を占めているという傾向は第二章・第三章と同様であるが、ここから社会の「心理学化」や特定の職業集団による権能の占有を結論づけるのはやや単純に過ぎるということである。

また、さまざまな立場というのは、「心の専門家」はその役割がある程度一貫しているものの、作家、脚本家、作詞家、霊能力者といった諸職業は、そうした職業に従事していることが、生き方関連特集における指導的な役割を担う際の十分条件になるのではなく、諸職業内部での役割の「棲み分け」「格の違い」によって、そうした役割を担うことができるかどうかが異なるということを意味している。

さらに、こうした複合体の構成メンバーと複合体内部の位置づけは流動的だと考えられる。具体的には、本節（1）で述べたような、多様な事項が持ち込まれる雑誌制作ルーティンの中で、権能保有者の再認・否認・新規認定および地位の上昇・下降が日々繰り返され、自己をめぐる権能複合体の内部構成は常に流動し続けていると考えられるのである。そのため、心理学者やコンサルタントが現在における権能複合体の重要な位置を占めていたとしても、一〇年後、二〇年後に同様の位置を占めているという保証は何一つない。その意味で、自己をめぐる権能保有者は、何らかの内在的能力「ゆえに」自己のあり方について語ることができる人々というよりも、そのような能力を有している者「として」語ることが社会的に許された人々だと考えるべきである（能力を有していても、雑誌の方向性と合わなければ語ることはできないのだから）。

より理論的に言い換えるならば、自己をめぐる権能とは、諸職業集団や人物、すなわち諸主体が有する能力の問題としてよりも、諸職業集団や人物の占めることのできる「主体位置」（Laclau and Mouffe 1985＝1992）の問題として考えるべきだということである。そして図表4-9から4-11までにみたような、こうした主体位置の社会的分散――それは完全にアトランダムではなく、ある偏りをつねに伴い、また流動し続ける――の様態そのものを受け止め、また読み解くことこそが、今日における自己をめぐる権能の様態についての、また今日における「自己の体制」についての、より深い理解を可能にするのではないだろうか。

8　自己啓発的言説の社会的機能に関する中間的考察

さて、第3節から第6節では「内面の技術対象化」、第7節では「自己をめぐる権能」に関する分析をそれぞれ行ってきた。それぞれの論点に関しては既に各箇所で知見の整理を行っているので、ここで繰り返すことはしない。また、総括的な考察はここではまだ行わず、終章で行うこととしたい。分析を経てここで行っておきたいのは、前章と同じく、分析対象資料すなわち女性向け情報・ライフスタイル誌における自己啓発的言説の社会的機能に関する検討である。

この検討にあたって、「自己のテクノロジー」に関連する先行研究の一群を参照することとしたい。「自己のテクノロジー」研究の一角には、女性が活用するさまざまな「自己のテクノロジー」についての検討を行い、男性中心的な価値観・女性観に対する抵抗と自己主体化の可能性を見出そうとするものがある（Chapman 1997; Tamboukou 2003; Markula 2003a, 2003b; Jantzen, Østergaard and Vieira 2006; Ryan, Bissell and Alexander 2010 など）。では、『an・an』という女性向け情報・ライフスタイル誌における自己啓発的言説においても、このような抵抗・自己主体化の可能性を見出すことはできるのだろうか。

生き方に関する指針を提供して読者のニーズや悩みに対応し、読者の「自分探し」「自分磨き」を支援するという意味では、『an・an』は「自己の再帰的プロジェクト」の、また自己主体化のための資源を提供するものであることは間違いないだろう。だが、男性中心的価値観・女性観への抵抗といった観点から眺めるならば、そのような要素はほとんど見出すことはできないように思われる。むしろ、第3節で引用した「あなたがなりたい、あなたになれる　変身の原理三一」以来、「上品でおしとやかな女性」「かわいい女性」になるといった、非常に「ベタ」な「女らしさ」の追求が、『an・an』が提示するライフスタイルの基本線として維持され続けていると考えるのが妥当だろう。特に、二〇一〇年末までに四九七回を数える「生き方関連特集」のうち最も多い一八六回を占めていたのが「恋愛・結婚・男性」に関するものであるように、恋愛への強い志向は創刊以来揺らぐことなく維持されている。以下の記事のように、恋愛に積極的であること、失恋をしてもそれをバネにして成長すること、またやがて恋愛へと復帰することといった、恋愛に向けた態度はどのような記事・特集でも揺らぐことはない。たとえば、さまざまなかたちで「本当の自分」の発見が促されているが、そこで「実は恋愛なんかどうでもいいと思っている自分」が発見されるというようなことは想定されていないのである。

苦しい恋に悩まされ、男と別れて体やハートがボロボロ、なんておよそ魅力的ではない。別れた後で自由に使える時間やパワーを賢く生かして、感性や能力、そしてオンナを磨こう。［1990.3.16:84「男と別れたら、心も体もリフレッシュしよう」］

恋から遠ざかっている女の子、必見！クリスマスに照準を合わせて恋人を作る、直前一か月の恋愛カウントダウン作戦です。まずは、忘れかけていた恋する心を取り戻すための七つのヒントを伝授。三日を目安に、急いで恋愛モードにもっていこう！［2003.11.26:54「まずは自分のメンタル面を調整。三日で恋愛モードな私になる！」］

つまり、『an・an』が支援する「自己の再帰的プロジェクト」とは、純粋な自己反省のもとに促されるのではなく、同誌が示す「女らしさ」という基底的な参照項が残されたうえで促されているものだということができる。そのような基底的な参照項を踏み抜いて、「ベタ」な「女らしさ」へのラディカルな反抗や、同誌におけるジェンダー再生産への異議申し立てが起こるといったことは同誌においてはほぼありえない。というより、そのような記事を増やしてしまえば、同誌は多くの読者を集めるポピュラーな雑誌であり続けられないだろう。

さて、ここまでの議論で重要なのは、『an・an』が「ベタ」な「女らしさ」を再生産することに関わっている、ということではない。もちろん押さえておくべき事項ではあるが、それはおそらくわかりきったことで、そのこと自体を高らかに宣言する必要はないだろう。自己の文化社会学的探究という本書の立場にとってより重要なのは、自己啓発（的な内容を有する）メディアが、純粋な「自己の再帰的プロジェクト」を促すものではないということの、やや遅まきながらの発見である。つまり、自己啓発書ベストセラーの中には、抽象的・思弁的な自己探求を進めていくタイプのものもあるが、ビジネスや女性の生き方、老いとの向き合い方といった特定の文脈で話が進められていくものがほとんどである。就職用自己分析マニュアルが促すのは、新規大卒採用市場の完全なる内部で進められる自己発見・表現の自己調整プロジェクトである。そして『an・an』もまた、述べてきたような「女らしさ」という枠の中で「自分探し」「自分磨き」を促し支援するメディアだといえる。このように、自己啓発メディアの多くは、純粋な「自己の再帰的プロジェクト」を促すものというよりは、多くの場合、各文脈にもとづく基底的な参照項、いわば「再帰性の打ち止まり地点」を示しつつ、「自己の自己との関係」の調整を促すメディアだと考えられるのである。このような解釈の妥当性については、次章で扱う自己啓発メディアの「王道」ともいえる領域、すなわち男性を主な読者とするビジネス関連メディアの分析において再度検討することとしよう。

注

（1）ただ、『自己分析を活かす女子学生の面接』（ハナマルキャリアコンサルタント 1997）のような、表現がやや平易にされた（という点でのみ異なる）マニュアルもいくつか存在する。

（2）大宅壮一文庫の分類項目については同文庫のホームページを参照（http://www.oya-bunko.or.jp/sakuin0.htm）。

（3）一九四五年から一九八八年までは『大宅壮一文庫雑誌記事索引総目録』を参照し、一九八九年以降はデータベース『Web OYA—bunko』（http://www.oya-bunko.com/）を参照した。

（4）斉藤（1999:55）はまた、『an・an』は「すでに鉱脈を掘りつくし」「細部の差異でとことん勝負」する袋小路に入っているとも述べている。だがこのような細部の差異化が進んでいくプロセスこそ、本章で分析しようとするものである。また、メディア・リサーチ・センター『雑誌新聞総かたろぐ』に掲載されている読者調査では、一九七九年の時点で未婚者が九三・二%、年齢は一六～二〇歳が三九・七%、二一～二九歳が四七・四%、職業はOL・学生が各五〇%となっている。一九九〇年代、二〇〇〇年代の調査でも未婚率と年齢層には大きな変化がない。職業については、二〇〇五年の時点では会社員・公務員が四七%、学生が二〇%、主婦・アルバイトが各一〇%とやや変化しているが、その中核となる読者層は大きくは変わっていないといえる。これらから『an・an』の中核的読者層は概して、「一〇代後半から二〇代」「会社員と学生」「未婚」といった属性の女性たちであるということができるだろう。

（5）ここでは、二〇一〇年の記事は「二〇〇〇年代」として集計している。本章における以下の集計も同様である。

(6) この場合、「あなたのホントの気持ちは?」「これからは強気だ!」といった、動詞が確認できないが、「知る」「なる」といった別の動詞が補えると判断できるものはカウントする。

(7) 筆者は指示語についても分析を試みたが、その傾向はあなた、私、自分といった読者自身を表わすものから、感情、考え方、感覚、感度、気分、体質、タイプ、キャラ、気持ち、気分、心、感情、コンプレックス、依存症・症候群、心がけ、才能、悩み、不安、自信、ストレス、性格、夢、やりたいこと、好きなこと、指数、偏差値、能力、願望、魅力、運命、オーラ等、非常に多岐に渡っており、その傾向を簡潔に整理することが困難であると考えられた。そのため、本章ではより簡潔な整理を行うことのできた動詞を分析の手がかりとして採用した。

(8) 各カテゴリーの展開を各個記述するという進め方もありうるが、各個記述を繰り返すことで重複が増え、結果分析を煩雑にしてしまうと考えられるため採用しないこととする。

(9) 以下、本章と次章では、言及・引用する雑誌記事について、以下のように記載することとする。「①発行日(何年何月何日号か)、②言及・引用箇所の掲載ページ、③本文中に記事名が紹介されていない場合は記事タイトル、④雑誌名(これは次章にのみ関係する)」。

(10) 一九八〇年代以前は、「⑧表現・発揮」カテゴリーの記事数が一二・一%と以後の時期よりも多くなっているが(図表4-5参照)、このカテゴリーの記事内容は「イキイキと不良している女」「お嬢さん風にブリっ子する女」「おしゃれを知り尽くした大人の女」といった「イメージ」をファッションや化粧、髪型で演出しようというものであった。

(11) 浅野(1998)はこれを「内面と外面の融合」レトリックとし、一九七九年の時点ではみられなくなったものだと述べていたが、本章の抽出記事からは、このようなレトリックはかなり後まで存続していると考えられた。

(12) 浅野(1999:30-33)は他の論文において、当時の「個性」の発見・表現手段は、ファッションや化粧、消費活動によるものだったと既に言及している。
(13) これは、『an・an』の創刊から「星占い」が掲載されていたことと関係があるといえるかもしれない。すなわち、占い等の手続きによって、自己が診断・分類されるという感覚が『an・an』には当初から根づいていたのではないか、と。
(14) これはあるいは、「心の専門家」のタレント化による、メディア露出の増加と表現することができるかもしれない。特に近年のメディア一般においてはそのような傾向をみてとることができるだろう。
(15) たとえば「大人の女の恋愛ガイド　九一年、もっと恋愛上手になるために」[1991.1.4/11:6-7]では、ファッションや消費行動ではなく自己コントロール、つまり内面的要素が大人の恋愛をする条件だと語られている。
(16) そして、このような自己の変身をめぐる意味変化によって「②変身・矯正」カテゴリーの記事数は増大したわけである。
(17) 第3節で紹介した記事「あなたがなりたい、あなたになれる　変身の原理三一」のみである。
(18) 「誰でもできる!今すぐできる!　自分プチリセット行動集A to Z」[2005.3.9:102-105]。また、第二章でとりあげた中山庸子『今日からできるなりたい自分になる100の方法』や上大岡トメ『キッパリ!たった5分間で自分を変える方法』といった二〇〇〇年代の自己啓発書ベストセラーは、このような二〇〇〇年代の『an・an』における自己変革・強化手続きの多様化という傾向に合致する著作だと再定位することができる(「上大岡トメさんからメッセージ。沈んだ心がラクになる処方箋」[2005.10.12:112-113]という記事もあるように、彼女らもこうした多様化の一端を担っている)。
(19) たとえば「『この〝運命力〟テストの結果を見れば、今の自分の長所、短所が浮かび上がる』。弱点がわかれば、それを補う努力をすればいい。(中略)〝運命力〟テストを十分活用して幸運体質へ」[2000.5.

5/12:22「あなたの〝運命力〟はどのくらい?」」といったようにである。

(20) こうした展開は二〇一〇年において、「片付けること」と心理状態の整理を地続きのものとみなす「自己のテクノロジー」といえる、第二章で触れた「断捨離」と合流することになる［2010.9.29 特集「はじめての断捨離」、2010.12.15 特集「断捨離おそうじ」］。

(21) というより、「自己のテクノロジー」とはそもそも自己選択・自己コントロールされるものという含意を持つので、このような表現は同義反復ではあるのだが。

(22) 二〇〇〇年代後半に記事数を増加させた「④学習・研究」カテゴリーの記事内容は、このような「日常生活の『自己のテクノロジー』化」への志向を受け継ぐものである。図表4-7に例示されたような技法を学ぼう、という表現がタイトル上に登場するほかに大きな内容の変化はみられなかったため、紹介を割愛した。

(23) もちろん、その役割は小さくはない。こうしたメディア制作のプロセスについては、ニュース研究の知見であるが、ゲイ・タックマン（Tuchman 1978＝1991）の知見を参照している。

(24) 株式会社ジャニーズ事務所所属者はここでは「タレント」に区分している。

(25)「二〇人の男に、『新しい女の時代』を聞いた」［1989.1.20:46-47］、「お笑い芸人たちに学びましょう! 愛嬌がある女子は、好かれます」［2006.4.19:44-47］など。

(26)「前向きな姿勢は大切だけど…正しいポジティブ vs ダメポジティブ」［2006.12.13:48-49］など。

(27)「あなたにもきっと、参考になります。いまいちばん光っている! 江角マキコ式、自分を高める方法」［1996.11.8:12-15］、「自他ともに認めるプラス思考、伊東美咲のパワーに学ぶ」［2004.1.28:28-29］など。

(28) この意味で、権能の所在に関して、編集者という「文化媒介者」（Bourdieu 1979＝1990:111）の役割もまた、圧倒的ではないものの、決して小さくないと考えることができる。

(29)「辛酸なめ子の突撃運だめしルポ。ギャンブルでひと儲け大作戦!」［2006.2.8:48-49］など。

（30）「林真理子さんの身も心もパワフルな最強の女になるためのレッスン」［1998.11.6 : 10-11］、「恋愛小説家・梅田みかさんが教えます。最高の恋をするために、あなたが捨てるべきものは？　プライドを捨てれば、恋は必ずうまくいく！」［2003.4.23 : 42-43］など。

（31）「石田衣良さんと野口美佳さんが伝授！　自分を褒める一六の言葉で前向きに！」［2006.2.1 : 30-31］など。

（32）「ふたりの作家がエッセイで語る、オンリーワンの女になる方法」［2005.2.23 : 44-45］など。

（33）「あなたの深層心理を鋭く抉る、秋元康さんのオリジナル・ラブ・テスト！」［1999.10.29 : 36-39］など。

（34）「プレスが好きな、お昼ごはん」［1988.1.15 : 92-93］など。

（35）「イメージを作るとき、変えるとき　四人の男（プロ）たちは、まず何から始めたのか」［1986.4.11 : 45-47］など。生き方関連特集であるからといって、ファッション関連の記事がまったく登場しないわけではない。

（36）ここには臨床心理士、心療内科医、心理研究家、心理テスト作成家、人間行動学者と呼称された人物も含まれている。

（37）「有名人誌上カウンセリング　なぜ、あなたが愛されないのか？その理由を徹底追求！」［1998.2.27 : 101-103］、「あなたの恋を邪魔する、深層心理の謎に迫る！」［2001.3.23 : 24-27］など。

（38）「秋元康さんが原千晶さんにレクチャー　自分の力を信じることで、成功のチャンスはグッと身近に」［1999.1.22 : 18-19］など。

（39）「本誌でおなじみ、中森じゅあんさんの、あなたの毎日を前向きにする、最新・天使のメッセージ」［2004.1.28 : 50-51］、「江原啓之さんが特別レクチャー。これであなたも強運体質！」［2006.2.8 : 22-23］など。

第五章　ビジネス誌が啓発する能力と自己
――ビジネス能力特集の分析から

1　「力」の増殖とそれを捉える視点

（1）「力」をめぐるブームの位置づけ

前章の終わりでも触れたように、本章で扱うのは自己啓発メディアの王道、すなわちビジネスに関する内容を扱うメディアである。だがビジネス関連の自己啓発メディアは非常に多様な展開をとっており、その把捉は容易ではない。第二章で扱ったベストセラーだけをみても、コヴィーの『7つの習慣』のような自らの内面と向き合おうとする要素を持つもの、仕事術本のようなほぼ内面を捨象するもの、脳科学本、話し方本、あるいは松下幸之助以来ともいえる、稲盛和夫『生き方』（2004）のような経営者による人生論など、その志向性は多岐にわたる。そこで本章では、こうした諸展開が合流したところに発生しているような、近年のビジネス言説における一つのブームに着目して分析と議論を進めていくことにしたい。そのブームとは、「力」に関するものである。

一九九〇年代後半から二〇〇〇年代にかけて、労働や教育に関する能力のあり方が語られる際、「力」という接尾語を伴った表現を頻繁に目にするようになった。一九九六年の中教審第一次答申「二一世紀を展望した我が国の教育の在り方について」における「生きる力」、内閣府を担当部局とする人間力戦略研究会の二〇〇三年の報告書「若者に夢と目標を抱かせ、意欲を高める」における「人間力」、経済産業省が開催した「社会人基礎力に関する研究会」(二〇〇五〜二〇〇六年)における「社会人基礎力」、等々。これらの能力に関する表現は、今挙げたような公的な審議会・機関からのみ発されたのではなく、たとえば二〇〇六年に創刊されたPHPビジネス新書に『伝える力』『コンサルタントの「質問力」』『コンサルタントの「現場力」』『突破力!』『使う力』といったタイトルが並ぶなど、マスメディアを通しても多くみることができるものでもあり、実際私たち自身、こうした表現を多く目にしてきたはずである(ということは「はじめに」でも述べた)。本章で着目しようとするのは、このような「力」をめぐる表現の流行である。

一見すると、このような「力」をめぐる表現の流行は、一過性のもののようにみえる。だが、これらの表現の流行と並行するように、国際的な規模で労働や教育に関する能力についての提言や指摘が行われていることに注目する必要がある。たとえばOECD(経済協力開発機構)では一九九七年に、多様な人々が交流する複雑な現代社会において必要な能力(コンピテンシー)を定義するため、「コンピテンシーの定義と選択――その理論的・概念的基礎」というプロジェクトが活動を開始し、その後二〇〇三年に成果として「自律的に活動する力」「道具を相互作用的に用いる力」「異質な集団で交流する力」という三つの「キー・コンピテンシー」が提出されるに至っている（Rychen and Salganik 2003＝2006）。

研究者からも、こうした能力をめぐる近年の動向についての言及がなされている。たとえばＯＥＣＤのプロジェクトが動き出した一九九七年には、教育社会学者のフィリップ・ブラウンが組織における能力観の変容について指摘している。つまり、明確に定義された役割、規則、手順にのっとって職務を遂行し、高度な順応性が求められる「官僚制パラダイム」から、フレキシブルに規則に働きかけ、自らの個性を体現していくことを求める「フレキシブル・パラダイム」が浮上しているという（Brown 1997＝2005：609-614）。日本でも、本田由紀が近年の「力」をめぐる表現は、「意欲や独創性、対人関係やネットワーク形成力、問題解決能力などの、柔軟で個人の人格や情動の深い部分に根ざした諸能力」という点で共通性があると指摘する。また、それらの表現は、「標準性、知識量、知識操作の速度、共通尺度で比較可能、順応性、協調性、同質性」を特徴とする「近代型能力」とは異なる、「多様性・新奇性、意欲、創造性、個別性・個性、能動性、ネットワーク形成力、交渉力」を特徴とする「ポスト近代型能力」として理解することができ、後者が社会的地位達成における新たな基準になりつつあると述べる（本田 2005：ii, 20）。

こうした国内外の動向、および近年における能力観変容についての指摘を踏まえると、「力」をめぐる表現の流行について解釈する、以下のような観点が析出できると考えられた。第一に、グローバルな規模で、望ましいとされる能力モデルが変容しているのではないか（これは政府や関係機関による答申・提言に留まるものではなく、より広範な動向だと考えられる）。第二に、近年提出された能力モデルは、個人の人格や情動（特に、本書の観点からすれば自己のあり方）に深く関係し、ときにその変革をも要求する能力モデルなのではないか。[1] 第三に、近年の「力」をめぐる個々の表現はそうした能力モデルを反映するとともに、さらにそのような表現の提出・新造自体が一つの社会的プロセスとして、社会における能力観（あるいは人格や情動、自己のあり方）を新たに構造化していく社会的実践となっているのではないか（Fairclough 2001＝2008）、この三点である。

（2）対象資料の選定と特性

では、今述べたように「力」をめぐる表現を位置づけるとして、どのような資料をとりあげるべきだろうか。ここで、第四章の分析資料を選ぶにあたって使用した『大宅壮一文庫　索引目録』における「心理一般」項目を再び参照したい。

第四章の図表4-1（『大宅壮一文庫　索引目録』における「心理一般」項目の記事数上位二〇誌）には、『プレジデント』『日経ビジネス　アソシエ』（以下『アソシエ』）『THE21』の三誌のビジネス誌がランクインしていた。ビジネス誌の多くは経済情報を中心とした誌面構成をとっているが、これらの三誌は経済情報だけでなく、資質研磨、ライフスタイル、エンターテイメントを扱う総合情報誌的な特性を有しているために、「心理一般」項目に分類される記事数が多くなっていたと考えられる。そしてこれらの三誌をみると、他のビジネス誌よりもかなり頻繁に、現代のビジネスの場面において必要とされる能力に関する特集（以下「力」特集と呼称する）が組まれ、「力」という接尾語を伴う表現群（以下「力」語）を多く観察することができた（逆にいえば、経済情報中心の雑誌では、個人的能力の啓発に関する特集あるいは記事はあまり掲載されない）。そこで本章では、近年のビジネス言説における一つのブームといえる、「力」をめぐる表現が扱われるメディアの代表的なサンプルとして、この三誌のビジネス誌を対象とする。

三誌の特性を示したものが図表5-1である。これらから、三誌は経済情報を中心とするビジネス誌業界の中でも、その総合情報誌的特性によって一定の発行部数を誇る、すなわち一定の影響力を持つ雑誌であることがわかる。また、読者の年齢層は各誌で異なるものの、企業に長期継続雇用され、企業の中核を担うことが期待される会社正社員を中核的読者層としている点で共通しているといえる。つまり雑誌メディアにおいては、こうしたビジネスエリート（あるいはエリート志向、上昇志向の強い人々）を読者層とする、総合情報誌的な志向を有するビジネス誌において、「力」語が次々と新造されているという知見をまず提出することができる。

この三誌を対象として筆者は、一九九六年以降から二〇一〇年までに組まれた特集記事のうち、「力」という語が含まれる六七の特集記事を抽出した（一九九六年以降の記事としたのは、「力」に関する新語の先駆けといえる「生きる力」という語が登場したのが一九九六年であることによる）。ここから「全国一〇〇都市実力番付」「外資系企業の実力診断」「三時間でわかる日本の防衛力」等の、個人的能力に関するものではない特集を除外すると、その数は五一となった。本章では、この五一特集（総ページ数は一八五四ページ）を分析対象とする。雑誌ごとの内訳は『プレジデント』誌が一八特集、

図表 5-1　三誌の特性

雑誌名	『雑誌新聞総かたろぐ』における紹介文	歴史・読者層・発行部数
プレジデント	経営層を中心読者とするディシジョンメーカーのためのビジネス戦略情報誌。日本の屋台骨となるビジネスマンたちに、自らの力で考え、道を切り拓くビジネス力と活力を与えることを目指す。質の高いビジネス情報をはじめ、経営手法、マネジメント哲学、生活、ライフスタイルまで幅広いテーマをとりあげ、時流をとらえた視点で掘り下げた記事展開をする。	1963 年創刊。「フォーチュン」の日本版として、「歴史や人物の特集」に力を入れた、「情報・教養・娯楽」を扱う月刊誌であったが、2000 年に隔週刊行になると同時に路線転換し、ビジネス、資質研磨、ライフスタイル、エンターテイメントと幅広く扱うようになった。メイン読者層は 40 代の会社員。特に管理職以上の層をターゲットとしている。2010 年の発行部数 17 万 8754 部はビジネス誌業界では 3 位。
THE21	30 代のビジネスマンをメインターゲットにしたビジネス情報誌。話題のビジネス･スキルや、プロのノウハウなど、今すぐ使える仕事情報を紹介するほか、マネー＆ライフプラン、健康など、誰もが気になる生活面をとりあげた企画も収録。「仕事と人生」に悩むビジネスマンを応援する。	1984 年創刊の月刊誌。一時期は企業ランキングや都市ランキングを売り物にしていたが、2000 年ごろからプレジデントと同様に、総合情報誌へと路線転換する。メイン読者層は 30 代から 40 代の会社員。2010 年の発行部数 9 万 9934 部は業界 10 位。
日経ビジネスアソシエ	次世代のリーダーを目指す若手ビジネスパーソンを対象としたビジネス情報誌。重要な経済・国際社会・技術の動向や、キャリアアップ・スキルアップに役立つ情報をやさしく具体的に解説する。	2002 年創刊の隔週誌。三誌の中で最も読者層が若く、20 代から 30 代をメインターゲットとしている。この雑誌は当初からビジネス、資質研磨、ライフスタイル、エンターテイメントを幅広く扱う総合情報誌としてスタートしており、2010 年の発行部数 6 万 1405 部は業界 15 位。

出典：メディア・リサーチ・センター『雑誌新聞総かたろぐ』

『THE21』誌が九特集、『アソシエ』誌が二四特集である。

抽出された五一の特集記事は、すべて二〇〇〇年以後のものである。このことから、ビジネス言説における「力」という表現の流行は二〇〇〇年代のものであることが確認できる（ただ、『アソシエ』は二〇〇二年創刊である）。ところで、二〇〇〇年とは、「ビジネスマンのための般若心経」[2000.1]、「『徳川三代』大混乱期を制す」[2000.2] 等、歴史上の偉人や伝統に学ぶ特集を核としてきた『プレジデント』[2]が大きく内容を刷新した年である。同誌は同年三月の刷新に際して、「来るべき二一世紀は、『自己責任』と『スピード』の時代」「一億総ディシジョンメーカー時代の訪れ」「つねに残される予測不可能な領域、それを飛び越えて決断するという行為には、勇気、覚悟、決意…といった言葉で表されるきわめて人間的な要素が伴う」「情報化、国際化はますます進み、よりスピーディーな決裁が求められる二一世紀のビジネス社会。そこで日々戦う読者の皆様のニーズに応える」[2000.3 : 316] といった状況認識を示している。情報化、国際化、経済活動の流動化、不透明化、競争の激化、求められる決定能力、自己責任。『プレジデント』におけるこのような状況認識からは、個々人が競争的で流動的な状況を勝ち抜いていくような資質の獲得を支援するという文脈に、「力」特集が差し込まれているとみてとることができるだろう[3]。

ここまで、本章における問題設定と対象資料の抽出基準・特性について述べてきた。これらを踏まえて、以下ではビジネス誌における「力」特集の分析を進めていく。まず第2節では「力」特集において扱われる能力を、第3節ではそこで求められる自己のあり方をそれぞれ分析していく。第4節では特集を導く人物と集団、すなわち権能の所在について検討し、第5節でまとめと考察を行う。

2　ビジネス誌において啓発される「力」

「力」特集においては、そもそもどのような能力が扱われているのだろうか。また、特集で扱われる能力の傾向は、ブラウンや本田の指摘に当てはまるようなものなのだろうか。五一の特集記事における見出しと本文においては、延べ一三九二回にわたり、三〇六種類の「力」という接尾語を伴う表現群（「力」語）が登場する(4)。その登場回数上位二〇項目を整理したものが図表5-2である。

ビジネス誌の「力」特集においては、三〇六もの「力」語が掲載されているとはいえ、その掲載数の最も上位を占めるのは「説得力」「集中力」「思考力」「記憶力」といった、私たちが普段から使い慣れ、聞き慣れているような言葉である。だがそれらについで、「質問力」「脳力」「物語力」「気づく力」「本質力」「図解力」といった聞き慣れない言葉もまた並んでいる。三〇六の「力」語のうち、実に一五四語（五〇・三％）までが一度しか登場せず、そこには、例を挙げればきりがないが「why対話力」「巻き込む力」「根回し力」「聞き出し力」「ビジョン構築力」「夢見る力」「自己改革力」等、さまざまな新しい「力」が並んでいる。

「力」語の傾向を一〇のカテゴリーに整理したものが図表5-3である(5)。ここで最も掲載数が多いカテゴリーは、「力」語全体の二〇・二％を占める「精神強化・自己管理系」である。これは、「集中力」「記憶力」等の自らの「脳力」「潜在力」を高める志向を有する「力」語と、「努力力」「やる気力」「時間管理力」といった、自らを管理し、自らのモチベーションを高めていこうとする「力」語からなる

図表 5-2 「力」語の登場回数上位項目

順位	名称	三誌計	順位	名称	三誌計
1	説得力	85	11	論理力	25
2	集中力	78	12	気づく力	21
3	思考力・考える力	63	12	英語力	21
4	記憶力	57	14	問題解決力	20
5	質問力	55	15	本質力	19
6	脳力	34	15	図解力	19
7	物語力	30	17	魅力	18
8	発想力	28	17	論理的思考力	18
9	コミュニケーション力	27	19	交渉力	17
10	創造力	26	20	実行力	16
			20	判断力	16

カテゴリーである。これは『an・an』において促される「自己の自己との関係」の中核的志向であった、自己変革・自己強化志向にも通じるものといえる。

ついで多いのは、全体の一九・四％を占める「思考・発想系」である。このカテゴリーの「力」語は、『プレジデント』において最も多い二六・五％を占めている（『THE21』は二三・三％、『アソシエ』は一七・〇％）。四〇代以上の管理職以上の層を主な読者とする『プレジデント』では、このカテゴリーの「力」語は、組織における問題に「気づく力」、組織が直面する問題を解決するための「論理的思考力」「創造力」といったかたちで用いられることが多い。一方、二〇・三〇代を主な読者層とする『アソシエ』の場合、プレゼンテーションや商談の内容を充実させるための「論理力」、新しい商品を開発するための「発想力」といったかたちで用いられることが多い。このように、同じような「力」語であっても、その想定される場面・用途は雑誌ごとに異なる場合もある。

図表 5-3　「力」語の分類

カテゴリ	含まれる主な「力」語	三誌計	プレジデント	THE21	アソシエ
精神強化・自己管理系	集中力、記憶力、脳力、潜在力、努力力	281(20%)	114(23%)	49(14%)	118(22%)
思考・発想系	思考力、創造力、論理力、気づく力、発想力	270(19%)	131(27%)	48(13%)	91(17%)
コミュニケーション系	説得力、質問力、コミュニケーション力、交渉力	253(18%)	48(10%)	124(34%)	81(15%)
情報処理・分析系	観察力、本質力、洞察力、分析力、情報編集力	165(12%)	47(10%)	60(17%)	58(11%)
表現系	物語力、図解力、プレゼン力、表現力、言葉力	108(8%)	20(4%)	10(3%)	78(15%)
問題解決・行動系	問題解決力、実行力、判断力、決断力	99(7%)	42(9%)	16(4%)	41(8%)
リーダーシップ系	魅力、共感力、人間力、受容力、マネジメント力	68(5%)	29(6%)	16(4%)	23(4%)
特殊スキル系	英語力、数字力、漢字力、会計力	53(4%)	13(3%)	29(8%)	11(2%)
体力強化系	体力、生命力、免疫力、駅まで徒歩力	36(3%)	27(5%)	1(0%)	8(1%)
その他	極端力、文脈力、金科玉条力、朝ごはん力	59(4%)	23(5%)	9(2%)	27(5%)
計		1392	494	362	536

三番目に多いのは、一八・二%を占める「コミュニケーション系」であるが、これは『THE21』誌にかなり偏っている。これは同誌において「鋭い！質問力」[2008.9] という特集が組まれ、この中で「質問力」が五三回登場したことが大きいが、それ以外にも同誌では「説得力」「営業力」「交渉力」といった、読者の一部が該当すると考えられる営業職に向けた対人的交渉能力の啓発が盛んに行われている。

四番目は、溢れる情報の中から、あるいは流動的な市場の中から、重要な情報を見出す「観察力」「本質力」「見切る力」等の獲得が促されるという文脈で登場する「情報処理・分析系」、五番目は、主にプレゼンテーションスキルに関する能力を分類した「表現系」である（読者層の最も若い『アソシエ』に多く、その登場の文脈も、プレゼンテーションのための「物語力」「図解力」「プレゼン力」というかたちが多い）。

自らを高めコントロールし、創造的発想を行い、フレキシブルで能動的なコミュニケーションを行い、溢れる情報の中に本質あるいは差異を見出し、そして自らの主張や個性を的確に、効果的に表現する――ここまで、「力」語の上位五カテゴリーについてみてきたが、これらの志向は、近年の能力観の変容について指摘したブラウンや本田の知見に符合するものといえる。つまり「力」特集は、まさに近年の新しい能力モデルを体現し、かつ新たに発信していく社会的実践なのである。

だが、このような符合を指摘するだけでは、正直いってあまり面白みがないだろう。そこで、このような符合についてより深く理解するために、特集の制作プロセスに注目してみたい。筆者がインタビューを行った『THE21』の編集者によると、同誌の特集記事は毎月行われる編集会議によって決められるという(6)。より具体的には、各編集部員がライバル誌や同テーマを扱う雑誌（たとえば女性誌なども）の売れ行き動向、ビジネス書の売れ行き良好書、過去の特集テーマを参考にして企画を持ちより、合議するかたちで決定がなされる。その中で「ビジネスノウハウに重きを置いている」と編集者自身が述べる同誌が、「『これを読むことでどんな力が身につくのか』『何に役立つのか』をすぐに理解してもらうための表現として」、「力」という用語を特集記事に配するのだという。編集者の話からすると、ビジネス誌における「力」特集は彼らの独創というよりは、既に進行している「力」をめぐる表現の広がりを再帰的にとりいれるプロセスの中で生まれていると考えられる。審議会答申や各メディアの傾向を踏まえて能力モデルを提出した本田らの議論と、各メディアの動向を受けて企画を設定するビジネス誌の傾向の符合は、このような制作プロセスの同型性という観点から理解することができる。つまり雑誌編集者は、まるで研究者と同じように、注目されている能力に関する言説を観察し、特に重要だと思われるものを再編集・構成して世の中に再発信しているという再帰的モニタリングの同型性である。このようなプロセスを経て雑誌メディアは、社会における能力観（あるいは人格、情動、自己のあり方）を新たに構造化していく社会的実践に関与しているのである(7)。

こうした「力」特集の概要と位置づけを踏まえたうえで、本書のテーマに取り組むこととしたい。すなわち、今述べてきたような観点から定位できる「力」特集は、さまざまな「力」語を新造し、その獲得を啓発する中で、一体どのような自己のあり方を求めるものなのかというテーマである。

3　ビジネス誌において啓発される「自己の自己との関係」

(1) 自己モニタリング、自己コントロールと「力」

何かに取り組むときに一〇〇%全力で頑張ってはいけない。「脇目も振らず」という言葉があるが、そうなると対象の仕事以外はまったく目に入らない。九〇%の力を注いで、一〇%は『自分が今、どういう状態にあるのか』をセルフモニタリングする余力を残しておく。それもまた、気づく

コツなのである。［2004.7.19:55「気づく力」『プレジデント』］

見抜く力を高めるには、対象を分析する前に自己分析をして、自分の思考のクセやコンディション、知識・能力などをチェックすることが重要になる。認知心理学では、このようにして自己分析することを「メタ認知」と呼ぶ。メタ認知とは自分の頭の中にもう一人、小人（ホムンクルス）がいて、自分をコントロールしたりしてるイメージだ。

「仕事に没頭している時も、集中度を七〇％くらいに落とし、三〇％くらいは自分を客観的に見るメタ認知に使う方が望ましい」。持てる認知資源（注意と知識）をすべて仕事などの対象に注ぎ込むのは悪いことではない。集中は一般に、高いパフォーマンスをもたらす。だが、熱中しすぎると、認知活動そのものに注意が集中し、メタ認知がうまく働かない。すると、間違って推論が行われ続けても気づかないこともあり得る。［2006.1.17:20-21「あなたの潜在能力を開花させる　見抜く技術」『アソシエ』］

そもそも、なぜこのように多様な「力」語が生まれているのだろうか。その新造のメカニズムについて考えることから、つまりさまざまな「力」語が生まれてくるような意味の網の目＝文化を解きほぐすことから分析を始めたい。

二つの引用記事においてともに推奨されているのは、表現こそやや異なるが、自分自身を「モニタリング」しようとする態度だということができる。この自分自身をモニタリングする態度は、たとえば「目標に向かって突っ走りすぎ」ないように、「自分を、さらに高いところから正しく見つめ」ようとするものであると説明されることもある［2004.7.19：55「気づく力」『プレジデント』］。このような、常に自分を客観的にモニタリングするという「自己の自己との関係」の保持は、「力」特集全体を通して幾度も観察することができる(8)。

「力」特集において、自己モニタリングはそれ自体高い価値が置かれているものだが、それは同時にやや異なった「自己の自己との関係」の構築を促すこととも結びついている。先に引用した二つの記事には、ともに次のような言及が続いている。

どの認知スタイルが優れているという問題ではない。（中略）課題に合わせて認知スタイルをコントロールできればベスト。［2004.7.19：55「気づく力」『プレジデント』］

メタ認知力は誰にでも備わっているが、もちろん個人差がある。物事を見抜いたり、分析したり、見通しをつけるためには、その能力を意識的に向上させていくことが望ましい。［2006.1.17：21「あなたの潜在能力を開花させる　見抜く技術」『アソシエ』(9)］

つまり、自分のスタイルや能力を意識的に「コントロール」し、活用・向上させていくという「自己の自己との関係」が、自己モニタリングと一揃えのものとして語られているのである。ここで、自己モニタリングと自己コントロールへの志向の特異性を浮き彫りにするために、かつてのビジネスマンを牽引した価値観であるといわれる修養主義について参照することとしたい。修養主義においては、たとえば努力するという行為それ自体に高い価値が置かれていたといわれている（筒井 1995：34）。だが二〇〇〇年代におけるビジネス誌の「力」特集においては、努力する行為それ自体が称揚されることはない。むしろ「力」特集においては、ただ努力するのみでは、先に述べたように「目標に向かって突っ走りすぎ」ている恐れがあるとして、あるいは「アクティブ・ノンアクション（不毛な多忙）」［2005.12.19：58「やり抜く力」『プレジデント』］であるとして、否定的に捉えられる傾向が強い。努力が肯定的に評価されることがあるとすれば、それは自分の努力のスタイルを意識的にコントロールし、努力する能力を向上させていくという「自己の自己との関係」が構築されたときなのである。

なぜここまで自己モニタリングと自己コントロールの志向に注目したかというと、この二つの「自己の自己との関係」への志向が、さまざまな「力」語が生まれてくるような意味の網の目＝文化の中核にあると考えられるからである。「力」語の新造に直接言及した以下の記事にも、その二つの志向をみてとることができる。

自分の仕事や思考、信じるスタイルを「技化する」ことをおすすめしたい。（中略）たとえば「自画自賛」。本来はあまりいい意味の言葉ではないが、末尾に「力」をつけただけで単なる自慢とは違うポジティブな意味を帯びてくる。（中略）自分の得意なことや癖を四字熟語を使って際立たせ、自己を認定してしまうのである。いわばキャッチフレーズだ。自分のこととはいえ、自分の心を把握するのは難しい。まして他人からはわかりにくい。それならばいっそ言葉によって枠をつくり、その曖昧模糊とした心に、わかりやすい形を与えてしまおうというのである。〔2005.7.18：84-85「『脳力』革命」『プレジデント』〕

この記事の内容は、無数にある四字熟語のうち、自らのスタイルに合うものを意識的に発見・選定し（モニタリング）、それを意識的に「力」語と化し、自らの目標明確化や他者へのアピールに活用しよう（コントロール）というものだといえる。この記事は、四字熟語というその対象や、活用の用途こそ限定的なものに過ぎない。ただ、この記事にみてとることのできる、自己モニタリングと自己コントロールという「自己の自己との関係」の調整を通して「力」語を新造するというメカニズムは、「力」特集全体にも敷衍できるものだと考えられる。すなわち、ビジネスに関するあらゆる事項、たとえば「努力」「根回し」「人脈」「提案」「商品企画」「やる気」「マーケティング」「常識」「プレゼン」「現場」「共感」「信頼」といった事項を意識的にモニタリングし、「努力力」「根回し力」「人脈力」等のように、自らコントロールと意識的な向上が可能な能力・技術へ化していく志向が「力」語新造のメカニズムの根底にあるのではないか、ということである（これらはすべて、実際に誌面に登場した「力」語である）。第四章での言及に寄せて解釈するならば、「力」語の新造メカニズムの根底にあるのは、ビジネスに関するあらゆる事項を自己モニタリングと自己コントロール可能な事項へと変換し、自らの変革・強化につなげていくような、ビジネスに関連する限りでの「日常生活の『自己のテクノロジー』化」の志向だということもできる。

ただここで注意したいのは、自己をモニタリングするとはいっても、第三章・第四章で言及した、

「本当の自分」を探すといった内的真実の根底的探求はビジネス誌上ではほとんど要求されないということである。第二章において筆者は、一九六〇年代の経営者論には「仕事に没入し、全身全霊を捧げるべしという価値観」が疑われることのない前提となっていることを指摘した。二〇〇〇年代の(男性向け)ビジネス誌においても、たとえば仕事と家庭のバランスをとるといった内容の記事はほとんど存在せず、ほぼこのような前提は踏襲されている。このような、仕事にひたすら向かうべしという価値観(前章での表現を踏襲すれば「基底的参照項」)が根底にあるため、「あなたの知らない」「本当の自分」を探すといった、根底的な「自己の自己との関係」の組み直しが要求されることはないのである(とはいえ、自分を偽ってまで仕事に打ち込むようなことは推奨されないのだが)。その代わりに求められているのは、「仕事がカラ回りする人の行動特性」「『仕事のごまかし』を見破れない人の行動特性」といったような、仕事に関係がある限りでの自らの行動特性・心理特性のモニタリングとコントロールである。このように、ビジネス誌における自己をめぐる意味の網の目=文化は、ビジネスに関連する限りという基底の上で、あらゆる事項をモニタリングし、コントロールし、「力」語へと化していくように広がっているのである。

(2) 自らの潜在的能力を高め、最大限に発揮する

プレゼンや商談、会議、接客――。重要な場面で自分の力を出し切るためには、万全の準備が欠かせない。その出発点は、イメージする習慣をつけることだ。勝利のゴールを思い描いてやる気を

高め、起こり得る事態を想定して精神的余裕を得よう。さらには思考法や呼吸法を正しく使えば、緊張によるビビりも解消できる。「ぶっつけ本番」とはオサラバすべし。

最大のモチベーションのツール　スポーツ選手には、レースやゲームの進め方だけでなく、自分が表彰台に上がった姿や優勝後の記者会見でのやり取りまで考えておき、モチベーションを高めている人が多い。ビジネスパーソンにとっても、「こうなりたい」という成功イメージを頭の中で描くことは、モチベーションを高めるための基本であり、極めて有効な方法である。

「最高の自分」になりきるイメージ術　目標を定め、それを成し遂げた自分の姿を頭の中で描き、やる気を高めていく。そのサイクルを強力に回転させる。［2006.3.7：23-24,32「自分の力を一〇〇％出し切るための準備の技術」『アソシエ』］(10)

自己をモニタリングし、コントロール可能な対象に化そうとする志向は、「働きかける自分」と「働きかけられる自分」という、自己を二重化する意識を持つことといいかえることができる。その意味で、三〇六種もの「力」が登場する特集から観察することができるのは、そのような「働きかける自分」と「働きかけられる自分」との間、つまり「自己の自己との関係」において可能となる視点、手段、その際の規範の増殖ともいえる（少なくとも三〇六パターンはあるわけである）。またこのとき、自己を認識し、実践的に働きかけるための視点、手段、規範が増殖するために、「自ら変身することができなければ、〝負け組〟になってしまう」［2003.7：15「一分間仕事力トレーニング」『THE21』］とあるような、自分自身に対して積極的に働きかけなければならないという、より上位の規範もまた循環的に生じることになると考えられる。

では、自分自身に対して積極的に働きかけることで目指されるのは何か。それは引用記事における「出し切る」「高める」「最高の自分になりきる」といった表現に表われているような、自らの資質を最大限に高め、発揮することだといえる。「あなたの潜在力を引き出す一九のメソッド」[2004.5.18:29『アソシエ』]では、意欲的になるように自分をポジティブな方向に自己洗脳する「自己暗示集中法」、ゴールを明確にすることでいつまでに何をやるかをはっきりさせ、集中力を高める「ゴール明確化集中法」といった手続きの実行を通して、自己潜在的な資質を引き出すことが求められている。また「共感力を磨く」[2004.6.15:35『アソシエ』]では、「こころの感度」「こころのエネルギー」をあげるため、「小さなことでも感動する」「褒める言葉を二〇個書き出す」「(その言葉を)一日五個以上使って五人に話しかける」といった自己向上法が扱われている。先に述べたように、「本当の自分」を発見することへの強い志向はビジネス誌ではみることができない。しかしながら、自らの内部に強化され、引き出されるべき潜在的資質があるというまなざしにおいては、『an・an』もビジネス誌も共通する志向を有しているのである。

(3) 創造的思考、独創的表現への志向とその「マニュアル」化

新しいアイデアを生み出す。実はこれ、すべてのビジネスパーソンに求められるとても重要なスキルである。新製品や新規事業の開発にとどまらず、業務プロセスの見直しから、顧客に応じた提

案営業、部下ごとの指導法…。あらゆる局面であなたの創意が問われる。結論から言おう。ビジネスシーンにおける創造的な思考力は、天賦の才能よりもむしろ地道な努力の積み重ねから生まれる。ユニークな発想の持ち主は、極めてオーソドックスな方法論を用い、日頃からコツコツとアイデアのタネを仕込み、発酵させているのだ。［2004.5.4:26「創造的脳力を鍛える！」『アソシエ』］

図表5-3において示した、「力」特集において多く言及される「力」語のカテゴリーに、「思考・発想系」があった。特集においてしばしば扱われるテーマの一つが、こうした創造的な思考・発想の体得である。「力」特集では、引用記事にあるように、ビジネスのあらゆる場面において、創造的思考が重要だと語られている。

興味深いのは、「力」特集においてしばしばとりあげられる、こうした創造的思考に関する記事の内容である。やや矛盾しているようであるが、こうした記事の非常に多くが、誰とも似ていない創造的な思考・発想を可能にするという、思考・発想法の「マニュアル」で構成されているのである。たとえば「仕事が一〇倍うまくいく『問題解決力』を鍛えよう」［2002.8:26-27『THE21』］では、ヒット商品の対象年齢層をずらして展開する「エクステンション」、海外や地方、男性や女性向けヒット商品の対象属性をずらして展開する「トランスファー」、異なる二つの要素を掛け合わせる「マトリックス」、三つの要素を掛け合わせる「モホロジカル」、関連のない要素を掛け合わせる「強制連関」、その他「気づき法」「主流傍流」「マイナーチェンジ／オマージュ」「同質化」「コンセプト展開法」といった技法が紹介されている。その他の記事でも、大きく抽象的な問題を細かく具体的な問題へと分解していく「ピラミッド」、項目間の関係性を可視化する「サーキット」、マトリックスを活用して未来を強制的に発想する「インパクトダイナミクス」、その他内容は省略するが「マッピングコミュニケーション」「ドリルダウンツリー」「マインドマップ」等々、実にさまざまな技法によって、イノベーションをもたらす思考・発想法の獲得が促されている。(11)

こうしたマニュアル志向は思考・発想法に限ったことではない。たとえば個性的・独創的なプレゼンテーションに関してもこれは同様である。

プレゼンは「構造固め」が勝負 「一時間かけていろいろな話をしても、相手の頭には三つしか残らない。どの三つを残すか考えておくことが重要です」。(中略)自分の伝えたいことを相手に理解・納得してもらうにはどうすればいいか。(中略)その際にNさんが重視するのは「構造」だ。プレゼンの構造が曖昧だと、聞き手は説明の意図を汲み取れず、認識の不一致が生じる。(中略)それを避けるには、伝えたい内容に応じて認識が一致するように話を組み立てなければいけない。[2006.3.7:28-29「自分の力を一〇〇%出し切るための準備の技術」『アソシエ』]

引用記事にあるような、自らの伝えたいことを理解・納得してもらうための「構造固め」「キーワードを三つ挙げて説明する」、あるいは企画書を通すにあたっての「現状分析と問題点の抽出」「目的」「目標を達成するための戦略」「実施計画」、実際のプレゼンテーションの場面で人が他人を判断する際の「五:四:一の法則(顔の表情が五割、話し方が四割、話の内容が一割:筆者注)」といった、形式的チェックポイントがプレゼンテーションに関する記事でも前面に出されているのである［2004.5.18：27-28「あなたの潜在力を引き出す一九のメソッド」『アソシエ』］。つまり、思考・発想法に限らず、「力」特集においては形式的ハウ・トゥの習得によって、同僚や競合他社との差異化を図るための創造性の習得・向上が促されているのである。

だが、考えてみればこれは当然のことといえる。というのは、非常に単純なことで、各業種のあらゆる現場に共通する思考・発想の対象やプレゼンテーションの内容は存在しないためである。そのため、ビジネス誌上ではその形式的チェックポイントを示す以上の啓発は現実的に困難なのである。だがこのような共通する内容の欠落という事態は逆に、ビジネス誌の読者が、自らの置かれた業界・場面に応じて、無数に提示される思考・発想あるいは表現技法について、それを自らに適用し、自らの考え方や表現スタイルを組み替えていくものと期待されていることを意味する。ビジネス誌が提供する事例をそのまま踏襲しても、同じ業界であれば二番煎じに過ぎず、また他の業界では意味をなさない。その意味で、ビジネス誌の読者も、『an・an』の読者と同様に、自己をめぐる多様な技法の自己選択・自己コントロールを行うことでしか、雑誌を購読した対価を得ることはできないのである。

（4）他者と組織における本質の発見、潜在能力の最大化

チームの力を最大限に引き出し、成果を得るためには互いに理解し合うことが欠かせない。ビジネスパーソンの「共感力」を高める方法を考えてみた。

個人にとっても、組織にとっても、自己を変えていくために大切なのは、現実とその延長線上にある将来を「可視化」するということである。[2004.9.13:57「『上司力』錬成道場」『プレジデント』]

チャンスや課題を発見できずして、「デキる人」とはなり得ない。顧客や競合相手、自分自身の行動や意識を客観的にみつめ、効率アップや成績向上への突破口を常に探すべし。(中略)観察眼を磨き、想像力を豊かにし、「見抜く技術」を体得すれば、リンゴが落ちるのを見て万有引力に気づくように、社内外にとどろく偉業達成も夢ではない。[2006.1.17:18「あなたの潜在能力を開花させる『見抜く技術』」『アソシエ』]

ビジネス誌の「力」特集において注目すべきなのは、就職用自己分析マニュアルや『an・an』とは異なり、「自己の自己との関係」へのまなざしが、ビジネス環境全体にも同様に指し向けられている点である(そもそも「力」語は個人にのみ適用されるものではない)。より具体的にはそれは、ビジネスの場面で出会うさまざまな他者(部下や顧客、交渉相手)[12]であり、また自らや組織が直面するさまざまな問題である――現在行っている仕事、そこに潜在する問題、スケジューリング、現場の細かい異変、自社の強み、うまくいかない会議、顧客のニーズ、組織の将来的展望、業界の既成概念・盲点、状況や時代の変化、等々。引用記事にあるように、「個人にとっても、組織にとっても」、自らを可視化し、変革させ、その能力を高め、引き出すことが等しく重要だとして、自己へのまなざしと他者、ビジネス環境へのまなざしは地続きのものとして語られるのである。

さらにこのようなとき、（3）で述べたような形式的なハウ・トゥがしばしば伴われることになる。たとえば、発想法の事例として引用した「仕事が一〇倍うまくいく『問題解決力』を鍛えよう」［2002.8:19–23『THE21』］では、「ロジックツリー」「PPM分析」「SWOT分析」「ビジネス・ヒエラルキー分析」「コア・コンピタンス分析」「ビジネスシステム分析」「カスタマー・シナリオ分析」といった、組織の現状を分析するマニュアル的手法が掲載されている（これらはコンサルティングの手法である）(13)。こうした形式的ハウ・トゥは他にも多くの例を挙げることができるが(14)、これらの技法もまた、そのまま踏襲することでは個々の現場に対応することは難しいものである。そのためここでも、多様な技法の自己選択・自己コントロールを行うことでしか、読者が雑誌を購読した対価を得ることはできないのである。

ここまでの議論を整理しておこう。「力」特集にみられた、自己モニタリングと自己コントロール、自己への積極的働きかけ、潜在的資質の最大化、思考・発想・表現についての多様な技法の自己選択・自己コントロール、ビジネスに関する限りでの「日常生活の『自己のテクノロジー』化」といった志向は、ビジネス誌においても、その読者の内面を何らかの手続きによって取り扱い可能とするまなざしが定着していることを示すものといえる（内面の技術対象化）。このうち、自己への積極的働きかけ、潜在的資質の最大化、多様な技法の自己選択・自己コントロール、「日常生活の『自己のテクノロジー』化」といった志向は、第四章における『an・an』と共通するような傾向である。だが、「本当の自分を探す」といった根底的な自己発見への志向は共有されてはおらず、また、創造的な思考・発想・表現技法の形式的習得による自己強化・向上志向、自己に対するまなざしとビジネス環境全般に対するまなざしの斉一性は他の資料ではみられないものであった。

さて、ここでは具体的な相違点を簡潔に確認するだけに留めておこう。各メディアの傾向の総括と考察は終章で行うこととし、その前に、ビジネス誌という資料の特性についてもう少し分析を積み重ねておきたい。

4 「力」をめぐる権能の偏在・流動

（1）諸能力の体現者と定義者——自己をめぐる権能の偏在について

「力」特集には、特集に寄稿するライター、インタビューを受けて発言する会社経営者や会社員、専門家といったさまざまな人物が登場する。彼らはさまざまな能力の体現者として、あるいはさまざまな能力を新造し、定義し、序列づける者として読み手の前に現れる。このような体現者、定義者が特集記事全体の基調を作るときもあり、また彼らの権威づけなしには「力」特集は成立しないという意味で、記事登場者は「力」特集における重要な構成要素だといえる。

ただここで注意したいのは、能力の体現者、定義者として現れる人々が「力」特集、ひいては「力」をめぐる表現に関して絶対的な影響力をもっているという単純な理解はできないということである。なぜならここには第四章でも言及したように、雑誌の作り手によって記事登場者が選ばれるプロセスが差し挟まれるからである。『THE21』の編集者によれば、企画を出した編集者がそのテーマにふさわしい取材対象者を選定し（テーマを考案した時点である程度人選のイメージができている場合も多いと

図表 5-4　記事に登場した人物の職業

肩書	回数	プレジデント	THE21	アソシエ
会社社長・会長・役員	217(29%)	129(34%)	28(25%)	60(22%)
会社員	186(24%)	71(19%)	29(26%)	86(32%)
ライター・ジャーナリスト	63(8%)	49(13%)	6(5%)	8(3%)
心理学者・精神科医・医師	48(6%)	24(6%)	7(6%)	17(6%)
コンサルタント・マーケター	43(6%)	9(2%)	15(13%)	19(7%)
経営・経済研究者／評論家	26(3%)	15(4%)	6(5%)	5(2%)
脳科学者	23(3%)	10(3%)	1(1%)	12(4%)
芸能・マスコミ関係者	23(3%)	6(2%)	3(3%)	14(5%)
作家・小説家	21(3%)	12(3%)	4(4%)	5(2%)
教育学者・教育者	13(2%)	6(2%)	4(4%)	3(1%)
その他（政治家、弁護士、スポーツ選手、理系研究者等）	97(13%)	45(12%)	10(9%)	42(15%)
計	760	376	113	271

いう）、編集長を説得し、了解をもらうというプロセスにしたがって取材対象が決定されるという。そのため、これも第四章で触れたことだが、以下に示す知見は単純に「力」をめぐる表現を支配しているのは誰かという議論ではなく、今日必要とされるビジネス能力をめぐって、その取材対象「として」ふさわしいとされる社会的位置づけ、すなわち権威ある「主体位置」に想定・配分されているのは誰なのか、という観点から捉えられるべきだと考える。こうした点を踏まえたうえで、以下では「力」特集における諸能力の体現者および定義者に注目し、諸能力をめぐる、またそれらの啓発を通して求められる自己のあり方をめぐる権能の所在についてみていくこととしたい。

五一の特集においては延べ七六〇人の人物が登場する。[15] 図表5-4はその七六〇人の登場人物を、その職業ごとに整理したものである（ここでいう「登場」とは、記事本文だけでなく、記事本文以外の場所に「名前およびプロフィール」あるいは「名前および顔写真」が掲載された場合をカウントしている）。『THE21』の編集者は、取材対象者を選ぶ際は、基本的には「ある程度の知名度がある人、もしくは知名度がある組織や商品にかかわる人」が中心になると述べている。そうした人々を集計したといえる図表5-4では、記事に登場する人物の職業は、「会社社長・会長・役員」すなわち会社経営者層と「会社員」（非正規雇用者は一人もいない）で全体の五三・〇％（四〇三人）を占めている。[16]彼らはほぼ一様に、特定の能力を体現するような技法あるいは成功談の持ち主として記事に登場する。ここから、「力」特集において、さまざまな「力」を体現する者として置かれているのは、読者と同じレベルに立つロールモデルといえる、会社員および会社経営者だということがまずいえるだろう。

しかしこのことは当然すぎる結果だともいえる。そこで図表5-4の結果を違う観点から捉え直してみたい。図表5-4の上位を占めた「会社社長・会長・役員」および「会社員」の所属する会社の業種について、日本標準産業分類における「産業大分類」をもとに分類し、集計したものが図表5-5である。

図表5-5では「製造業（主に自動車、電気製品メーカー）」が最上位である。だが、図表5-4と図表5-5の集計結果を合わせると、業種として最も多いのは、「コンサルティング・マーケティング・人材派遣」を専門とする人々（図表5-4では四三回、図表5-5では八一回、合わせて一二四回登場し、全体の一六・三％を占めている）である。二〇〇五年の国勢調査において就業人口が最も多い産業大分類カテゴリーは卸売・小売業（就業者全体の一八・一％）だが、今日のビジネス誌における記事への登場頻度は、就業者数が全体の一七・一％で第二位の製造業（特にその一部）と、同じく国勢調査で「就

図表 5-5 「会社社長・会長・役員」および「会社員」の業種内訳

業種	回数	プレジデント	THE21	アソシエ
製造業	98(24%)	50(25%)	13(23%)	35(24%)
コンサルティング・マーケティング・人材派遣	81(20%)	30(15%)	16(28%)	35(24%)
卸売・小売	34(8%)	14(7%)	1(2%)	19(13%)
情報通信業	31(8%)	19(10%)	3(5%)	9(6%)
食品	30(7%)	15(8%)	6(11%)	9(6%)
金融	28(7%)	24(12%)	1(2%)	3(1%)
飲食店・宿泊業	15(4%)	5(3%)	2(4%)	8(5%)
商社	12(3%)	8(4%)	0(0%)	4(3%)
その他（医療・福祉、広告、運輸、保険など）	74(18%)	35(18%)	15(26%)	24(16%)
計	403	200	57	146

業者数の増加率が大きい産業小分類」に関連する業態（「労働者派遣業」など）を含むコンサルティング・マーケティング・人材派遣の二業種が突出している。つまり、戦後日本の成長を支え続けてきた「ものを作る」業種、すなわち製造業と、近年の市場規模の拡大が著しい、労働者や企業を「診断・調査・支援する」ことに関わるコンサルティング・マーケティング・人材派遣業が、今日のビジネス誌における取材対象として特にふさわしいと想定されていると考えることができる（しかし、占有率は圧倒的ではない）。また、後者のほとんどを占めているのはコンサルタントだが、第二章から第四章で扱った資料のいずれにもコンサルタントが「権能複合体」の一角を占めていたことを思い出してほしい。「心理学者・精神科医・医師」などもこのことは同様である。これらから、今日における自己をめぐる権能は、自己啓発メディアのジャンルを越えて、一定の傾向をもって偏在しているということが改めていえるだろう。

（2）今日におけるビジネス能力を定義し、啓発する人物とは誰か？

ここで、さらに異なる観点から「力」特集における権能の偏在について考えてみたい。それは先に述べた、さまざまな「力」に言及し、定義し、新造し、序列づけるのは誰か、という観点である。三誌では、合わせて一三九二回「力」語が登場すると先述した。この一三九二回使用される「力」語を自ら発言した者は、延べ七六〇人の記事登場者のうち一五七人と、かなり限られている（七六〇人のうち二〇・七%）。この一五七人の発言回数は五六〇回（一三九二回のうち四〇・二%）であり、それ以外の八三二回は記事の見出しや紹介文、あるいは「地の文」（会話・発言の抜粋ではない、説明・叙述部分）など、記事中に名前の登場しない無署名のライターや雑誌編集者によって書かれたものである。発言者を特定できるこの五六〇回の「力」語の発言を、業種別に整理したものが図表5-6である。

図表5-6をみて明らかなように、会社社長（および会長・役員）と会社員（「コンサルタント・マーケティング・人材派遣」の業種を除く）の発言回数は合わせて七一回（五六〇回のうち一二・七%。発言者は延べ三一人）と、その記事登場者数の総数（三二一人）に比して必ずしも多いとはいえない。一方、「コンサルタント（およびマーケター・人材派遣業従事者）」「脳科学者」「ライター（およびジャーナリスト）」「心理学者・精神科医（および医師）」「教育関係」といった職業に従事する人物からの発言が、その記事登場者数の総数に比して多いことがわかる。記事中に名前が登場しない八三二回の「力」語の発言者といえる無署名のライターや雑誌編集者と合わせて考えるならば、これらの職業集団が「力」語の新造に深く関わっているといえそうである。

ただ、繰り返しになるが、「力」語の新造をすべてこうした職業集団の意図へと還元することは難

図表 5-6 「力」語の業種別発言回数

業種	コンサルタント	脳科学者	会社社長会社員	ライター	心理学者精神科医	その他専門家	教育関係	その他	計
記事登場人数	124	23	322	63	39	38	13	138	760
「力」語発言者の延べ人数	30	12	32	19	16	15	7	26	157
発言回数	110	94	71	61	59	47	44	74	560
発言回数全体に占める割合	19.6%	16.8%	12.7%	10.9%	10.5%	8.4%	7.9%	13.1%	100.0%

注：「経営者・会社員」は「コンサルタント・マーケティング・人材派遣」の業種を除く。

しいと筆者は考える。ここで再び、メディア制作のプロセスに立ち返ってみたい。『THE21』の編集者によれば、「ビジネスノウハウ」を扱う同誌では、「昨今の日本経済の不調」の中、「読者が話を聞きたいと思うような経営者が限られて」くるようになったという。そのため、会社経営者ではないものの、「ある程度の知名度がある人、もしくは知名度がある組織や商品に関わる人」が求められることになり、「さまざまな業界・仕事に通用する思考法や仕事術に長けている」コンサルタントやマーケター、「その研究が仕事の場面にも大きく関わる」心理学者や脳科学者などの専門家に取材することが多くなりつつあるのだという。経済の動向をモニタリングして、また読者の反応に合わせてつねに軌道修正を行っている雑誌編集者が、こうした認識のもとに取材対象を少しずつ変化させる中で、コンサルタントやマーケター、心理学者や脳科学者などの専門家が第2節で述べた「『これを読むことでどんな力が身につくのか』『何に役立つのか』をすぐに理解してもらうための表現として」の「力」語を次々と新造し、編集者の期待に十全に応える（そのような状況ではむしろ、キャッチーな「力」語を新造することが、編集者の期待に最もよく応えることになり、いい仕事をしたということになる）。このような、メディア制作プロセスにおける編集者と特定の職業集団との相補的関係の中で、「力」特集は循環し、「力」語は新造されているという知見を、第2節の補足的事項として追加できるだろう。

このようなとき、雑誌編集者という「文化媒介者」(Bourdieu 1979＝1990：111)の果たす役割はかなり大きいといえる。だが、編集者の意図にすべてを還元することも難しいと考えられる。その理由の第一点は、第2節で述べたように、ビジネス誌では各メディアにおける動向を持ち寄って合議する編集会議のプロセスを通して企画が決定されるため、「力」特集は既にある「力」をめぐる表現の広がりを再帰的にとりいれるプロセスとして生まれていることにある。第二点は、編集者は読者の反応についてもまた再帰的にとりいれながら、雑誌の路線の微調整を繰り返していると考えられるためである。これらの点で、記事登場者や雑誌編集者の(個人あるいは集団的)意図に事態を還元することは事態を平板化してしまうことになる。かといって今度は、編集者がモニタリングするベストセラーや経済の動向(社会的世界)、あるいは読者の反応にすべてを還元することも難しいだろう。編集者、記事登場者、読者というアクターや社会的世界の動向は雑誌制作、流通などのプロセスそれぞれにおいて絡み合って、文化的表象体の発現に影響を及ぼしていると考えなければならない。本書の立場から注目すべきなのは、こうした相互に影響しあうプロセスの中で生み出される、望ましい能力および自己のあり方であり、またそれらを体現し、定義することのできる主体位置の分散の様態なのである。

(3) 自己啓発をめぐる権能の流動について——過去の『プレジデント』との比較

ここで、ビジネス誌についても、記事登場者が時期ごとに異なるかどうかを検討してみたい。三誌のビジネス誌のうち、二〇〇二年創刊の『アソシエ』の追跡は不可能であり、また『THE21』が個人的能力の啓発に舵を切るのは一九九〇年代終盤以降であるため、本章では二誌よりも長い間、ビジネスマンに求められる資質についてとりあげてきた『プレジデント』を素材として過去の記事登場者を調べていく。

『プレジデント』は一九六三年に創刊されているが、本章で分析の素材としたような特集記事が毎号掲載されるようになったのは一九七〇年代以降である。また、『プレジデント』編集部の記者が記事を執筆することが圧倒的に多かった創刊以来の方針を刷新し、さまざまな職業の人々が記事を寄稿するスタイルとなったのは一九七七年一月からである。そこで本章では一九七七年以後の巻頭特集記事を対象として、その「記事執筆者(17)」を集計し、図表5-4、5-5、5-6における知見との比較対象としたい。なお、『an・an』では一九八〇年代以後の特集記事を網羅的に調査したが、雑誌メディアにおける記事登場者の「流動」が起こることは既にその際に確認済であると考え、ここでは一九七七年から五年ごとの間隔をとって、各年の巻頭特集の記事執筆者の集計を行っていく。その集計結果が図表5-7である。

一見して、二〇〇〇年代の「力」特集とは大きく傾向が異なることがわかるだろう。一九七七年から五年ごとに、各年の特集記事の執筆者を集計すると、最も多いのは「作家・小説家」(一八一人、三一・六%)である。ついで多いのは「ライター」(およびジャーナリスト)」(九五人、一六・六%)、そしてその次は歴史学者、文学者、哲学者、仏教学者が含まれる「人文系研究者」(九四人、一六・四%)である。二〇〇〇年代の「力」特集において「作家・小説家」は二〇人(二・六%)、「人文系研究者」

図表 5-7 『プレジデント』の過去の記事執筆者

		作家 小説家	ライター	人文系 研究者	経営・経 済専門家	会社社長 会長役員	評論家	僧侶	その他	計
1977	（人数）	8	7	5	15	4	5	0	22	66
	（%）	12%	11%	8%	23%	6%	8%	0%	33%	100%
1982	（人数）	52	28	38	11	3	16	1	6	155
	（%）	34%	18%	25%	7%	2%	10%	1%	4%	100%
1987	（人数）	17	22	5	12	22	1	0	9	88
	（%）	19%	25%	6%	14%	25%	1%	0%	10%	100%
1992	（人数）	64	6	34	2	1	5	13	5	130
	（%）	49%	5%	26%	2%	1%	4%	10%	4%	100%
1997	（人数）	40	32	12	7	14	7	0	22	134
	（%）	30%	24%	9%	5%	10%	5%	0%	16%	100%
計	（人数）	181	95	94	47	44	34	14	64	573
	（%）	32%	17%	16%	8%	8%	6%	2%	11%	100%

は六人（〇・八％）しか登場していないことを考えると、これらは大きな違いだといえる。一方、「力」特集において最も多く登場する「会社社長・会長・役員」は五ヵ年の間に四四人（七・七％）しか登場しておらず、その他に「力」特集に多く登場していた「コンサルタント・マーケター」は過去の特集においては六人（一・〇％）、「心理学者・精神科医・医師」は五人（〇・九％）、「脳科学者」に至っては一人も登場しない。このように、『プレジデント』の二〇〇〇年のリニューアル以前における、ビジネスマンの資質を語りうる権能は、大きく異なっていたのである。

　権能の「流動」を理解する補助線として、各年の傾向について、簡潔に触れておくことにしよう。一九七七年は石油危機以後の不況下という状況認識のもと、経済、経営、政治、人材といった特集テーマが多く組まれた時期であり、そのため経営・経済専門家がその登場頻度を高めている。一九八二年は、「大石内蔵助　人心収攬術の研究」「孔子の人間学　平凡人活性術の研究」等、歴史上の人物に範をとった人材論が多く組まれた時期であり、記事執筆者の約六割が「作家・小説家」（主に歴史作家家・歴史小説家）と「人文系研究者」によって占められていた。一九八七年はのちに「バブル景気」といわれる好況の中で、「いま『株』で勝つための一二の視点」「邸永漢『利殖のトレンド』を読む」といった、いわゆる「財テク」がもてはやされ、銀行や証券会社の役員が買うべき株の銘柄や今後の景気動向の楽観的予測を提示していた時期であった。一九九二年、「バブル崩壊」が叫ばれ出す頃になると、伝統回帰なのか現実逃避なのかは定かではないが、「空海　自然とともに生きる心」「いま男たちは『老荘』を読む」といった、歴史上の人物や仏教に関連する特集が非常に多くなり、「作家・小説家」「人文系研究者」が記事執筆者の四分の三を占めるまでになる。一九九七年は、東洋哲学・仏教関連の特集もあれば、「スピード経営時代の『最強のミドル』」といった不況期における自己変革を促す特集、渡辺淳一のベストセラー『失楽園』（1997）に直接的な影響を受けた「恋愛に定年なしⅡ　男たちよ、恋をしよう！」といった（かなり悪趣味な）特集、「『自分』を休もう」といったビジネスから距離を置こうとする特集等、その方向性が多岐にわたるようになっている。この時期の記事登場者は「作家・小説家」が依然として多いが、「ライター・ジャーナリスト」「会社社長・会長・役員」「経営・経済専門家」などがそれぞれ登場し、特定の職業集団による寡占状態は解消されている。

これらから、各時期の特集の傾向に歩調を合わせて、記事執筆者の傾向も大きく変化していることを改めて確認することができる。というより、時期によってここまで大きく傾向が変化することについては、やはり編集サイドの影響力を考慮しないわけにはいかないだろう。だが前章でも述べたように、本書の立場からより注目したいのは、メディア制作プロセスの内実を踏まえながらも、記事に多く関わり、雑誌の特集テーマについて語る権能を有している者「として」社会的な表出を行いうるのは誰なのか、能力や自己をめぐる権能を保持する主体位置を占めているのは誰なのか、ということである。そして本章の分析から確認しておきたいのは、権能保有者は特定の人物・集団の占有ではなく「複合体」という観点から捉える方がやはり適切であるということ、またその構成メンバーは、再帰的なプロセスによって変化する各メディアの路線調整による流動と、そこにつねにある偏在性という観点から考えられなければならないということである。

(4)「力」特集と「男らしさ」「女らしさ」――『日経ウーマン』との比較

最後に、さらに異なった観点から三誌の特性について考えてみたい。ビジネス誌というジャンルは主に男性を対象とするメディアだが、女性に特化したビジネス関連メディアも一部存在する。本章ではその中でも最も発行部数が多い『日経ウーマン』[18]におけるビジネス能力特集を素材として、ここまで扱ってきた三誌の特性について、さらに複眼的に考えてみることにしたい。

『日経ウーマン』においても、二〇〇〇年代に幾度か、今日求められる能力の啓発に関する記事が掲載されている。特集・小特集に限ると七件のみとなるが、興味深いのはここで扱われる「力」語の傾向である。同誌では四七種類の「力」語が延べ二七二回登場するが、最も多く掲載されたのは「稼ぐ力」(四八回)、次が「決断力」(三三回)、以下「出会う力」(三二回)、「つなぐ力」(二七回)、「直観力」(一四回)、「コミュニケーション力」(一〇回)と続いている。三誌のビジネス誌で頻繁に掲載されていた「説得力」「集中力」という「力」語はそれぞれ一度ずつしか登場していない。このように、まず掲載傾向において大きな違いがみられる。

「力」語の用途にも大きな違いがある。たとえば「人生をプラスに変える決断力を身につけたい！二〇代の決断、三〇代の決断」［2006.12 : 24-61］において扱われる「決断力」とは、ビジネスに関連した場面におけるものではなく、「就職、転職、結婚、出産…。人生を大きく左右する決断を次々と迫られる二〇代、三〇代。ターニングポイントで後悔しない選択をするために、一度しかない人生をより豊かにするために身につけておくべき『決断力』について考えてみました」とあるような、女性の「生き方」に関するものである。また、登場数が最も多い「稼ぐ力」が目指すのは、転職と副業を通した「稼ぐ力」の向上であり、「出会う力」という表現が用いられる文脈は、「自分が輝けるキャリアを作るための人脈」の形成法、「一緒に仕事をしたいと思われるビジネスマナー」とメール・ツイッター術、「第一印象をアップする」着こなしと話し方、「出会い力を上げるモテカレンダー」等、非常に多岐にわたっている［2010.4 : 20-55「出会う力&つなげる技術！」］。このように、それぞれの「力」語の用途は、ビジネスにおける成功とそのための自己強化をひたすらに目指す三誌とは大きく異なっていることがわかる。

『日経ウーマン』が扱う仕事や生き方に関するアドバイスを提供し、また諸能力のモデルケースとしてインタビューを受ける記事登場者も、三誌とは大きく異なるものである。最も多いのは三誌と同様にコンサルタント（一二七人の登場者のうち四六人、三六・二％を占める）であるものの、そこでは企業コンサルタントではなく、マナー、イメージ、キャリアに関するコンサルタントが多数を占めている。一方、会社員あるいは会社社長は三〇人（二三・六％）と、三誌に比べてかなり少ない（うち二〇人が女性であり、派遣・契約社員も六人含まれている）。また女優、タレント、アナウンサーといった「芸能人」（同誌の表紙を飾るのはほとんどが女優・タレントである）、脚本家、シナリオライターといった「文筆業」もしばしば登場しており、同誌の記事登場者の構成は、三誌よりもむしろ『an・an』に近い。

『日経ウーマン』の傾向を概観することでみえてくるのは、三誌のビジネス誌の「力」特集が埋め込まれている文脈の特異性である。「仕事に没入し、全身全霊を捧げるべしという価値観が疑われることのない前提」が未だにほぼ揺らぐことのない三誌に対し、仕事を含めた生き方全般が扱われる『日経ウーマン』。精神強化・自己管理への強い志向を有する三誌と、転職や副業による「稼ぐ力」、あるいは転職や結婚、出産を「決断する力」といった、女性の今日的な、かつ現実的な生き方の問題を扱う『日経ウーマン』。会社員・会社経営者や企業コンサルタントの成功談やハウ・トゥに導かれる三誌と、対人関係のコンサルタントや芸能人をロールモデルとする『日経ウーマン』。これらを踏まえて、「力」特集とは、能力の獲得支援・啓発を行う一方で、その根底において性別役割分業観を根底におく「男らしさ」あるいは「女らしさ」の再生産に関係していると解釈することは可能だろう。だが、『an・an』の場合と同様に、そのこと自体はおそらくわかりきったことでしかない。再生産という論点に関しては、終章で本書なりの立場を示すこととして、ここでは、第四章で言及したのと同様に、自己啓発メディアが駆動する際に何らかの基底的参照項（ジェンダーはそこでの重要な一事項である）がやはり伴われているということを確認しておこう。

5　今日的通俗道徳のダイナミズム

ここまで、男性向けビジネス誌三誌と、補助的資料として女性向けビジネス関連雑誌『日経ウーマン』を対象として分析を行ってきた。各節の内容を振り返ることはしないが、本章の分析からいえることは、一見して一過性の流行表現にみえるようなムーブメントの中に、今日的な能力観（第2節）、求められる自己のあり方（第3節。その要点は図表5-8のように整理できる）、それらを司る権能とジェンダーをはじめとする価値観（第4節）がそれぞれ埋め込まれており、個々の「力」をめぐる表現が繰り返される中で、それらが日々活性化・再構造化されているということである。

ところで、さまざまな能力の体現者・定義者として登場し、自己啓発のあり方を導く記事登場者たちについては、その権能をめぐるある限界があると筆者は考えている。それは、特に諸能力の体現者として登場する、あるいは紹介される「会社社長・会長・役員」「会社員」の多くが、その「成功物語」をもって登場するという、記事登場形式に関係するものである。

たとえば、「あなたの弱点は魅力に変わる」[2007.3.6：18-52『アソシエ』]では、さまざまなビジネスマンにこれまでのキャリアを総括してもらい、苦しいときをいかに乗り越えたかという観点から、各人のライフストーリーが語られている。より具体的には、各人が過去に抱いていた弱みやコンプレックスが強みや魅力に転換され、現在の成功へと至る物語が語られているのだが、これらの記事には、その時点で自らの会社やプロジェクトが苦境に立たされている、あるいは苦闘の最中にいるよう

図表5-8　三誌のビジネス誌における「自分自身を構成する流儀」

倫理的素材	ビジネスに関連する感情・思考・行動
様式	（事後的解釈による）成功者の行動踏襲 コンサルタントや心理学者、脳科学者の専門知識
倫理的技法	自己モニタリングと自己コントロールによる「力」語の新造 思考・発想・表現・コミュニケーションの諸形式の再専有
目的論	ビジネスにおける成功 自己・他者・ビジネス環境全体に対するモニタリング、コントロール、潜在的資質の最大化

な人物は一人も登場しない。また、その時点では好調だったとしても、それ以後に物語が下降線をたどる可能性、あるいはビジネスにおける失敗を犯すかもしれないという物語が語られることはない。だが実際のところ、この特集記事に登場したある会社社長はその数ヵ月後に不祥事で社長を退任している。それ以外にも、称揚された企業の経営が後に破綻する、称賛されたプロジェクトが後に苦境に立たされるというようなケースは、具体的な事例を紹介することは差し控えたいが珍しいことではない。その意味でも、記事登場の基準においては、現在（記事登場時）における成功が大きなウェイトを占めていると考えられる。つまり、その時点で成功しているとみなされた人物が、「弱みを強みに転換させた」「誰にも負けない努力をした」「あのときは成果が出なかったが自分らしく努力できた」「逆境をバネに成長できた」といった自らの成功物語を語り、諸能力の体現者として称揚される――それがビジネス誌における、能力体現者の登場形式なのである。

また、「強者たちの販売力」［2003.4：24-45『アソシエ』］では、「『断るセールス』でホンモノの信頼を勝ち取る」「『ノー』と言わない営業で顧客の心をつかむ」「徹底した目標管理で販売意欲をかき立てる」「顧客の無駄を調査し改善提案で契約獲得」といった成功のハウ・トゥが語られているが、これらは成功のための十分条件といえるだろうか。むしろ、「『断るセールス』でホンモノの信頼を勝ち取る」と「『ノー』と言わない営業で顧客の心をつかむ」が真逆のハウ・トゥであることからわかるように、これらはケース・バイ・ケースの問題であり、その「さじ加減」はブラックボックス、つまりあとは読み手による多様な技法の自己選択・自己コントロールに委ねられている。そしてこの「さじ加減」はブラックボックスにされたまま、やはり現在（記事登場時）における成功をもって、記事登場者は諸能力の体現者として、またそのハウ・トゥの体現者として称揚されているのである。

このことは、雑誌編集者の「落ち度」の問題というよりは、現在の成功へと収斂する物語をもって、つまり雑誌が制作される時点からそれ以前の出来事を事後的に成功物語として編集することで、諸能力の体現者を記事に登場させていくという、その形式上の限界の問題である（だが、それが最善の方法だろう。現在成功している話題の人物や企業を登場させなければ、雑誌の売り上げのために何をアピールできるというのか）。記事登場以後に失敗する可能性までを雑誌編集者に配慮せよと求めるのは、端的にいって不可能である。

もちろん、記事に登場した人物がそれ以後もビジネス上の成功を収め続けることは十分にありえる。また、仮に記事登場以後に何らかの失敗をしたとしても、ある一時点において、人々の耳目を集めるだけの業績を合法的手段によって打ち立てたのであれば、それは確かに偉業として称揚されてしかるべきことである。そもそも、（これはもはや学術的な議論ではないが）失敗の全くない人生などあるだろうか。これらの意味で、筆者はビジネスにおいて成功した人々を貶めるつもりは決してない。ここで喚起を促したいのは、第一に、記事登場以後における失敗のリスクがありながらも、記事登場時における成功、より精確にはその時点への成功物語の編集を根拠として、さまざまな人々が諸能力の体現者として語られるという記事登場形式、すなわち都合のいい解釈を事後的に行う「万能ロジック」（第二章第5節（2）で江原の著作に関して述べた二パターンの後者にあたる）によって、能力や自己啓発をめぐる権能が支えられているということの意味である。

第二は、そうした体現者たちが、第3節でみてきたような「自己の自己との関係」の望ましいあり方、あるいは「好きで、正しいと思えることをしているか」「本当にやりたい仕事か」「すべての強みを最大限に生かせるか」といった、個々人の労働に関して充たされるべき条件を語るのだが、これらのあり方や条件は、ビジネス上の成功における絶対的な必要条件とも十分条件とも考え難いということである［2009.6.2 : 40-49「必要とされ続ける人の見切る力」『アソシエ』］。こうした事項を充たさずとも成功する人はいるだろうし、逆に充たしても成功できない人はいるだろう。さらにこれらは、社会で働くすべての労働者（仮に雑誌のメイン読者である「エリート正社員」に限ったとしても）に実現する可能性があるとは考え難い事項であるだろう。だがそれにもかかわらず、記事登場時における成功者が、「本当にやりたい仕事か」等の、自己のあり方や働き方に関する、希少性が高いと思われる条件の充足をビジネスやキャリアにおける成功の必要あるいは十分条件として、あるいはあるべき姿として語り、またそれが正統化されてしまうというそのダイナミズムに喚起を促したいのである。

繰り返し述べるように、筆者は決して、ビジネスにおける成功者を貶めようとしているのではない。だが、その成功を語る形式には限界があり、それを知らなければ、「成功者たちは、道徳と経済の、そしてまたあらゆる人間的領域における優越者となり、敗者たちは、反対に、富や幸福において敗北するとともに道徳においても敗北してしまう」（安丸 1974:6-7）という、かつて安丸良夫が述べた「通俗道徳のワナ」が発動する可能性が、またそうした成功に必要とされる諸資本を有していないことで人々を「気後れ」させてしまうような「象徴的暴力」（Bourdieu 1982＝1993:46）が発動する可能性がつねに伏在していることを筆者は喚起したいのである。

さて、これで分析パートは終了である。終章では、各章における知見を整理し、各検討課題および今日における「自己の体制」についての総括的な知見を提出したい。

注

（1）竹内洋（2006:156）は本田の議論に対して、人格や情動が労働に求められるようになっているという議論は一九六〇年代からみられるものではないかという疑問を提出している。また、日本では以前から、場の空気を読む能力など、ポスト近代型能力に近しい能力が含まれてきたのではないかとも述べている。

（2）これは第4節（3）で詳述するように、時期ごとに傾向は異なるのだが。

（3）このような状況認識は、個々の特集記事においてもしばしばみることができる。たとえば、「あなたを救う究極の『交渉力』」［2002.12:24『アソシエ』］では、「終身雇用と年功序列の崩壊、人材の流動性の高まり、アウトソーシング（業務の外部委託）の進展」によって、「交渉による利害の調整がビジネスのあらゆる局面で要求されるようになって」おり、そのために「交渉力」が必要であるという状況認識が差し込まれている。

（4）ただ、「競争力」「商品力」といった企業についての表現にしか用いられなかった語、「原動力」「推進力」といった何らかの力動を表現する語、「尽力」「他力本願」「努力」といった熟語、単に「力」「能力」という場合は除外している。また、ページの上下にあるヘッダー、フッターに登場したものは除いている。
（5）筆者は大学院修士課程の学生一名と共同で、三〇六の「力」語をKJ法によって分類する作業を行った。
（6）筆者によるメールインタビュー。日時は二〇〇八年九月二二日から一〇月一日の間、複数回にわたって行われた。
（7）またこのことは、ブラウンや本田、そして本書を含む社会学的研究もまた、影響力の差はあれ、同様の社会的実践の一部であることを気づかせてくれる。
（8）「『メタ認知力』を鍛えて出来る男になる」[2000.9.18：50–55]「二倍稼ぐ男の『勉強力』」『プレジデント』]、「〝怖い〟あなたもみるみる変わる！」[2004.6.15：35「共感力を磨く」『アソシエ』]など。
（9）同記事では、「日記をつけて内省することを習慣にする」「自分用のチェックリストを持つ」「第三者の意見を聞く」「仮説→実行→検証のサイクルを習慣化する」といった技法が提示されている。
（10）他にもこの特集では、「深呼吸」「意識移動」「いいこと日記をつける」「ポジティブワードを繰り返す」「自分のノートで『なぜ』と繰り返し、思考のクセを発見する」「物事への意味づけを施す」「自己完全否定を避ける」「成功確率が五分五分のイメージを持つ」「思い込みによって自己と他者（交渉相手）双方に好影響を与える」「クチグセをポジティブな内容にする」「感情を伴うほど強く具体的にイメージする」「思考のクセはクチグセで変える」といった「自己の自己との関係」の組み直し技法が紹介されている。これらは『an・an』にも一部共通する技法である。
（11）こうした傾向は、独創的な発想を要求されるより若い世代が読者層の中核であるためか、『THE21』と『アソシエ』で特に強い。
（12）部下管理に関しては、しばしば「コーチング」の技法が登場する。コーチングについては、専門的な解説書が多く存在するので、それらを参照のこと。

(13) こうした「見える化」の象徴としてしばしば言及されるのが、トヨタ自動車における「カイゼン」と呼ばれる思考態度である。たとえば「トヨタ式『カイゼンの伝道師』はどこを見る？　工場もオフィスも『細部に注目』」［2006.1.17：22–23「あなたの潜在能力を開花させる　見抜く技術」『アソシエ』］という記事では、普通では気づかない細部まで目を光らせて無駄をなくすこと、「なぜ」という疑問を繰り返すことといった「カイゼン」の紹介を通して、組織における問題の可視化が促されている。

(14) たとえば交渉相手の説得に関するものとして、「相手に絶対『ＹＥＳ』といわせる心理法則一五」［2001.10：18–21「なぜか『説得力がある人』の仕事術」『THE21』］、「交渉相手に絶対『ＹＥＳ』と言わせるための七か条」［2002.12：36–37「あなたを救う　究極の『交渉力』」『アソシエ』］など。

(15) 登場したのは六七六人であるが、複数回登場した人物は六二人に過ぎない。また最も多く記事に登場した人物の登場回数は五回であり、その意味で「力」特集の記事には特定の中心人物はいないといえる。

(16) 「ビジネスパーソン四人が語る〝私流〟時間管理術」［2002.11：40–43「仕事が一〇倍はかどるタイムマネジメント力を鍛えよう」『THE21』］、「常識を覆した『ひらめき社員』列伝」［2003.11.17：106–111「考える力」『プレジデント』］など。

(17) ここで記事執筆者に注目するのは、『プレジデント』において、「執筆者ではないが記事内で紹介された人物」の「名前およびプロフィール」あるいは「名前および顔写真」が掲載されるスタイルが一九九〇年代後半以降にならないと定着しないことによる。そのため図表5–4と全く同様の観点から集計されたデータではないことを断っておきたい。

(18) メディア・リサーチ・センター『雑誌新聞総かたろぐ　二〇一一年度版』によると二〇一〇年の発行部数は一一万一四四六部である。その読者層は「会社員六八％、派遣八％、公務員四％、パート・アルバイト三％、自営業二％、その他一一％」と記載されている。また、その内容は「仕事に向上心を持って取り組み、プライベートでも充実した生活を送っている二〇～三〇代の女性を応援する情報誌。成功したスーパーウーマンの事例や、ビジネス・マネー情報、さらに働く女性に必要な新商品・サービス情報の検証など、いまを『上手に生きている』女性にアピールする」と紹介されている。

終　章　自己啓発メディアが創り出す「自己の体制」

1　内面の技術対象化

本書では、自己という対象について、その内在的・本質的特性やあるべき姿を探ろうとするのではなく、人々の自己へのまなざしが、社会に流通する、自己をめぐる知識・技法によって構築されるという観点から接近を試みてきた。特に、今日の社会において広く流通する自己啓発メディアに注目し、それらが促す「自己の自己との関係」とはどのようなものか、すなわち自己啓発メディアという「自己のテクノロジー」が創り出す、自己の可能かつ望ましいあり方（自己の体制）とはどのようなものであるか、検討を進めてきた。具体的には、自己啓発書ベストセラー（第二章）、大学生向けの就職用自己分析マニュアル（第三章）、女性向けライフスタイル誌『an・an』（第四章）、男性向けビジネス誌（第五章）を分析の素材としてきた。これらによって、自己啓発メディアの全容を解明したとまではもちろんいえないものの、代表的なメディアの検討を通して、各文脈において展開する自己啓発メディアの「世界観」と「教理」を、自己論という一つの断面から切り出すことができたのではないかと考えている。本章では、ここまでの分析を踏まえての総括および考察を行っていく。まず、第二章で示した三つの検討課題について総括を行い（第1節〜第3節）、今日における「自己の体制」の様態について考察する（第4節）。これらを踏まえて最後に、本書のような研究がいかなる「効用」をもたらすものなのか、筆者の考えを示す（第5節）。

まず、第一の検討課題である「一九九〇年代における内面の技術対象化は他の自己啓発メディアでも確認できるか」についてみていくこととしよう。この論点については、各章において既に明らかにされたことでもあるが、各メディアの動向を時系列に沿って並置すると図表終-1のようになる。本書で扱ったメディアは、部分的には重複しながらも斉一ではない読者層に対して、また異なった文脈において発信されているものである。だが図表終-1にあるように、各メディアにおいて、一九九〇年代から二〇〇〇年代にかけて、多少の時間的ばらつきはあるものの、自己という対象、特に一九九〇年代以前は不可視・不可触のものであったその内的世界を、何らかのかたちで技術的な働きかけの対象とみなそうとする志向が同じように浮上したのを観察することができる。自己啓発書ベストセラーにおいては『脳内革命』や海外自己啓発書、就職用自己分析マニュアルにおいては一九九〇年代以後の手続きの定型化、女性向けライフスタイル誌『an・an』においてはファッションや化粧を通し

図表終-1　各自己啓発メディアにおける動向の整理

年代	自己啓発書 ベストセラー	就職用自己分析 マニュアル	女性誌『an・an』	男性向け ビジネス誌
1950	哲学・文学・文芸評論的な自己の考察・探究	就職対策書における自己分析への散発的言及		
1960	ビジネス成功譚にもとづく心がまえの体得・踏襲	大きな変化なし		1963年『プレジデント』創刊
1970	仏教の心がまえの体得 生活設計・人生計画の構築と実行	大きな変化なし	1970年創刊 ファッションと旅を通した自己変革への誘い	『プレジデント』路線転換による資質論の言及開始
1980	伝統の再考	面接対策の文脈における言及（手続きは簡素、非定形的）	消費行動・余暇活動を通した自己変革への誘い	歴史・東洋思想への注目 バブル下での「財テク」志向へ
1990	精神的なものの見直し 霊的世界への関心 『脳内革命』ブーム（思考・生活習慣の改善による脳内ホルモンのコントロール） 海外ビジネス書経由での自己可視化・変革技法の登場	自己分析手続きの定型化 自己分析目的論の濃密化 エントリーシートとの節合（自己分析と自己表現の連続化）	生き方路線への転換開始 前半：心理テストへの注目増大、「心の専門家」の登場増加 後半：内的な自己認識・発見・変革技法の登場	再び歴史・東洋思想への回帰 長期不況下での模索
2000	思考現実化系諸法則の乱立 スピリチュアル・ブーム ビジネス向け行動・習慣形成技法の増殖（勝間和代ブームへ） 脳科学ブーム 女性向けの日常的啓発技法登場	傾向の持続好況期（2005～2007年）、金融不況期（2008年～）でも事態は大きく変わらず	内的な自己強化技法の頻出 自己変革・強化技法の際限なき増殖（多様な技法の自己コントロールが要請される状況の現出）	『プレジデント』再リニューアル 『THE21』路線転換 『アソシエ』創刊（2002年） 「力」や「技術」への注目

てではない内面の認識・変革・強化技法の掲載、ビジネス誌における各種能力の啓発志向、というようにである。

もちろん、その志向性は各文脈において完全に斉一であるというわけではない。図表終-2に整理したように、「自分自身を構成する流儀」のバリエーションは各文脈において異なる部分も少なくない。しかしながら、自らの内的特性あるいは本質的とみなされる諸要素――具体的には感情、潜在的能力、思考・行動習慣、脳内物質を対象とした（倫理的素材）、自らの認識、将来設計、管理、受容、肯定、変革、強化、表現、創造性向上をめぐる各種技法（倫理的作業）が掲載され、そうした「自己の自己との関係」の技術的調整それ自体が目指されるべきこととして、つまりそれ自体積極的な意味があり、望ましく、できる限り行うべき目標（目的論）として設定されている点は、各メディアの共通点として抽出することができるはずである。つまり近年の自己啓発メディアは、生き方、就職、ビジネス等の文脈にかかわらず、またどのような中核的読者層を有するかにかかわらず、内的世界への働きかけを、つまり「自己の自己との関係」の調整自体を自己目的化し、追求に値するものであるというメッセージを発信し続けてきたのである――あなた自身の手で「自分の本質」を探り出せ、あなたの「なりたい自分」になれ、それは必ずできるのだから、と。

ここまでの整理を踏まえて、今日流通する自己啓発メディアについて、本書の立場から改めてその特性を記述しておくことにしよう。これらのメディアは、自己に内包されると考えられた諸特性を対象化・問題化し、技術的に調整可能なものとして具現化し、その技術的調整自体を積極的な価値があり目指すべき、また目指さねばならない対象として自己目的化するというかたちで、自己をめぐる意

図表終-2　各自己啓発メディアにおける「自分自身を構成する流儀」

カテゴリー	自己啓発書ベストセラー	就職用自己分析マニュアル	女性誌『an・an』	男性向けビジネス誌
倫理的材料	①感情・「本当の自分」（認識されるべき自己） ②潜在的意識・能力（内的に強化・変革されるべき自己） ③思考・行動習慣（合理的に強化・変革されるべき自己） ④脳内物質（科学的に統御されるべき自己）	・自己の「核」「軸」「本質」（①） ・自らの「輝き」と自らを伝える「エピソード」	・外的なイメージ ・発見されるべき内的真実、「本当の自分」「ありのままの私」（①） ・変革・強化されるべき内面（②）	・ビジネスに関連する感情・思考・行動（②③④）
様式	①科学的原理に基づく自己認識、習慣変革、快楽の最大化 ②超越的存在・法則の受容とその効用の最大化 ③成功者・成功原理の自己適用 ④消費文化（同時代的ライフスタイル）への節合	・新規大卒採用市場の採用プロセスへ向けた調整 ・専門家が提供する知識・技法（①） ・成功者の模倣（③）	・専門家複合体による混成的な真理（①②③） ・芸能人をロールモデルとする「輝いた」生き方への接近（④）	・コンサルタントや心理学者、脳科学者の専門知識（②） ・成功者の行動踏襲（③）
倫理的作業	①自己認識法（内面の言語化、内面との対話） ②ビジョン設計法（未来の明確化、行動計画の立案実行） ③自己管理法（時間管理、環境の浄化） ④自己受容法（自分を赦し受け入れる） ⑤自己肯定法（プラス発想、イメージトレーニング、万物への感謝） ⑥自己変革法（生活全体の自己実践化、合理的仕事術の習得）	・過去の回顧、現在の分析、未来の想像、他己分析（①②） ・自己のキーワード化、エピソード化	・ファッション等の外的操作・余暇活動・消費行動 ・心理テスト（①） ・生活全体の自己実践化（①〜⑥）	・自己モニタリングと自己コントロールによる「力」語の新造（①②③⑤⑥） ・思考・発想・表現・コミュニケーションの諸形式の再専有
目的論	①健康（ストレスの低減・耐性向上、気分改善、心身充実） ②ビジネスにおける成功・能力向上（企業家的精神の獲得、変動する状況への適応、ビジネス能力の獲得、脳の強化） ③幸福（「輝いた」生き方、魂の向上・純化） ④自分自身（自己コントロール、積極的な生き方、「やりたいこと」の実現、自分を変える、なりたい自分になる）	・内定の獲得（②） ・自己理解の促進、「やりたいこと」の導出（④） ・働く意義の確定	・「輝いた」生き方、恋愛の成就（③） ・自己の認識・発見・受容・変革・強化・向上・治療・表現（④）	・ビジネスにおける成功（②） ・自己・他者・ビジネス環境全体に対するモニタリング、コントロール、潜在的資質の最大化（④）

味の網の目＝文化を活性化・再生産し続けてきたメディアである。そして、その活性化・再生産のサイクルにおいて重要な役割を果たすのが、こうしたメディアを熱心に、あるいは散発的に参照し、「自己のテクノロジー」を発動させる人々、すなわち「自己への配慮」に専心する読み手自身（私たち自身）なのである。

ここで、本書における知見と現代的自己論との関連について考えてみたい。第一章で述べたように、本書は、今日の社会を後期近代として捉える見解を包括的な理論枠組として採用している。ギデンズによれば、「脱埋め込み」の作用が徹底する後期近代において、人々は自らを振り返り、問い直し、再構成し続ける「再帰的プロジェクト」に従事しなければならなくなっているという。本書で扱った自己啓発メディアは、自己という対象を個々人が技術的に処理可能なものとして具現化することで、一方で自己認識の自明性を切り崩しつつ、その一方で自らの手による再確立を促し、自己という対象をめぐる「再帰的プロジェクト」化の加速に貢献してきたということができる。この点において、本書における知見は、「自己の再帰的プロジェクト」という概念について、それを促進する「技術性の上昇」という観点から具体的な実証を行ったものと定位することができるだろう（社会の「心理主義化」論に関しても、本書はそれを推進する技術性という観点から実証を行ったものということができる）[1]。

だが、後期近代論によって、自己啓発メディアの特性をすべて説明するのは困難だと考えられる。たとえば『an・an』において、内的な自己認識・変革・強化技法と各種消費行動が並置され続けていたのは、「自己のテクノロジー」がある種のファッションとしての消費可能性をまとっていたからだと考えるべきだろう。就職用自己分析マニュアルが一つの「サブ市場」を形成していること、またビジネス書やスピリチュアル関連書籍が収益性の高いジャンルとして注目されていることからも、[2] 自己啓発メディアはその高い消費可能性と切り離して考えることはできない。さらに受け手（消費者）の側にも、就職やビジネスに関しては特に、各メディアが扱う「自己のテクノロジー」という商品の購入と自らへの適用を通して、そのアスピレーション（就職や成功）を充たそうという者が多数存在すると考えられる。[3] これらの意味で、自己啓発メディアの特性を、後期近代というマクロな社会理論的枠組にすべて還元してしまうのは、分析結果を単純化・平板化させてしまうことになりかねない。自己啓発メディアの具体的な様態は消費文化、より精確にいえば自己をめぐる「文化秩序のなかでコード化された意味」の生産・流通・消費のダイナミズムとも深く関連するものである。というよりむしろ、そのダイナミズムのただなかから生成し、発展してきたと考えるべきなのである（そのプロセスは、これまでの分析において示してきたところである）。

2　自己啓発メディアの社会的機能

次に、第二の検討課題である「自己啓発メディアの社会的機能とは何か」について検討していくことにしよう。これに関連して第二章では、二〇〇〇年代の超越的法則論あるいはスピリチュアル関連書籍には、現実を単一の法則・原理・権威へと単純化するような、ある種強迫的な志向が見出せるということを指摘した。また、そうした強迫性を同じようにはみてとることができないものの、同時期において、労働環境や労働プロセスを単純化・合理化・効率化し、コントロールしようとする著作群

（仕事術・習慣術本）もまたみられた。第三章（就職用自己分析マニュアル）では、①不透明な新規大卒採用市場における行動・差異化基準の発信、②職業移行に対する個人的動機づけの支援・調整、③就職活動の個人的帰責根拠の提供、という三つの機能を析出し、第四章（『an・an』）では、先述したような内的な自己発見・変革・強化の自己目的化およびファッション化とともに、「ベタ」な「女らしさ」の再生産機能に言及した。そして第五章（ビジネス誌）では、流動的なビジネス環境で求められる資質の獲得支援とともに、やはり「男らしさ」「女らしさ」（後者は『日経ウーマン』に関して）の再生産機能に言及した。

こうした各メディアの機能を総括するならば、概して二つの方向性に整理できると考えられる。第一は、人々の生をめぐる諸文脈において目指されるべき目標の設定機能である。つまり、包括的な生のあり方、就職活動の進め方、今日における女性の生き方、男性あるいは女性の働き方等について、ときに読者がおかれている状況（しばしばそれは「かつて」と異なり、寄る辺のない、非常に不安定なものとして語られる）から説き起こしつつ、目指すべき目標を、個々人の内面（より雑駁にいえば「心」）の問題、特にその技術的調整の問題として設定する機能である。このことはそれほど驚くにあたらないものだろう。先に言及した後期近代論からすれば、自己啓発メディアは、後期近代という諸規範が揺らぐ状況において、人々の生を導き、支援し、不安を鎮める「処方箋」「現代人のマントラ」になっていると考えられるからだ（その焦点が「自己の自己との関係」に、特に内面の技術的調整におかれているという点は、第1節で述べたとおり特筆すべき点ではあるのだが）。

より重要なのは、第一の機能を踏まえたうえで、後期近代論とのずれが発生するといえる、第二の機能について考えることである。それは第四章から述べていることで、それぞれの文脈における諸前提——たとえば超越的法則、霊的世界観、就職市場の現状、「女らしさ」「男らしさ」——を、根本的には問い直すことなく再生産する機能である。つまり、諸文脈における目標に向けて、「自己の自己との関係」の技術的調整が促されるものの、その調整における前提、つまり超越的法則の正しさ、就職市場に適応すること、恋愛を至高のものとするような「女らしさ」、「仕事に没入し、全身全霊を捧げるべし」という「男らしさ」等は疑われることのないものとしておかれているのである。

このような第二の機能に関しては、やはり第四章で述べたように、自己啓発メディアとは後期近代論が主張するような「自己の再帰的プロジェクト」を純粋な形態で促すものではなく、むしろ諸文脈における基底的参照項、いわば「再帰性の打ち止まり地点」を示すことで、庇護された「自分探し」「自分磨き」を、水路づけられた「自己の自己との関係」の調整を促すメディアだったのだという解釈を施すことができる。「本当の自分」を根底的に探し求めるかどうかといった技術的調整の様態も、このような基底的参照項によって枠づけられていると考えられる。そしてここに介在するのが、自己をめぐる再帰性を打ち止め、不安を鎮めてくれる諸権威である（第3節で後述）。つまり、自己啓発メディアとは単に自己をめぐる問いを人々に突きつけ、「自己の再帰的プロジェクト」化を技術的に加速させるだけのメディアではなく、その技術的調整が行われるにあたっての基底的参照項（再帰性の打ち止まり地点、より具体的には「自分探し」や「自分磨き」を、あなたの場合ならここまですればいいよという「答え」）と、それを提供してくれる権威を差し込み、またそれらを自明化していくという両義的なメディアだと考えなければならないのである。

図表終-3　自己啓発メディアの志向性の分散

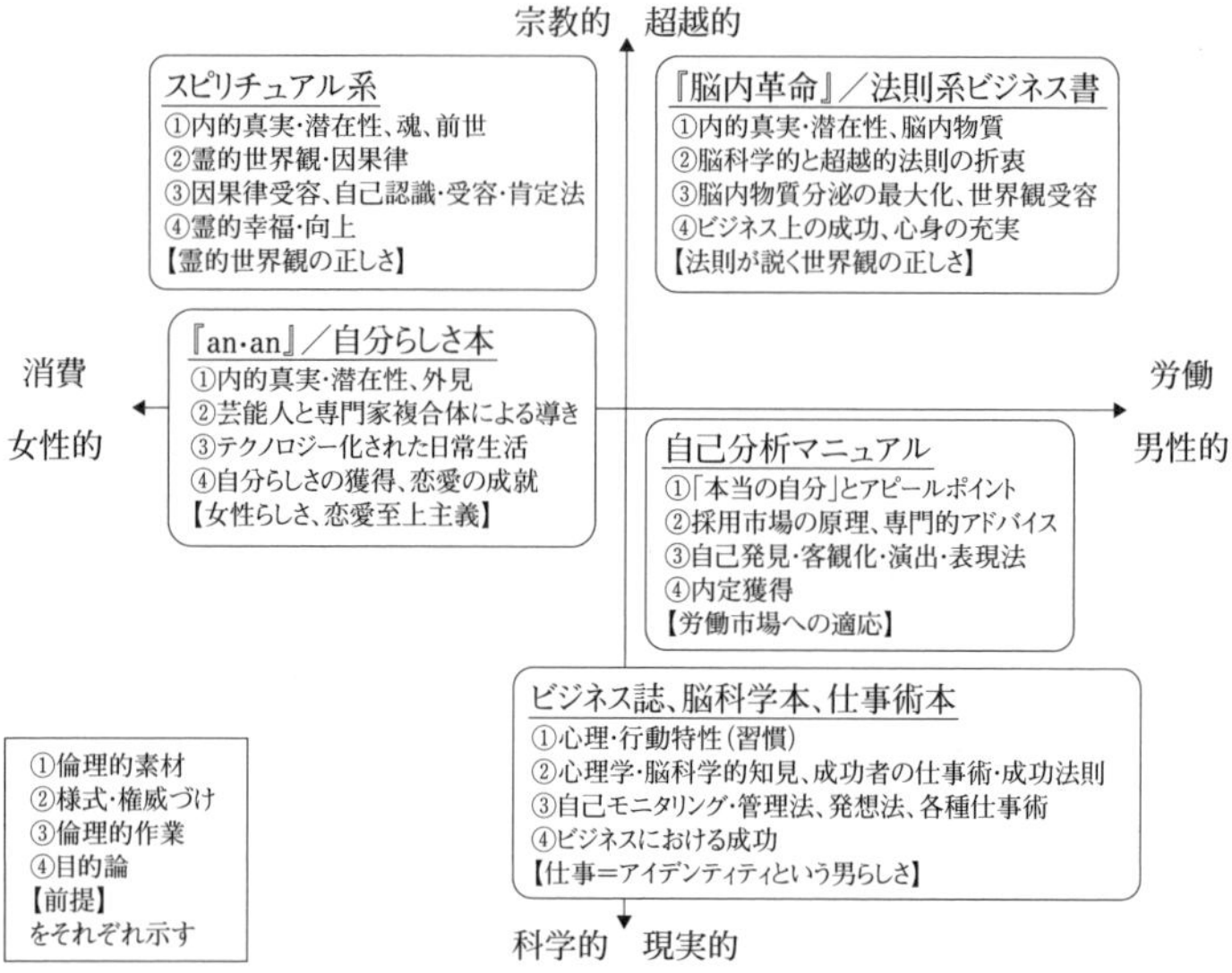

第二の機能に関してさらに考えておきたいのは、この基底的参照項が再生産される様態についてである。たとえば『an・an』が「ベタ」な「女らしさ」を再生産していること、これ自体は実に当たり前のことというしかないだろう。『an・an』に限らず各メディアは、それぞれ固有の市場と具体的な中核的読者層を有し、そうした人々のニーズを充たすために日々生産されているのだから、再生産の背景に分け入ることで得られる認識利得もそれほどないように思われる。ここで重要だと考えられるのは、各自己啓発メディアにおいて、「男らしさ」や「女らしさ」をはじめとするさまざまな価値観が「自己のテクノロジー」に埋め込まれていること、自分自身の考え方や生き方の技術的調整の周辺に埋め込まれていることである。つまり私たちは、各自己啓発メディアから提供される「自己のテクノロ

ジー」を、自分自身の問題の解決につながると思い自己適用するまさにその瞬間に、さまざまな社会的変数の分散をさらに再生産することに貢献してしまうのではないか、ということである（たとえば、ビジネス上の問題を解決しようとして、その解決方法が前提としている男性的で、労働中心で、科学志向の価値観をより自らにとって強固なものとしてしまう、というように）。

整理すると、自己啓発メディアとは、個々人の最も私秘的な領域ということもできる「自己の自己との関係」という経路を媒介として、図表終-3に整理できるような社会的変数[4]の分散を（再）生産していくことに関与するメディアとして定位できると考えられる。その意味で自己啓発メディアとは、自分自身だけを塗り替えていくようなテクノロジーではない。それは社会における自分自身の位置を（再）生産し、また社会における価値観の分散をも（再）生産していくようなテクノロジーでもあるのだと考えなければならないのである。

3　自己をめぐる権能について

第三の検討課題は「自己をめぐる権能の布置はどのようなものか」であった。各章でみてきたように、それぞれの自己啓発メディアは、特定の人物・集団によってそれぞれ導かれていることが明らかになっている。その傾向は図表終-4のように整理することができる。

一九九〇年代以前については、自己啓発書ベストセラーとビジネス誌の傾向はやや重複するところがあるといえるかもしれない。作家や人文系研究者、経営評論家といった諸職業集団がその権能の中

図表終-4　各自己啓発メディアにおける権能保有者

自己啓発書 ベストセラー	1960年代まで：作家、思想家、文芸評論家、経営者、経営評論家 1970年代～1980年代：仏教関係者、歴史上の（再発掘された）偉人 1990年代以降：医者、心理学者、脳科学者、コンサルタント 2000年代：自己啓発を専門とする作家、霊能力者
就職用自己分析 マニュアル	就職コンサルタント、キャリアアドバイザー 心理学者、カウンセラー、人事担当者
女性誌『an・an』	全体的に：生き方のロールモデルとしての芸能人、文筆業 1980年代：業界人（ファッション産業関係者が中心） 1990年代：霊能力者（占い関連記事に限る） 2000年代：心の専門家（心理学者、医師、コンサルタント）
男性向けビジネス誌	1990年代以前：歴史小説作家、ライター、人文系研究者（文学者、哲学者、歴史学者、仏教学者）、経営評論家 2000年代：会社社長・会社員（製造業とコンサル業が主）、心理学者、精神科医、医師、脳科学者、コンサルタント、ライター

心にいるという傾向である。一方、一九九〇年代以降になると、各メディアにおいてその中心的職業集団に明らかな変化と重複がみられるようになる。すなわち、心理学者、精神科医、医師、脳科学者、コンサルタントといった、第四章で「心の専門家」として言及した諸職業集団の台頭と定着である。ただ、第四章で述べたように、『an・an』に最も多く登場するのは芸能人であり、また文筆業従事者や霊能力者との立場の競合を考えても、「心の専門家」の発言力が同誌上において圧倒的であるわけではない。ビジネス誌においても、会社社長や会社員が（業種はコンサルタントが多いのだが）最も多く登場する職業集団である。そのため筆者は第四章において、完全にアトランダムではないものの、かといって完全に独占的なものではない、一定の職業集団を緩やかな中心とする権能の「複合体」が、今日における自己をめぐる問いの発信と答えの提供をリードしているのではな

いかという解釈枠組を提出した。就職用自己分析マニュアルのように用途が限られるメディアにおいては、その権能は比較的集約的であるといえるかもしれない。だが、それも寡占状態にあるとまではいえないだろう。そのため、筆者が提出した諸職業集団による権能の「複合体」という解釈枠組は、各自己啓発メディアにおける自己をめぐる権能の偏在について包括的に解釈することができる有用な枠組だということができるはずである。

だが、「内面の技術対象化」を論じた後に、その具体的な志向性の分散を論じたのと同様に、権能の「複合体」というモデルの提出の後には、具体的にはどのように権能が分散しているのかを考える必要があるだろう。そこで、図表終-3を活用して、諸職業集団の権能の布置を空間的に表現したものが図表終-5である。この図表終-5の作成にあたっては、各職業集団の「守備範囲」という観点から整理を行っている。ここで示されているのは、たとえばコンサルタントの場合は男性向けと女性向けメディア、労働あるいは私生活を扱うメディア、超越的言説（「原因と結果の法則」のような）あるいは科学的言説といったどの文脈においても登場し、各文脈における自己の可能かつ望ましい様態について語ることができるということが示されており、一方ほぼ『an・an』と『日経ウーマン』にのみ登場する芸能人・業界人・文筆業従事者（歴史小説家を除く）は、女性の私生活というテーマを主なテリトリーとして、時折緩やかにスピリチュアルなメッセージを発しながら自己のあり方について語るという登場パターンに留まっていることが示されている。

この空間的整理は特徴的な職業集団の守備範囲を図示した概略的なものであり、それぞれの守備範囲の外で活動する者も存在する（たとえば医師の中にも、『脳内革命』の春山茂雄のように超越的法則に言

図表終-5　自己をめぐる権能の空間的プロット

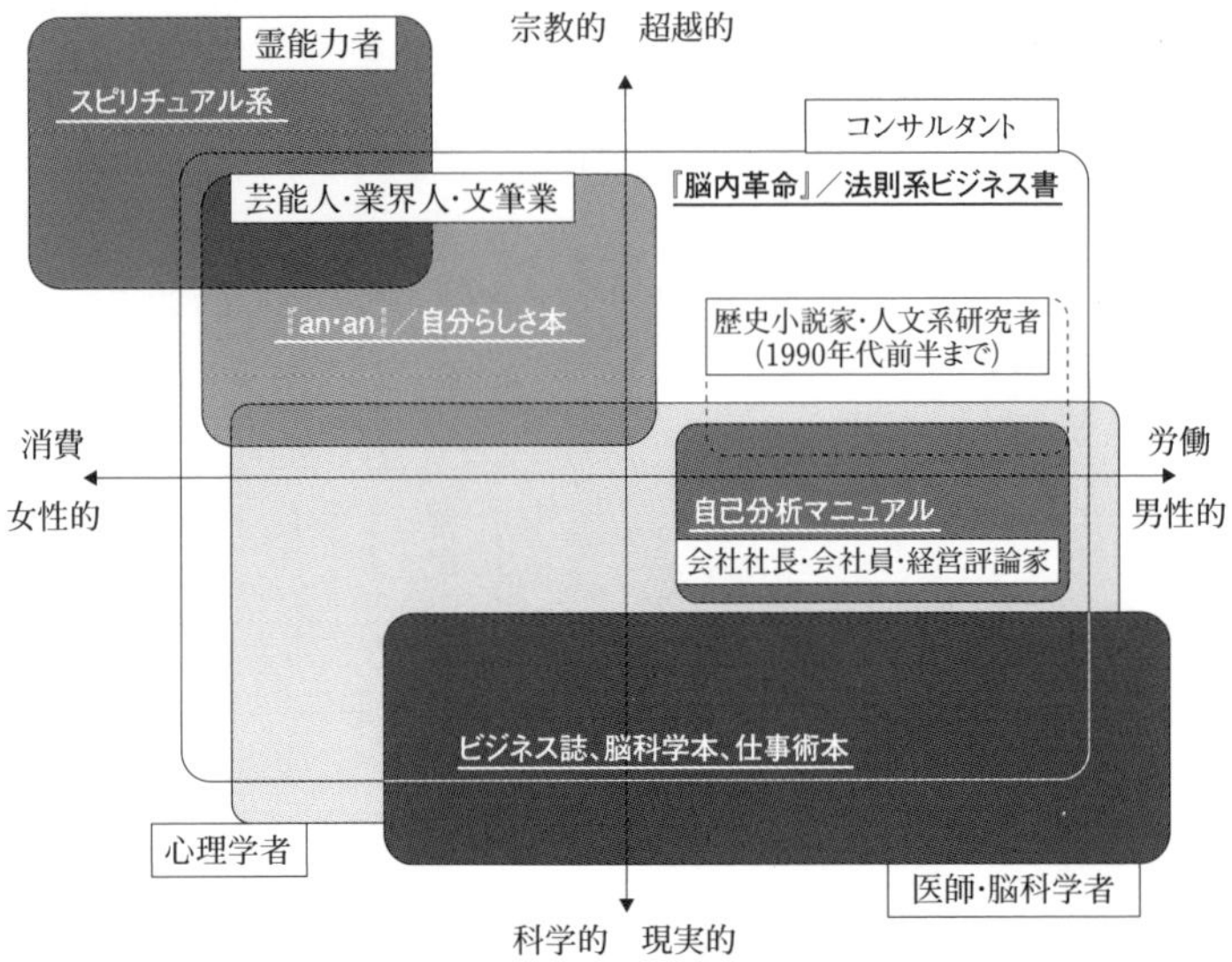

及する者もいる)。だが、概していえば各職業集団の守備範囲は図表終-5のように整理することができると筆者は考えている。つまり図表終-5のように分散し、それぞれの守備範囲を持つ各職業集団が、各メディアの文脈に応じて自己のあり方をめぐるメッセージを発信し、あるいはそれを要請される中で、各メディアにおける自己の可能かつ望ましいヴァージョンと諸文脈における前提（図表終-2、終-3）、そして各職業集団の社会的権能の分散そのものが（再）構造化され続けているのだ、と。

こうした各職業集団の守備範囲や、各メディアで果たす権能は、各職業集団が有する固有の職能や特性、あるいは彼（女）らの社会的地位向上の戦略といった事項と無関係ではない。しかしながら、そうした特性や戦略は必ずしも思いのままに発現されるわけではない。雑誌メディアの分析を行った第四章と第五章においてそれぞれ示したように、編集者や読者から、各メディアが扱うテーマに関する権能を有しているとみなされ、発言・寄稿を要請・消費されることではじめてその権能が発現されると考えられるためである。そのため、既に述べたとおり、図表終-5のように分散している自己をめぐる権能は、単にそのような職能や特性を有する「がゆえ」に保有されているとみるのではなく、各志向において職能や特性がある者「として」振る舞うことが許される、主体位置の分散という観点から捉えられねばならないのである。

また、このことも既に述べてきたことだが、自己をめぐる権能を保有しているとみなされる主体位置の布置は決して固定的ではない。自己啓発書ベストセラー、『an・an』、ビジネス誌における権能が時期を追って変動してきたように、この権能の布置は今後も変動していくと考えられる。特にどのコンサルタントが、どの心理学者が、といった個人レベルでの変動はより激しく起こるものだろう（たとえばツイッター、ブログ等が「炎上」し、一夜にしてある個人の立ち位置を激変させないとも限らない）。一方、図表終-5に示したような諸職業集団の権能の分散はより緩やかに流動すると考えられる。いずれにせよ、「自己の再帰的プロジェクト」の実行に際して差し込まれる権能は決して固定的なものとはいえないのである。

ただ、自己をめぐる権能が独占的ではなく、権能の発動も強制的であるよりはむしろ、「自己の自己との関係」の調整支援、促し、アドバイスといった、私たちをエンパワメントしようとするかたちで示されるとしても、権能を有する者とそうでない者という区分、前者が後者を導くという不均等な関係性（主体位置の差異）はつねに存在している。これはメディアに登場する人物間における不均等でもあるし、メッセージの発信者と私たち読み手の間の不均等でもある。そしてこのような関係性は、やはり私たちが諸々の「自己のテクノロジー」を活用することを通して（再）生産されると考えられるが、このような不均等な関係性の指摘は、クリティカルな批判にはなりえないものだろう。というのは、第二章で述べたように、非常に断定的なメッセージを発する著述こそが今日における一つのトレンドとなっており、そこには鈴木謙介（2007：108）が「断定的消費」と述べたような、自己のあり方や生き方を断定し、導いてくれるようなメッセージが積極的に産出・消費されるようになっているという事態が看取できるためである。そのため、特定の人物・集団による権能の占有やその権力性を批判してもさほど意味はないだろう。行うべきは、自己啓発メディアという現代に特徴的な「自己のテクノロジー」をめぐる権能の布置をありのままに観察することであり、またそこから、自己のあり方を断定し、支配的な影響を及ぼしてくれるような権威が積極的に希求されている（売上を伸ばしている）という、ある種転倒した事態を読みとることなのである。

4　自己啓発メディアが創り出す「自己の体制」

さて、ここまで各検討課題の再検討を行ってきた。そのポイントを以下に簡潔に整理しておこう。まず、各自己啓発メディアにおいて、一九九〇年代以後に「内面の技術対象化」が進行し、自己を技術的に捉えるまなざしが定着した。またそのプロセスを通して、各自己啓発メディアは、「自己の自己との関係」の技術的調整が可能で、また積極的に追求されるべき目標であるという自己へのまなざしを社会のさまざまな領域・文脈において広めてきた（第1節）。また、各自己啓発メディアは、「自己の自己との関係」を経由して社会的変数の分散を再生産することに関わっているが、それと同時に、各メディアは疑われざる基底的参照項、いわば人々の不安を鎮める「再帰性の打ち止まり地点」を示しつつ、その上での「自己の再帰的プロジェクト」を促していると考えられた（第2節）。そして、こうした限定的な「自己の再帰的プロジェクト」を導く権能には一定の偏りがあることが実証された。だがこの権能は圧倒的、寡占的というよりも緩やかな、諸職業集団による「複合体」として構成され、またその構成メンバーも流動し続けるものだと考えられた。自己啓発メディアから提供される「自己のテクノロジー」の個々人における活用は、このような権能を自ら再認し、また自らその権能に緩やかに従属する契機といえるが、そのような従属的立場に進んで没入するような消費形態が今日浮上しているとも考えられた（第3節）。これらの考察の結果を図示したものが図表終-6である。

このように整理される本書の成果は、先行研究にどのような知見を追加することができるだろうか。第一章で示した三つのテーマに関して順にみていこう。まず、社会学的自己論に関しては、各文脈における「自己のテクノロジー」の分析を通して、自己という対象が人々にどのように認識・実践されてきたのか（認識・実践することを促されてきたのか）、通時的および共時的な理解のための一つの見取り図を描くことができたと考えることができる。また、既にブラウン、ガーゲン、浅野、片桐といった先達はいるものの、理論的検討もしくはミクロレベルのアプローチが中心といえる社会学的自己論の領域において、このようなよりマクロな視点に立ったアプローチを、その手続きの開示とともに遂行した点にも、一定の意義があると考えられる。

図表終-6　自己啓発メディアが創り出す「自己の体制」の諸要素とその関係性

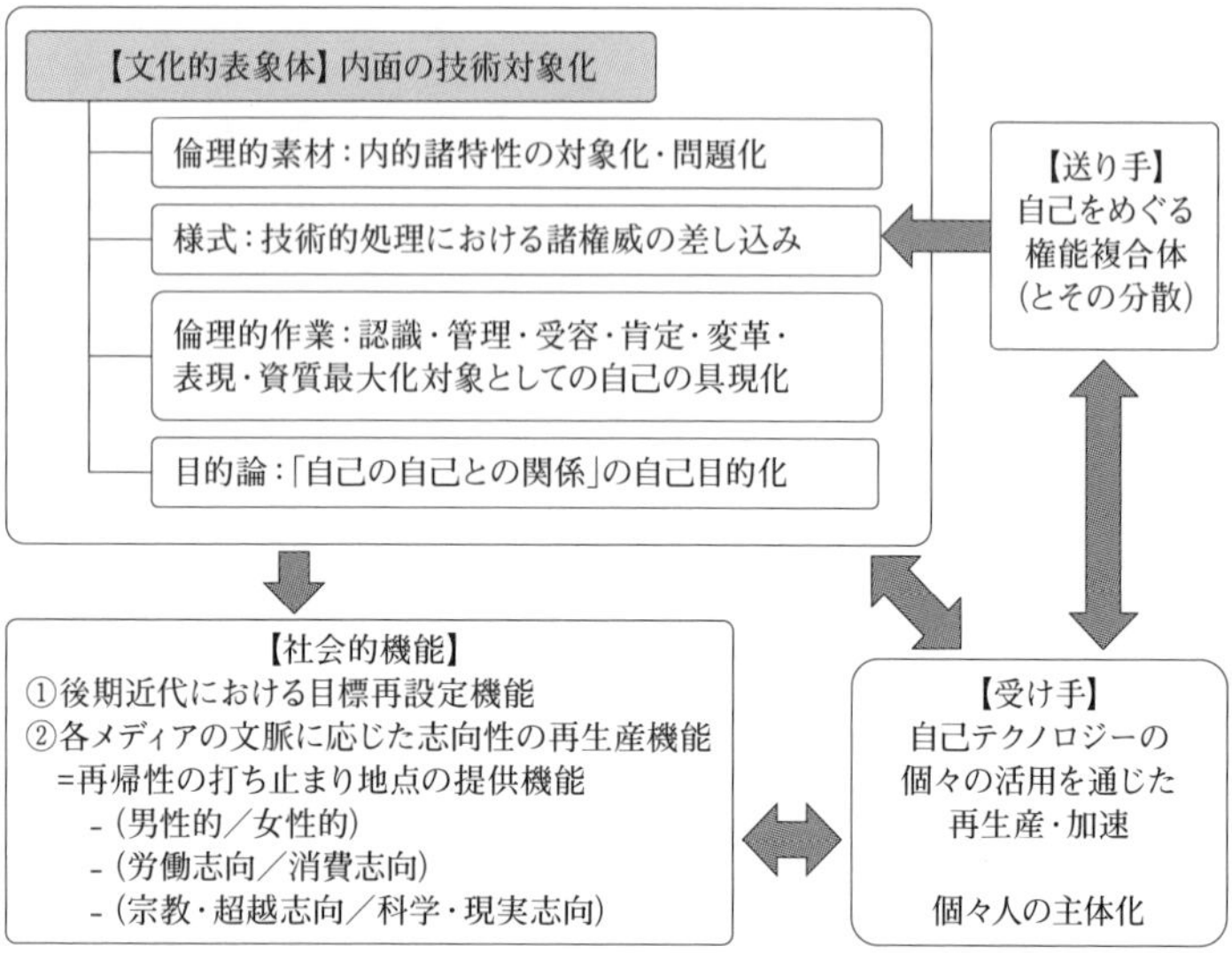

次に後期近代（的自己）論との関連だが、これは既に各章の分析および本章のここまでの整理において幾度か述べられてきたことではある。ポイントは「自己をめぐる技術性の上昇」「再帰性の打ち止まり地点」といった、「自己の再帰的プロジェクト」という概念をより精密に考える視点を提出したことにあり、後期近代論の部分的な実証とその改訂を行ったという点が本書のファインディングスということになるだろう。だが、「自己をめぐる技術性の上昇」は再帰的プロジェクトを加速するものとして、「再帰性の打ち止まり地点」はプロジェクトを押し留めるものとして示された視点であり、その志向は相反するものである。この点について筆者の見解を次のように示しておこう。一九九〇年代以降に進行した内面の技術対象化は今のところ進行し続ける不可逆のプロセスのようにみえ、また打ち

止まり地点を提供する諸権威は、プロジェクトの決定的な終着点を提供するというよりは、次なる資源が登場するまでの一時的な休憩地点を提供しているようにみえる。次々と新たな自己啓発書ベストセラーが生まれてくるのは、既存の自己啓発メディアが決定的な終着点を提供しえていないことの証左だろう。その意味で、バウマンが用いている「クロークルーム」（Bauman 2004＝2007：62）という比喩は示唆的である。次々と引っかけては外し、というプロセスを通して、自己啓発メディアは「自己の再帰的プロジェクト」を、総体としては加速させているのではないか。

もう一つ、「心理主義化」「心理学化」論に関しては、外在的変数によってそれらを説明するのではなく、自己をめぐる意味の網の目＝文化の展開を実証的に検討した点、またしばしばこの議論が陥りがちな専門家支配論に向くのではなく、やはり実証的検討にもとづいて権能複合体という視点を提出した点を、本書の意義として確認することができるだろう。

さて、ここまでの諸整理を踏まえたうえで、より具体的なイメージを示しながら、本書の分析結果への最終的な総括を行うこととしたい(5)。現代を生きる私たちにとって、自己啓発メディアが推奨するような「自己の自己との関係」へのまなざしは、ある程度自明化されたものになっていると考えられる。もちろんそれには程度差（世代、性別、社会的状況によって異なる）があるが、たとえば学校でのキャリア教育、就職・転職・離職の場面、何気なく手に取ったベストセラー書籍や雑誌、日々目にするさまざまな広告など、私たちは人生のさまざまな場面で自己をめぐる問いへと誘われ続けている。それはいってみれば、人生における私たちの悩みやつまずきを自己をめぐる問いへと絡め取ろうとして、あるいは私たちの人生のさまざまな場面を「自己の自己との関係」に経由させようとして、そこかしこに仕掛けられている罠（トラップ）のようなものである。そうしたトラップに全く引っかからないで過ごすことのできる者はむしろ少ないといえるかもしれない。こうした数多くのトラップ（のいずれか、あるいは複数）にはまり、もがくうちに私たちは、自己啓発メディアに端的に表われているような「自己の体制」――発見され、自ら受容され、肯定され、可能性が発掘され、内的特性にもとづいて統御され、目標が創出され、また積極的に自ら鼓舞され、動機づけられ、強化され、「やりたいこと」が見つけ出され、自ら変革され、といったことがすべて可能であり、またそうすることが望ましい、あるいはしなければならないという自己の特異なヴァージョンへの志向――に慣れ親しんでいくことになる。そして私たちは気づくと、程度差こそあれ、そのような自己のヴァージョンを自然に選びとってしまうような、あるいはその実現に惹きつけられてやまないような状況へと立ち至ることになる――。

このような描写は、自己啓発メディアという、自己をめぐる問いを扱う端的な対象から抽出・再構成されたモデル・ストーリーに過ぎない。だが、たった今示したような「自己の体制」に何らかのかたちで引き込まれてしまい、その一部あるいは全体を自明と思ってしまうこと、あるいはそれに惹きつけられ、自らそのような体制に志向した自己主体化を行ってしまうことは、自己啓発メディアの熱心な読み手ではなかったとしても、それは今日の社会では珍しいことではなく、むしろよくわかるようなこと、いかにもありそうなことだと思われるのである。「本当の自分」「なりたい自分」「新しい自分」「やりたいこと」を見つけたい（あるいは逆に「これは本当に自分のやりたいことなのか」と悩む）、

「もっと違う自分」になりたい、自分を好きになりたい、コンプレックスを克服したい、前向きになりたい、自分を変えたい、自分を高めたい、能力やスキルを身につけたい、自分をうまく表現したい、独創的な発想をしたい、自分をうまくコントロールして成果をあげたい(6)――私たちは多かれ少なかれ、このような「自己の自己との関係」の技術的構築が可能であるという感覚を、またそれは望ましく、できるならばそうすべきだという感覚をもって日々生きている。さまざまな文脈にまたがって広がる、しかしほんの十数年前までは決して自明ではなかった、このような自己をめぐる濃密な意味の網の目＝文化への囚われ、あるいはそれによる攻囲――これが今日を生きる私たちにとっての、私たちが生きる「自己の体制」なのである。そして私たちがこうした「自己の体制」を生き、さまざまな「自己のテクノロジー」を利用するまさにそのことこそが、この体制をさらに強め、自明化し、自己に専心する私たち自身と社会を日々塗り重ねていくのである(7)。

5　本書の「効用」

本書は、このような状況に対して何かをなしうるといえるだろうか。つまり、自己をめぐる問いに強く惹きつけられている、惹かれつつある、あるいは自己をめぐる問いへの誘いを今まさに受けているような人々がいたとして、そのような人々に何らかの効用をもたらすことはできるのだろうか、それともできないのだろうか。このような問いは、「心理主義化」「心理学化」論に対する感情社会学の効用という観点から投げかけられた問いに近い。すなわち、感情社会学の立場（感情あるいは心理学的知識・技法の社会的構築性）から、心理療法や「心の専門家」を相対化しようとする言及は、一旦は人々に「目から鱗が落ちた」という感覚を与えて「癒し」として機能するが、結局は「ほんとうの気持ちや心」について語らないために人々に解決を提供しないのではないかという、かつて石川准（2000：51）が述べたような問いである。あるいは、直接的に専門家支配の批判を行うような論者（たとえば小沢 2002 のような）に比して、距離を置いた分析というスタイルはその学術的体裁と相まって、別様の実践を生み出していく可能性に乏しいのではないか、という問いに言い直すこともできるだろう。

この論点について考えるにあたり、やや突然であるが、ブルデューが「文化」について以下のように言及していることに注目したい。

文化とは、あらゆる社会的闘争目標（賭金）がそうであるように、人がゲーム（賭け）に参加してそのゲームに夢中になることを前提とし、かつそうなるように強いる闘争目標の一つである。そして競走、競合、競争といったものは文化に対する関心なしではありえないが、こうした関心はまたそれが生み出す競走や競争それ自体によって生み出されるのだ。（Bourdieu 1979＝1990：386）

ブルデューが述べる文化と本書で扱う意味の網の目としての文化は、必ずしも同義ではない。(8) だが本書の知見を、多くの人々がそれ自体価値があるものとしての「自己の自己との関係」の調整（という文化）に夢中になり、ときに夢中になることを強いられ、またそうしたプロセスを通して「自己の自己との関係」の調整がさらに価値あるものとして生み出されていく今日の社会を記述したものと捉えるならば、ブルデューの言及に適合させることができると考える。そこでこの「ゲーム」という、ブルデューが好んで用いる表現を手がかりにして、先述した論点について考えてみたい。

本書の知見は、人々が夢中になる「自己の自己との関係」の調整について、なんら直接的なハウ・トゥや解答を提出するものではない。その意味で本書は、自己のあり方をめぐって、少なからぬ人々が夢中になっているゲーム（石川 1990 の表現にならえばアイデンティティ・ゲーム）に直接参入し、効用をもたらそうとするものではない（し、したとしても筆者のような「社会学者」は勝ち目のあるような主体位置に身をおくことはおそらくできないだろう）。筆者の立場はむしろ逆に、このようなゲームへの誘いから身を引き剥がし、「ゲームを対象として構成」（Bourdieu 1992＝1996：87）しようとするものである。そのような立場から、「自己の自己との関係」の調整をめぐって人々が夢中になっているゲームの「勝ち目」（万能ロジック、通俗道徳のワナという観点から言及したような）にわざわざ言及し、またそのゲームのルールのいらぬ「種明かし」（「自分自身を構成する流儀」の四要件とその形成プロセスの開示）を行うことで、ゲームに挑むことばかりが唯一の選択肢ではないこと、ゲームから「降りる」ことも一つの選択肢としてありうるのだということ、完全には降りられなくともゲームのルールを知ることで「一休み」もしくは「中抜け」できるのだということ、場合によっては「違うゲームを始める」ことができるかもしれないことをそれぞれ示すこと、これが本書がもたらす効用になると考えられる。

もちろん、このゲームにまさに魅惑され、充実感や救いを得ている人も多くいるだろう。筆者はそのような人々を批判するつもりは全くないし、そのゲームから降りることが正しいとか、降りるべきだとかいったことを呼びかけたいのでもない。そうではなく、今日の社会において、人生のさまざまな問題を自己をめぐる問いへと絡め取ろうとするトラップ（ゲームへの誘い）が多く張り巡らされ、そこに知らず知らずのうちに、あるいは強制的に巻き込まれている人々がもしいるのであれば、そこに逃走線や抵抗線を、トラップを撹乱するような「トラブル」（Butler 1990＝1999：73）を起こすための資源を準備しておくこともまた意味のあることだと考えるのである。

と、こうはいったものの、このような知見の効用が実際のところどれほどのものであるかは未知数である。だが自己をめぐる問いに、はっきりとした答えをすぐ出し、行動に移すことばかりがつねに「正しい」あるいは「善い」わけではないだろう。「自己とは何か、どうあるべきか、そのために何をすべきか」そのものではなく、「自己とは何か、どうあるべきか、そのために何をすべきか」を自然と考えさせられてしまうような社会の構成に目を向けることも、正しいかどうか、善いかどうかは全く定かではないが、自己という対象に向き合う一つのアプローチとしてありえるはずなのだ、そう筆者は考えるのである。

注

（1）本書には、後期近代という状況、あるいは流動性の高まった労働の領域において、行為者個々人による自助的な調整を促し、またその責任を個々人に引き受けさせるような社会問題の処理形式（統治性）が浮上していることを確かめたという部分もあるかもしれない。ただ、それがどのような統治性（たとえば「新自由主義的」というような）なのかを確定することは、自己論を主眼とする本書の手に余る。ここでは、社会のいくつかの文脈で、先述したような統治性の浮上を読み取れるような言説を観察することができる、ということだけを述べておくこととしたい。

（2）「はじめに」でも触れたことだが、出版業界においても「ビジネス書」「自己啓発書」のブームと好調な売れ行きを背景に、その販売戦略に関する特集が組まれている［2007.10, 2009.2『日販通信』］。

（3）場合によっては、自己をめぐる問いがより大きな社会的使命と節合されたところで、自己啓発メディアを手にとる人もいるかもしれない。

（4）この分散は、本書における資料の傾向を理念型的に整理したものであり、参照資料によっては別様の図を描くことも可能だと考えられる。また、諸前提が再生産されるとはいっても、各章で「自己のテクノロジー」の推移をみたように、この布置は流動するものだと考えられる。

（5）ここで、今後の課題についても示しておくべきだろう。おそらく最も大きな課題といえるのが、本書で文化的表象体の分析にかなり傾注してしまったことによる、「文化のダイヤモンド」の他項目のフォローの弱さ、すなわち自己啓発メディアの送り手（創造者）、受け手（受容者）、社会的世界に関する検討の掘り下げである。送り手については取材が行えた限りで分析に組み入れてきたが、文化的表象体の分析に比して、やや簡素だった印象は否めない。受け手に関しては読者層の調査結果の提示に留まっており、本書の最も弱い点だといえる。本書の主たる狙いが、自己啓発メディアを真に受けている人々がいるか否か、ということではなく、メディアが社会に広く拡散させる自己のヴァージョンとは何か、その様態を文化的表象体に傾注して明らかにすることにあったとはいうものの、それでも今日の社会における、どのような社会的属性をもったどのような人々が、自己啓発メディアが創り出す「自己の体制」により惹きつけられているのか、この点を掘り下げる余地は幾分残っているように思われる。また、文化的表象体と社会的世界の関係性については、本書では資料に見出される限りで外的状況の影響を考慮するという立場をとってきた。このような立場の意義に筆者は確信をもっているものの、それでも社会的世界との関連性をどう考えていくのかということは考えられ続けるべきことであるだろう。今後の課題としたい。

今述べた課題は方法論的なものといえる。より具体的な分析に関する課題としては、自己啓発メディア（特に自己啓発書ベストセラー）の資料選定基準の多元性をめぐる問題が挙げられる。自己啓発書に関していえば、既に述べたとおりベストセラーの選定基準は複数ありうる。また、ベストセラー以外の諸動向を拾っていくとすれば、その選定基準のバリエーションは無数といってもいいほどに拡大することになるだろう。また、老いとの向き合い方、経営論（特にいわゆる『もしドラ』に象徴されるドラッカー・ブーム）、組織論、発想法、整理術（「断捨離」等の「そうじ本」も含まれる）、コミュニケーション技法等々、やはり本書では扱い切れなかったさまざまなサブジャンルが自己啓発書には存在する。ビジネス誌に関しても、「力」特集と同様に近年多く組まれるようになっている「技術」「法則」特集が同傾向なのかは検討を要する点といえるだろう。このように、さまざまな意味で、自己啓発メディアの別様の視点からの探究可能性は残されている。

（6）こうした「自己の自己との関係」への志向は、自己啓発メディアの読者のみに限られるものではない。たとえば古市憲寿（2010）が手際よく描き出したような、ピースボートに乗る若者（の一部）にもこうした自己をめぐる感覚は分け持たれているとみることもできる。本書では自己啓発メディアを対象とした研究を行ってきたが、本書が明らかにしたような「自己の自己との関係」への志向は、ピースボートを含むさまざまな事項（このバリエーションについては、速水健朗（2008）が参考になるかもしれない）にも関連させて考えることができるように思われる。

（7）もちろん、このような趨勢に私たちが一様に塗り替えられてしまうわけではない。多くの人々はこのような趨勢を適当にやりすごしながら日々を生きているはずである。本書が描いたのは、圧倒的な影響力をもつものではないが、しかし私たちをさまざまな地点において誘おうとする主体化をめぐるトラップの配置と仕組み、あるいは「水路図」のようなものであると考えてほしい。

（8）ブルデューはこのような観点を、文化に限らずあらゆる対象においてとっているので、筆者は本書の対象がブルデューの述べる文化に直接当てはまらなくとも問題はないと考えている。

あとがき

「文体が冷たい、色気がない」「自己啓発メディアの、のめり込むような面白みを切り落としている」――本書の草稿に目を通してもらった方から、このようなコメントをいただいたことがあった。これは筆者の記述スタイルの問題でもあるのだが（一度、こうしたコメントに向き合おうと、文体を変えてみたことがあるのだが、そのためにある研究会で「火だるま」になって諦めたというのもある）、より単純な話としては、筆者自身が特に一〇代後半から二〇代前半頃にかけて、本書で浮き彫りにしたような「自己の体制」に（何となくではあるものの）惹かれ、囚われていたことが関係している。つまり、筆者自身が、本書で描いたような「自己の体制」から身を引き剥がすために、淡々とした記述を必要としていたというわけである。このような「楽屋落ち」は筆者自身あまり好きではないのだが、それが読者にとって、理解の補助線となる場合もあるかもしれない。

「こんなの、真面目に読んでいる人っているの？」――草稿に目を通してもらった方々は皆研究者（の卵）であるためか、このようなコメントをいただくことはなかったのだが、本書の感想として最もありそうなのは先に述べたようなものかもしれない。確かに、自己啓発メディアを手にとる人々の全てがその内容を貪り読み、熱心に自己適用しているとは考え難い。というより、そのような読者はおそらく少数派だろう。だが本編でも述べたように、自己啓発メディアと同様の文言が薄く広く、空気のように拡散する今日の社会においては、メディアの熱心な読者でなくとも、あるいは全くそうしたメディアを直接手にとったことがなくとも、そこに表われている自己の望ましいあり方を多かれ少なかれ受け入れる、あるいは気づくと熱望している、といったことは、いかにもありそうだと考えられるのである（筆者自身がそうだったわけだが）。メディアの受け手の研究は今後の課題としたいが、本書は、「自己啓発メディアに端的に表われていると考えられた、今日的心性」の析出を主眼としていたことをここで改めて言明しておきたい。

「この本で扱っているのは、自己啓発メディアのほんの一部に過ぎない！」――本書では主に流通規模という、最も単純な観点から各文脈における「代表的なメディア」を選出・分析してきたために、本書での議論が自己啓発メディアという「氷山」の、水面上に現われた（最も目につきやすい）部分の周辺に留まっているという指摘は確かだろう。だがこれまで、このような「氷山」がそもそも研究対象としてほぼ認識されてこなかったという経緯を踏まえて、筆者はまずその目につきやすいところにあえて注目したのである。自己啓発メディアにおける他の潮流を追っていくことは、東日本大震災以降の動向を、また、やや平板な記述に終わってしまった一九七〇年代以前の動向をより丹念に把捉することとともに、今後の課題としておきたい。

　さて、本書は、筆者が早稲田大学大学院教育学研究科に提出した博士論文「『自己』の文化社会学——現代における大衆的セルフヘルプ・メディアの実証的分析」に大幅な加筆・修正を加えたものである（初出論文は巻末に掲載）。本書が出版される頃には、早稲田大学図書館のホームページ（http://wine.wul.waseda.ac.jp/）から内容の閲覧ができるようになっているはずである。そこには、二〇〇九年までのものだが、本書では紙幅の都合上割愛した、自己啓発書ベストセラー、就職用自己分析マニュアル、『an・an』の抽出記事、ビジネス誌の「力」特集についての資料情報が掲載されることになっている。興味のある方はご覧いただければと思う。

　この博士論文と本書の執筆にあたっては、多くの方々のお世話になった。まず、博士論文の主査である吉田文先生。先生のご専門は教育社会学だが、教育社会学の範疇から明らかに逸脱している筆者の研究計画をそのまま受け止めてくださり、また各章のもとになった論文についても細かくご指導いただいた。副査を引き受けていただいた浅野智彦先生、菊地栄治先生、小林敦子先生とともに、深く感謝の意を示したい。副査について、特に浅野先生は、学外の筆者からの突然の依頼にもかかわらずご快諾くださり、また幾度も研究室にお邪魔をさせていただき、ご指導をいただいた。

　また、本書の執筆にあたっては、浅野先生に加え、長谷正人先生、岡本智周先生、寺地幹人君、木村絵里子さん、阿内春生君、松山鮎子さん、藤本研一君に草稿段階で目を通してもらい、貴重な助言を得ることができた。いずれもありがたいものだったが、寺地君と木村さんと三人で、新宿の喫茶店で延々と三時間半ほど用語についての細かい話をしたことが特に心に残っている。そこに途中から合流した畠山洋輔君が、草稿をその場で一読して助言してくれたこともとてもありがたいものだった。また、畠山君は高校からの同級生で、学部時代は教育学専攻だった筆者に、社会学の面白さを教えてくれたという意味でも本当に感謝している。今後も切磋琢磨していければと思う。

研究者として歩みを始めるにあたっては、修士課程および博士課程の前半において指導を担当してくださった牧野暢男先生、大学院の先輩である高橋均さん、前田崇さんからそれぞれ大きな影響を受けた。牧野先生の包容力のもとで筆者はのびのびと研究を行うことができ、また高橋さんと前田さんとで行っていた「言説研究会」では理論・方法論について、また「資料の厚み」にこだわることの重要性について学ぶところが非常に大きかった。

出版にあたっては、まず、勁草書房への紹介の労をとってくださった羽渕一代さんに感謝を。勁草書房の松野菜穂子さんには、どこの馬の骨とも分からない大学院生の、またいつ出来上がるとも分からない博士論文の執筆計画に辛抱強くお付き合いいただいた。当初筆者は、博士論文と同じ、地味な『「自己」の文化社会学』というタイトルを考えていたのだが、松野さんとの相談の結果、よりキャッチーなタイトルとなった。もしタイトルに惹かれて本書を手に取った方がいるなら、それは松野さんのアイデア勝ちということになるだろう。

最後に、大学院進学という先行きのみえない道に進む自分を応援してくれた両親と姉に、博士論文と本書の執筆を支えてくれた美和さんと由太君に、ありがとう、これからもよろしく。

二〇一二年一月

牧野智和

初出一覧

第一章

「ニコラス・ローズにおける『こころの科学』と主体性」『ソシオロジ』（社会学研究会）160 号、2007 年 10 月

「『自己のテクノロジー』研究の位相」『ソシオロジ』（社会学研究会）166 号、2009 年 10 月

「『自己』の文化社会学に向けて」『学術研究　教育学・生涯教育学・初等教育学編』（早稲田大学教育学部）58 号、2010 年 3 月

第二章

書き下し

第三章

「大学生の就職活動における『自己分析』の系譜――『就職ジャーナル』を素材として」『早稲田教育評論』（早稲田大学教育総合研究所）23 号、2009 年 3 月

「『就職用自己分析マニュアル』が求める自己とその機能――『自己のテクノロジー』という観点から」『社会学評論』（日本社会学会）61 巻 2 号、2010 年 9 月

第四章

「心理学的技法が創出する『自己』――ライフスタイル誌『an・an』における心理学的技法の分析」『社会学年誌』（早稲田社会学会）50 号、2009 年 3 月

「セラピー文化の媒介者とその形式――ライフスタイル誌『an・an』における記事登場者の分析から」『ソシオロジカル・ペーパーズ』（早稲田大学社会学院生研究会）18 号、2009 年 3 月

第五章

「ビジネス誌が啓発する『力』に関する一考察――社会的実践としての『力』

をめぐる表現の分析」『教育社会学研究』（日本教育社会学会）84号、2009年6月

終章
書き下し

本書は、以上をもとに、大幅に加筆・修正したものである。

索　引

ア　行

カ　行

サ　行

タ　行

ナ　行

ハ　行

マ　行

ヤ　行

ラ　行

文　献

赤川学，2006，『構築主義を再構築する』勁草書房．

Allen, James, 1902, *As a Man Thinketh*.（＝2003，坂本貢一訳『「原因」と「結果」の法則』サンマーク出版．）

浅野智彦，1994，「私のゼマンティーク」奥村隆編『メディアのなかのアイデンティティ・ゲーム――雑誌はいかに＜私＞をつくってきたか』日本証券奨学財団研究調査助成成果報告書．

――――，1998，「消費社会と『私』言説の変容史――anan の記事を素材に」『大人と子供の関係史』3：37-53．

――――，1999，「雑誌言説における『私』の構成」『東京学芸大学紀要　第3部門　社会科学』50：29-39．

――――，2010，「社会学でわかる『私』という存在」浅野智彦編著『考える力が身につく社会学入門』中経出版．

Bauman, Zygmunt, 2000, *Liquid Modernity*, Cambridge：Polity Press.（＝2001，森田典正訳『リキッド・モダニティ――液状化する社会』大月書店．）

―――, 2004, *Identity (1st Edition)*, Polity Press.（＝2007，伊藤茂訳『アイデンティティ』日本経済評論社．）

―――, 2005, *Liquid Life,* Cambridge：Polity Press.（＝2008，長谷川啓介訳『リキッド・ライフ――現代における生の諸相』大月書店．）

Beck, Ulrich, 1986, *Risikogesellschaft: Auf dem Weg in eine andere Moderne*, Frankfurt am Main：Suhrkamp.（＝1998，東廉・伊藤美登里訳『危険社会――新しい近代への道』法政大学出版会．）

Berger, Peter L. and Thomas Luckmann, 1966, *The Social Construction of Reality: A Treatise in the Sociology of Knowledge*, Garden City：Doubleday.（＝2003，山口節郎訳『現実の社会的構成』新曜社．）

Best Colleges グループ，2005，『最短！自己分析』ミネルヴァ出版企画．

Blumer, Herbert, 1969, *Symbolic Interactionism*, Prentice-Hall.（＝1991，後藤将之訳『シンボリック相互作用論――パースペクティブと方法』勁草書房．）

Bourdieu, Pierre, 1979, *La distinction: Critique sociale du jugement*, Paris：Editions de Minuit.（＝1990，石井洋二郎訳『ディスタンクシオン――社

会的判断力批判Ⅰ』藤原書店.）
———, 1982, *Ce que parler veut dire: l'economie des echanges linguistiques*, Paris: Fayard.（＝1993, 稲賀繁美訳『話すということ——言語的交換のエコノミー』藤原書店.）
————, 1992, *Les règles de l' art: Genèse et structure du champ littéraire*, Editions du Seuil.（＝1996, 石井洋二郎訳『芸術の規則Ⅱ』藤原書店.）
Brenninkmeijer, Jonna, 2010, "Taking Care of One's Brain: How Manipulating the Brain Changes People's Selves," *History of Human Sciences*, 23(1): 107–126.
Brown, Philip, 1997, "Cultural Capital and Social Exclusion: Some Observations on Recent Trends in Education, Employment, and the Labour Market," Albert H. Halsey et al. eds., *Education: Culture, Economy, and Society,* Oxford University Press.（＝2005, 住田正樹・秋永雄一・吉本圭一編訳『教育社会学　第三のソリューション』九州大学出版会.）
Brown, Richard, H., 1987, *Society as Text: Essays on Rhetoric, Reason, and Reality,* Chicago: University of Chicago Press.（＝1989, 安江孝司・小林修一訳『テクストとしての社会——ポストモダンの社会像』紀伊国屋書店.）
Burchell, Graham, 1993, "Liberal Government and Techniques of the Self," *Economy and Society,* 22(3): 267–282.
Burr, Vivien, 1995, *An Introduction to Social Constructionism,* Routledge.（＝1997, 田中一彦訳『社会的構築主義への招待——言説分析とは何か』川島書店.）
Butler, Judith, 1990, *Gender Trouble: Feminism and the Subversion of Identity*, New York: Routledge.（＝1999, 竹村和子訳『ジェンダー・トラブル——フェミニズムとアイデンティティの攪乱』青土社.）
————, 2005, *Giving an Account of Oneself*, Fordham University Press.（＝2008, 佐藤嘉幸・清水知子訳『自分自身を説明すること——倫理的暴力の批判』月曜社.）
Carnegie, Dale, 1936, *How to Win Friends and Influence People*, New York: Simon and Schuster.（＝1999, 山口博訳『人を動かす　新装版』創元社.）
———, 1944, *How to Stop Worrying and Start Living*, New York: Simon and Schuster.（＝1999, 香山晶訳『道は開ける　新装版』創元社.）
Carlson, Richard, 1997, *Don't Sweat the Small Stuff and It's All Small Stuff: Simple Ways to Keep the Little Things from Taking Over Your Life*, New York: Hyperion.（＝1998, 小沢瑞穂訳『小さいことにくよくよするな！

——しょせん、すべては小さなこと』サンマーク出版.）
Chapman, Gwen. E., 1997, "Making Weight: Lightweight Rowing, Technologies of Power and Technologies of the Self," *Sociology of Sports Journal*, 14: 205-223.
Chesterfield, Philip, 1774, *Letter to his Son*.（=1988，竹内均訳『わが息子よ、君はどう生きるか』三笠書房.）
Covey, Stephen, R., 1989, *The 7 Habits of Highly Effective People: Restoring the Character Ethic*, New York: Simon & Schuster.（=1996，川西茂訳『7つの習慣——成功には原則があった！』キング・ベアー出版.）
Dean, Mitchell, 1995, "Governing the Unemployed Self in an Active Society," *Economy and Society,* 24(4): 559-583.
Deleuze, Gilles, 1986, *Foucault,* Paris: Editions de Minuit.（=1987，宇野邦一訳『フーコー』河出書房新社.）
土井隆義，2008，『友だち地獄——「空気を読む」世代のサバイバル』筑摩書房.
————，2009，『キャラ化する／される子どもたち——排除型社会における新たな人間像』岩波書店.
du Gay, Paul. et al., 1997, *Doing Cultural Studies: The Story of the Sony Walkman*, London; Thousand Oaks [Calif.]: Sage, in association with The Open University.（=2000，暮沢剛巳訳『実践カルチュラル・スタディーズ——ソニー・ウォークマンの戦略』大修館書店.）
Durkheim, Émile, 1895, *Les regles de la methode sociologique*, Paris: F. Alcan.（=1978，宮島喬訳『社会学的方法の規準』岩波書店.）
江原啓之，2001，『人はなぜ生まれいかに生きるのか』ハート出版.
————，2006，『苦難の乗り越え方』パルコエンタテインメント事業局.
————，2007，『人間の絆——ソウルメイトをさがして』小学館.
永六輔，1994，『大往生』岩波書店.
————，1995，『二度目の大往生』岩波書店.
Elias, Norbert, 1969, *Uber den Prozess der Zivilisation: Soziogenetische und Psychogenetische Untersuchungen,* Francke Verlag: Bern.（=1977・1978，吉田正勝訳『文明化の過程（上）——ヨーロッパ上流階級の風俗の変遷』『文明化の過程（下）——社会の変遷／文明化の理論のための見取図』法政大学出版局.）
Elliott, Anthony, 2001, *Concepts of the Self*, Polity Press.（=2008，片桐雅隆・森真一訳『自己論を学ぶ人のために』世界思想社.）

Fairclough, Norman, 2001, *Language and Power (Second Edition)*, London: Longman.（＝2008, 貫井孝典ほか訳『言語とパワー』大阪教育図書.）

Farquhar, Judith and Zhang Qicheng, 2005, "Biopolitical Beijing: Pleasure, Sovereignty and Self-Cultivation in China's Capital," *Cultural Anthropology*, 20(3): 303-327.

Foucault, Michel, 1969, *L'archeologie du savoir*, Gallimard.（＝1970, 中村雄二郎訳『知の考古学』河出書房新社.）

———, 1975, *Surveiller et punir: naissance de la prison*, Gallimard.（＝1977, 田村俶訳『監獄の誕生——監視と処罰』新潮社.）

———, 1976, *Histoire de la sexualite 1: la volonte de savoir,* Paris: Gallimard.（＝1986, 渡辺守章訳『性の歴史 I——知への意志』新潮社.）

———, 1982a, "The Subject and Power," Hubert Dreyfus and Paul Rabinow eds., *Michel Foucault: Beyond Structuralism and Hermeneutics*, Chicago: University of Chicago Press.（＝1996, 山田徹郎訳「主体と権力」『ミシェル・フーコー——構造主義と解釈学を超えて』筑摩書房.）

———, 1982b, "On the Genealogy of Ethics: An Overview of Work in Progress," Hubert Dreyfus and Paul Rabinow eds., *Michel Foucault: Beyond Structuralism and Hermeneutics*, Chicago: University of Chicago Press.（＝1996, 山形頼洋ほか訳「倫理の系譜学について——進行中の仕事の概要」『ミシェル・フーコー——構造主義と解釈学を超えて』筑摩書房.）

———, 1984a, *Histoire de la sexualite 2: l'usage de plaisirs*, Paris: Gallimard.（＝1986, 田村俶訳『性の歴史 II——快楽の活用』新潮社.）

———, 1984b, *Histoire de la sexualite 3: le souci de soi*, Paris: Gallimard.（＝1987, 田村俶訳『性の歴史 III——自己への配慮』新潮社.）

———, 1988, *Technologies of the Self: A Seminar with Michel Foucault*, University of Massachusetts Press.（＝1990, 田村俶・雲和子訳『自己のテクノロジー』岩波書店.）

———, 2001, *L'hermeneutique du sujet: cours au College de France (1981-1982)*, Gallimard.（＝2004, 廣瀬浩司・原和之訳『主体の解釈学　コレージュ・ド・フランス講義 1981-1982 年度』筑摩書房.）

福山宗久, 2010,『内定獲得のための戦略的アプローチ——自己分析はするな！』星雲社.

古市憲寿, 2010,『希望難民ご一行様——ピースボートと「承認の共同体」幻想』光文社.

学習研究社，2000，『エントリーシートの参考書 2002 年版』学習研究社.
――――，2002，『行列のできる就職相談室』学習研究社.
Gardner, Howard, 1993, *Multiple Intelligences: The Theory in Practice*, New York: Basic Books.（＝2003，中川好幸ほか訳『多元的知能の世界――MI 理論の活用と可能性』日本文教出版.）
Geertz, Clifford, 1973, *The Interpretation of Cultures: Selected Essays*, New York: Basic Books.（＝1987，吉田禎吾訳『文化の解釈学 I』岩波書店.）
Gergen, Kenneth, J., 1991, *The Saturated Self: Dilemmas of Identity in Contemporary Life*, New York: Basic Books.
宜保愛子，1991，『宜保愛子の幸せを呼ぶ守護霊』大陸書房.
Giddens, Anthony, 1990, *The Consequences of Modernity*, Cambridge: Polity Press in association with Basil Blackwell.（＝1993，松尾精文・小幡正敏訳『近代とはいかなる時代か？――モダニティの帰結』而立書房.）
――――, 1991, *Modernity and Self-Identity: Self and Society in the Late Modern Age*, Stanford, Calif: Stanford University Press.（＝2005，秋吉美都・安藤太郎・筒井淳也訳『モダニティと自己アイデンティティ――後期近代における自己と社会』ハーベスト社.）
Glaser, Barney and Anselm Strauss, 1967, *The Discovery of Grounded Theory: Strategies for Qualitative Research,* New York: Aldine Pub. Co.（＝1996, 後藤隆ほか訳『データ対話型理論の発見――調査からいかに理論をうみだすか』新曜社.）
Golden, Jill, 1996, "The Care of the Self: Poststructualist Questions about Moral Education and Gender," *Journal of Moral Education,* 25(4): 383-393.
Goldstein, Jan, 1998, "Foucault's Technologies of the Self and the Cultural History of Identity," *ARCADIA*, 33 (1): 46-63.
Goleman, Daniel, 1995, *Emotional Intelligence*, New York: Bantam Books（＝1998，土屋京子訳『EQ――こころの知能指数』講談社.）
Gleeson, Kerry, 1994, *The Personal Efficiency Program: How to Get Organized to Do More Work in Less Time*, New York: Wiley（＝2001，楡井浩一訳『なぜか、「仕事がうまくいく人」の習慣――世界中のビジネスマンが学んだ成功の法則』PHP 研究所.）
Griswold, Wendy, 1994, *Cultures and Societies in a Changing World*, Thousand Oaks, Calif.: Pine Forge Press.（＝1998，小沢一彦訳『文化のダイヤモンド――文化社会学入門』玉川大学出版会.）

Gros, Frédéric, 1996, *Michel Foucault*, Paris: Presses Universitaires de France.（＝1998，露崎俊和訳『ミシェル・フーコー』白水社.）
———, 2001, "Situation du cours," Michel Foucault, *L'hermeneutique du sujet: cours au College de France (1981-1982)*, Gallimard.（＝2004，廣瀬浩司・原和之訳「講義の位置づけ」『主体の解釈学　コレージュ・ド・フランス講義 1981-1982 年度』筑摩書房.）
芳賀学・弓山達也，1994，『祈る・ふれあう・感じる――自分探しのオデッセー』アルファベータ.
Hall, Stuart, 1996, "Postmodernism and Articulation, an Interview by Lawrence Grossberg," David Morley and Kuan-Hsing Chen eds., *Stuart Hall: Critical Dialogue in Cultural Studies*, London: Routledge.（＝1998，甲斐聰訳「ポストモダニズムと節合について――スチュアート・ホールとのインタヴュー」『現代思想』26(4)：22-43.）
ハナマルキャリアコンサルタント，1997，『自己分析を活かす女子学生の面接』日本文芸社.
原田真裕美，2004，『自分のまわりにいいことがいっぱい起こる本――「幸運」は偶然ではありません！』青春出版社.
春山茂雄，1995，『脳内革命――脳から出るホルモンが生き方を変える』サンマーク出版.
————，1996，『脳内革命 2』サンマーク出版.
長谷正人，2002，「『文化』のパースペクティブと日本社会学のポストモダン的変容」『文化と社会』3：56-74.
橋爪大三郎，2006，「知識社会学と言説分析」佐藤俊樹・友枝敏雄編『言説分析の可能性――社会学的方法の迷宮から』東信堂.
畠山芳雄，1963，『ビジネスマン名言集――仕事の不安・失望・挫折感に答える』光文社.
————，1968，『こんな幹部は辞表を書け――幹部 7 つの資格』日本能率協会.
速水健朗，2008，『自分探しが止まらない』ソフトバンククリエイティブ.
林成之，2009，『脳に悪い 7 つの習慣』幻冬舎.
林髞，1960，『頭のよくなる本――大脳生理学的管理法』光文社.
Hazleden, Rebecca, 2003, "Love Yourself: The Relationship of the Self with itself in Popular Self-Help Texts," *Journal of Sociology*, 39(4), 413-428.
樋口裕一，1997，『天下無敵の自己 PR・志望動機』土屋書店.
————，2004，『頭がいい人、悪い人の話し方』PHP 研究所.

日野原重明, 2001,『生きかた上手』ユーリーグ.
————, 2002,『人生百年　私の工夫』幻冬舎.
Hill, Napoleon, 1937, *Think and Grow Rich*, The Ralston Society.（＝2005, 田中孝顕訳『思考は現実化する（携帯版）』きこ書房.）
平林都, 2009,『平林都の接遇道——人を喜ばせる応対のかたちと心』大和書房.
Hochschild, Arlie, R., 1983, *The Managed Heart: Commercialization of Human Feeling*, Berkeley: University of California Press.（＝2000, 石川准・室伏亜希訳『管理される心——感情が商品になるとき』世界思想社.）
本田健, 2003,『ユダヤ人大富豪の教え——幸せな金持ちになる17の秘訣』大和書房.
本田直之, 2009,『面倒くさがりやのあなたがうまくいく55の法則』大和書房.
本田由紀, 2005,『多元化する「能力」と日本社会——ハイパー・メリトクラシー化のなかで』NTT出版.
Hook, Derek, 2007, *Foucault, Psychology, and the Analytics of Power,* Basingstoke: Palgrave Macmilla.
堀健志・濱中義隆・大島真夫・苅谷剛彦, 2006,「大学から職業へⅢ　その2——就職活動と内定獲得の過程」『東京大学大学院教育学研究科紀要』46: 75-98.
細田恵子監修, 2002,『1日でわかる新型自己分析2004年度版』日経人材情報.
池上彰, 2007,『伝える力——「話す」「書く」「聞く」能力が仕事を変える！』PHP研究所.
稲森和夫, 2004,『生き方——人間として一番大切なこと』サンマーク出版.
井上輝子・女性雑誌研究会, 1989,『女性雑誌を解読する　COMPAREPOLITAN——日・米・メキシコ比較研究』垣内出版.
井上富雄, 1978,『ライフワークの見つけ方——サラリーマン生活で何を残すか？自分のための学習法からプロフェッショナルになる法まで』主婦と生活社.
伊佐栄二郎, 2006,「『自己啓発』の社会史——戦後日本Self-Help文化における『自己の自己への関係』」東京大学大学院情報学環・学際情報学府修士論文.
石川准, 1990,『アイデンティティ・ゲーム——存在証明の社会学』新評論.
————, 2000,「感情管理社会の感情言説——作為的でも自然でもないもの」『思想』907: 41-61.
石渡嶺司・大沢仁, 2008,『就活のバカヤロー——企業・大学・学生が演じる

茶番劇』光文社.
五木寛之，1993，『生きるヒント――自分の人生を愛するための 12 章』文化出版局.
――――，1999，『人生の目的』幻冬舎.
――――，2008，『人間の覚悟』新潮社.
伊藤雅之・樫尾直樹・弓山達也編，2004，『スピリチュアリティの社会学――現代世界の宗教性の探求』世界思想社.
伊藤整，1954，『女性に関する十二章』中央公論社.
岩井洋，1997，『記憶術のススメ――近代日本と立身出世』青弓社.
岩崎夏海，2009，『もし高校野球の女子マネージャーがドラッカーの『マネジメント』を読んだら』ダイヤモンド社.
岩田考，2006，「若者のアイデンティティはどう変わったか」浅野智彦編『検証・若者の変貌――失われた 10 年の後に』勁草書房.
Jantzen, Christian, Per Østergaard and Carla M. Sucena Vieira, 2006, "Becoming a 'Woman to the Backbone': Lingerie Consumption and the Experience of Feminine Identity," *Journal of Consumer Culture*, 6(2): 177–202.
Johnson, Spencer, 1998, *Who Moved My Cheese? An Amazing Way to Deal with Change in Your Work and in Your Life*, New York: G.P. Putnam's Sons. (＝2001，門田美鈴訳『チーズはどこへ消えた？』扶桑社.)
受験新報編集部，1968，『大学生の就職ガイダンス』法学書院.
香川めい，2007，「就職氷河期に『自己分析』はどう伝えられたのか――就職情報誌に見るその変容過程」『ソシオロゴス』31: 137–151.
亀井勝一郎，1963，『人間の心得』青春出版社.
上大岡トメ，2004，『キッパリ！たった 5 分間で自分を変える方法』幻冬舎.
樺俊夫，1957，「人生論の流行」『理想』285: 49–59.
樫村愛子，2003，『「心理学化する社会」の臨床社会学』世織書房.
片方善治，1964，『会社の選び方』大和書房.
片桐雅隆，2000，『自己と「語り」の社会学――構築主義的展開』世界思想社.
――――，2011，『自己の発見――社会学史のフロンティア』世界思想社.
カタログハウス，1994，『大正時代の身の上相談』カタログハウス.
勝間和代，2009，『断る力』文藝春秋.
勝間和代・上大岡トメ，2010，『勝間和代・上大岡トメの目うろこコトバ』朝日新聞出版.
川田耕，2006，『隠された国家――近世演劇にみる心の歴史』世界思想社.

河合隼雄，1992，『こころの処方箋』新潮社.
香山リカ，2009，『しがみつかない生き方――「ふつうの幸せ」を手に入れる10のルール』幻冬舎.
紀野一義，1974，『生きるのが下手な人へ――自信が湧く人生論』光文社.
木谷光宏，2003，「大学生の就職活動と企業の採用動向に関する一考察――就職自由化時代の就職・採用活動の実態」『明治大学社会科学研究所紀要』42(1)：117-156.
Kiyosaki, Robert, T. with Sharon L. Lechter, 1997, *Rich Dad, Poor Dad: What the Rich Teach Their Kids about Money – That the Poor and Middle Class Do Not!*, Techpress Inc.（＝2000，白根美保子訳『金持ち父さん貧乏父さん――アメリカの金持ちが教えてくれるお金の哲学』筑摩書房.）
小林多寿子，1997，『物語られる「人生」――自分史を書くということ』学陽書房.
厚東洋輔，1998，「日本の社会学の戦後50年」高坂健次・厚東洋輔編『講座社会学1　理論と方法』東京大学出版会.
小池龍之介，2010，『考えない練習』小学館.
小池靖，2007，『セラピー文化の社会学――ネットワークビジネス・自己啓発・トラウマ』勁草書房.
小泉十三，2003，『頭がいい人の習慣術――この行動・思考パターンを知れば、あなたは変わる！』河出書房新社.
小松易，2009，『たった1分で人生が変わる片づけの習慣』中継出版.
Küstenmacher, Werner, T. and Lothar J. Seiwert, 2001, *Simplify Your Life: Einfacher und Glücklicher Leben*, Frankfurt/ Main：Campus Verlag.（＝2003，小川捷子訳『すべては「単純に！」でうまくいく』飛鳥新社.）
桑原晃弥，2000，『履歴書・エントリーシート・面接内定を勝ちとる自己表現――自分を徹底アピールできる書き方・話し方2001年版』日本文芸社.
桑原晃弥・竹野輝之，1997，『自己分析――自分がわかる，適職が見える完全アドバイス』日本文芸社.
桑原武夫，1956，『一日一言――人類の知恵』岩波書店.
Laclau, Ernesto and Chantal Mouffe, 1985, *Hegemony and Socialist Strategy: Towards a Radical Democratic Politics*. London：Verso.（＝1992，山崎カヲル・石沢武訳『ポスト・マルクス主義と政治――根源的民主主義のために』大村書店.）
Larson, Martin A., 1987, *New Thought Religion: A Philosophy of Health, Happiness,*

and Prosperity (Rev. and updated ed.), New York: Philosophical Library. (＝1990, 高橋和夫ほか訳『ニューソート――その系譜と現代的意義』日本教文社.)
Luriia, Aleksandr, R., 1974, *Об историческом развитии позн авательных п роцессов: экспериментально-псих ологическое исследование, Москв а: Наука.* (＝1976, 森岡修一訳『認識の史的発達』明治図書出版.)
Lutz, Catherine, A., 1988, *Unnatural Emotions: Everyday Sentiments on a Micronesian Atoll and their Challenge to Western Theory*, University of Chicago Press.
牧野智和, 2009a,「『自己のテクノロジー』研究の位相――社会学における晩期フーコーの知見の活用可能性について」『ソシオロジ』166, 107-122.
――――, 2009b,「大学生の就職活動における『自己分析』の系譜――『就職ジャーナル』を素材として」『早稲田教育評論』23, 79-98.
牧野智和・河野志穂・御手洗明佳・松本暢平・丸山奈穂美・市川友里江, 2011,「大学生の就職活動をめぐるニーズ・支援の多元性――大学キャリアセンターおよび大学生へのインタビュー調査から」『早稲田大学大学院教育学研究科紀要別冊』19(1): 23-33.
Markula, Pirkko, 2003a, "The Technologies of the Self: Sport, Feminism and Foucault," *Sociology of Sport Journal,* 20(2): 87-107.
――――, 2003b, "'Turning into One's Self': Foucault's Technologies of the Self and Mindful Fitness," *Sociology of Sport Journal*, 21(3): 302-321.
増田泰子, 2000,「高度経済成長期における『自己啓発』概念の成立」『人間科学研究』2: 113-128.
松原泰道, 1972,『般若心経入門――276文字が語る人生の知恵』祥伝社.
松下幸之助, 1963,『物の見方考え方』実業之日本社.
――――, 1966,『若さに贈る』講談社.
――――, 1967,『道をひらく――日々の言葉』実業之日本社.
Mauss, Marcel, 1938 → 1985, "Une catégorie de l'esprit humain: la notion de personne, celle de 'moi'", Michael Carrithers, Steven Collins and Steven Lukes eds., *The Category of the Person*, Cambridge University Press. (＝1995, 厚東洋輔・中島道男・中村牧子訳『人というカテゴリー』紀伊國屋書店.)
McGee, Micki, 2005, *Self-Help, Inc: Makeover Culture in American Life*, Oxford University Press.
Mead, George, H., 1934, *Mind, Self, and Society: From the Standpoint of a Social*

Behaviorist, Univ. of Chicago Press.（＝1973，稲葉三千男・滝沢正樹・中野収訳『現代社会学大系 10　精神・自我・社会』青木書店.）
Melucci, Alberto, 1996, *The Playing Self: Person and Meaning in the Planetary Society,* Cambridge University Press.（＝2008，新原道信・長谷川啓介・鈴木鉄忠訳『プレイング・セルフ――惑星社会における人間と意味』ハーベスト社.）
三木清，[1941] 1951，『人生論ノート』創元社.
三鬼陽之助，1968，『決断力――迷ったとき、経営者はどうしたか』光文社.
南博，1961，『記憶術――心理学が発見した 20 のルール』光文社.
三島由紀夫，1967，『葉隠入門――武士道は生きている』光文社.
見田宗介，1965，『現代日本の精神構造』弘文堂.
宮台真司・石原英樹・大塚明子，1993，『サブカルチャー神話解体――少女・音楽・マンガ・性の 30 年とコミュニケーションの現在』PARCO 出版.
水野敬也，2007，『夢をかなえるゾウ』飛鳥新社.
水野俊哉，2008，『成功本 50 冊「勝ち抜け」案内』光文社.
――――，2009，『「ビジネス書」のトリセツ――一流の人になる！究極の読書術』徳間書店.
茂木健一郎，2007，『脳を活かす勉強法――奇跡の「強化学習」』PHP 研究所.
――――，2008，『脳を活かす仕事術――「わかる」を「できる」に変える』PHP 研究所.
森松信夫・大栄総合研究所就職試験対策プロジェクト，1998，『無敵の就職 自己分析』大栄出版.
森真一，2000，『自己コントロールの檻――感情マネジメント社会の現実』講談社.
森田均，2010，『自己分析する学生は、なぜ内定できないのか？』日本経済新聞出版社.
中井孝章，2004，「『心理主義化する社会』における就職活動の病理と変革――心理的自己分析からインターンシップへ」『児童・家族相談所紀要』21: 1-12.
中野孝次，1992，『清貧の思想』草思社.
中山庸子，1999，『今日からできるなりたい自分になる 100 の方法』幻冬舎.
難波功士，2007，『族の系譜学――ユース・サブカルチャーズの戦後史』青弓社.
南条あや，2000，『卒業式まで死にません――女子高生南条あやの日記』新潮社.
日本社会臨床学会，2008，『シリーズ「社会臨床の視界」第 4 巻　心理主義化

する社会』現代書館.
日経事業出版社編，1996，『働きたい会社がわかる自己分析の本』日経人材情報.
新渡戸稲造，1990，『自分をもっと深く掘れ！——新渡戸稲造の名著『世渡りの道』を読む』三笠書房.
野口敏，2009，『誰とでも 15 分以上会話がとぎれない！話し方 66 のルール』すばる舎.
野口嘉則，2006，『鏡の法則——人生のどんな問題も解決する魔法のルール』総合法令出版.
尾方僚，2002，『就活道 2004』新星出版社.
旺文社，1954，『大学・高校卒業者のための就職事典　昭和 31 年版』旺文社.
————，1959，『大学卒業生のための就職年鑑　昭和 35 年版』旺文社.
大野道邦，2011，『可能性としての文化社会学——カルチュラル・ターンとディシプリン』世界思想社.
奥野宣之，2008，『情報は 1 冊のノートにまとめなさい——100 円でつくる万能「情報整理ノート」』ナナ・コーポレート・コミュニケーション.
小沢牧子，2002，『「心の専門家」はいらない』洋泉社.
尾関宗園，1972，『不動心——精神的スタミナをつくる本』徳間書店.
Rimke, Heidi, M., 2000, "Governing Citizens through Self-Help Literature," *Cultural Studies,* 14(1): 61–78.
ディーン・リップルウッド，2001，『バターはどこへ溶けた？』道出版.
Rorty, Richard, 1991, *Essays on Heidegger and Others*, Cambridge University Press.
Rosaldo, Michelle, Z., 1980, *Knowledge and Passion: Ilongot Notions of Self and Social Life*, Cambridge University Press.
Rose, Nikolas, 1985, *The Psychological Complex: Psychology, Politics and Society in England 1869-1939,* Routledge & Kegan Paul.
———, 1996, *Inventing our Selves: Psychology, Power, and Personhood*, Cambridge University Press.
———, 1999, *Governing the Soul: The Shaping of the Private Self (2nd ed)*, Free Association Books.
———, 2006, *The Politics of Life Itself: Biomedicine, Power, and Subjectivity in the Twenty-first Century,* Princeton Univ Press.
Ryan, Kath, Paul Bissell and Jo Alexander, 2010, "Moral Work in Women's Narratives of Breastfeeding," *Social Science & Medicine*, 70(6): 951–958.

Rychen, Dominique Simone and Laura Hersh Salgenik, 2003, *Key Competencies for a Successful Life and a Well-Functioning Society,* Hogrefe & Huber Publishers.（=2006, 立田慶裕監訳『キー・コンピテンシー――国際標準の学力をめざして』明石書店.）
才木弓加，2000,『超速マスター！自己分析のすべて』高橋書店.
――――，2009,『才木流内定を引き寄せる新・自己分析ゼミ　就職活動 2011 年度版』実務教育出版.
斉藤美奈子，1999,『あほらし屋の鐘が鳴る』朝日新聞出版.
――――，2000,『モダンガール論――女の子には出世の道が二つある』マガジンハウス.
斉藤環，2003,『心理学化する社会――なぜ、トラウマと癒しが求められるのか』PHP.
採用情報研究会，2003a,『史上最強の自己分析〈驚異の〉超実践法』ナツメ社.
――――，2003b,『史上最強のエントリーシート・履歴書・E メール・手紙・電話勝利の実例集』ナツメ社.
坂本直文，2005,『内定者はこう選んだ！業界選び・仕事選び・自己分析・自己 PR 完全版』高橋書店.
佐藤俊樹・友枝敏雄編，2006,『言説分析の可能性――社会学的方法の迷宮から』東信堂.
佐藤嘉幸，2008,『権力と抵抗――フーコー・ドゥルーズ・デリダ・アルチュセール』人文書院.
瀬戸内晴美，1973,『ひとりでも生きられる――いのちを愛にかけようとするとき』青春出版社.
七田眞，1996,『超右脳革命――人生が思いどおりになる成功法則』総合法令出版.
Shimoff, Marci, 2008, *Happy for No Reason: 7 Steps to Being Happy from the Inside Out*, Free Press.（=2008，茂木健一郎訳『「脳にいいこと」だけをやりなさい！』三笠書房.）
島薗進，1996,『精神世界のゆくえ――現代世界と新霊性運動』東京堂出版.
就職試験情報研究会，1985,『女子大学・短大生の会社訪問と面接』一ツ橋書店.
就職試験専門研究会，1997,『志望動機・自己 PR・履歴書の書き方』日本文芸社.
Simonds, Wendy, 1992, *Woman and Self-Help Culture: Reading between the Lines*, Rutgers University Press.

Smiles, Samuel, 1866, *Self-Help, with Illustrations of Character and Conduct and Perseverance (Second Edition),* London: John Murray.（=1991，中村正直訳『西国立志編』講談社.）
それいけ×ココロジー編，1991，『それいけ×ココロジー——真実のココロ 気になるあなた・見えない自分』青春出版社.
杉村太郎，1994，『絶対内定——完全就職の極意 1995』ダイヤモンド社.
鈴木謙介・電通消費者研究センター，2007，『わたしたち消費——カーニヴァル化する社会の巨大ビジネス』幻冬舎.
多胡輝，1990，『六十歳からの生き方——自分の人生を充実させるための発想法』ごま書房新社.
高田好胤，[1969] 1990，『心——いかに生きたらいいか』徳間書店.
————，1970，『道——本当の幸福とは何であるか』徳間書店.
高橋均，2011，「称揚される『開かれた住まい』——居住空間における子どもをめぐる新たな『真理の体制』の成立」『子ども社会研究』17: 55-68.
高野悦子，1971，『二十歳の原点』新潮社.
高島義哉，1956，「人生ノート　最近の人生論について——社会科学者の立場から」『日本評論』27(1): 204-209.
竹内均，1988，「限りない愛情と人間知に満ちた『息子への手紙』」フィリップ・チェスターフィールド『わが息子よ、君はどう生きるか』三笠書房.
竹内洋，1991，『立志・苦学・出世——受験生の社会史』講談社.
———，2006，「書評　本田由紀『多元化する「能力」と日本社会——ハイパー・メリトクラシー化のなかで』」『教育社会学研究』79: 154-156.
Tamboukou, Maria, 2003, *Woman, Education and the Self: a Foucauldian Perspective,* Palgrave Macmillan.
田邉信太郎・島薗進編，2002，『つながりの中の癒し——セラピー文化の展開』専修大学出版局.
田中澄江，1962，『愛しかた愛されかた——心をとらえる女の魅力』青春出版社.
土屋淳二，2009，『モードの社会学（上）——ファッション帝国の＜裸のプチ王様＞』学文社.
佃直毅・渡辺三枝子，1987，『適性適職発見シート　大学生版』実務教育出版.
辻大介，1999，「若者のコミュニケーションの変容と新しいメディア」橋本良明・船津衛編『子ども・青少年とコミュニケーション』北樹出版.
筒井清忠，1995，『日本型「教養」の運命——歴史社会学的考察』岩波書店.
Tuan, Yi-Fu, 1982, *Segmented Worlds and Self: Group Life and Individual*

Consciousness, Minneapolis: University of Minnesota Press.（＝1993，阿部一訳『個人空間の誕生——食卓・家屋・劇場・世界』せりか書房.）
Tuchman, Gaye, 1978, *Making News: A Study in the Construction of Reality*, The Free Press.（＝1991，鶴木真・桜内篤子訳『ニュース社会学』三嶺書房.）
内田雅章・神瀬邦久・マツダミヒロ，2007,『伝説の就活 青 業界研究・自己分析』ゴマブックス.
上田晶美，2006,『ハナマル式就活のすべて』学習研究社.
上村和申，2004,「大学生の就職活動における両親の影響に関する一考察」『政治学研究論集』21: 35–54.
上野千鶴子，2007,『おひとりさまの老後』法研.
上野千鶴子編，2001,『構築主義とは何か』勁草書房.
鵜飼洋一郎，2007,「企業が煽る『やりたいこと』——就職活動における自己分析の検討から」『年報人間科学』28: 79–98.
梅棹忠夫，1969,『知的生産の技術』岩波書店.
浦川智子，2003,「『自己分析』の帰結——就職活動に見られる『自己分析』の社会学的研究」『人間発達研究』26: 89–120.
和田修一，2001,「近代社会における自己と生きがい」高橋勇悦・和田修一編『生きがいの社会学——高齢社会における幸福とは何か』弘文堂.
Ward, G. Kingsley, 1985, *Letters of a Businessman to His Son*, Ontario: Collins.（＝1987，城山三郎訳『ビジネスマンの父より息子への30通の手紙』新潮社.）
早稲田教育出版，1998,『自己分析 就職試験集中マスター——適性・適職発見シート』早稲田教育出版.
鷲見真，1996,『自己分析で成功する大学生の面接』高橋書店.
渡辺淳一，1997,『失楽園（上）（下）』講談社.
————，2007,『鈍感力』集英社.
渡部昇一，1976,『知的生活の方法』講談社.
————，1979,『続・知的生活の方法』講談社.
————，1991,「中村正直とサミュエル・スマイルズ」サミュエル・スマイルズ『西国立志編』講談社.
渡辺剛彰，1961,『記憶術の実際——早く覚えて忘れぬ法』主婦の友社.
Weber, Max, 1904, "Die 'Objektivität' sozialwissenschaftlicher und sozialpolitischer Erkenntnis," *Archiv für Sozialwissenschaft und Sozialpolitik*, 19: 22–87.（＝1998，富永祐治・立野保男訳『社会科学と社会政策にかかわる

認識の「客観性」』岩波書店.）
山田陽子，2007，『「心」をめぐる知のグローバル化と自律的個人像――「心」の聖化とマネジメント』学文社.
山口敦史，2000，『最強のファーストアプローチ』新星出版社.
山根浩二，2004，『突破できる自己分析とエントリーシート2006年版』学習研究社.
山崎政志，2010，『残念な人の思考法』日本経済新聞出版社.
柳本新二，2007，『エントリーシート、面接、志望動機、自己PR――ワンランク上を目指す就活完全ガイド』永岡書店.
安丸良夫，1974，『日本の近代化と民衆思想』平凡社.

著者略歴

1980年　東京都生まれ
2009年　早稲田大学大学院教育学研究科博士後期課程
　　　　単位取得退学　博士（教育学）
現　在　大妻女子大学人間関係学部准教授
主　著　『日常に侵入する自己啓発――生き方・手帳術・片づけ』（勁草書房、2015）、『ファシリテーションとは何か――コミュニケーション幻想を超えて』（共編、ナカニシヤ出版、2021）

自己啓発の時代　「自己」の文化社会学的探究

2012年3月10日　第1版第1刷発行
2022年2月20日　第1版第5刷発行

著　者　牧《まき》野《の》智《とも》和《かず》

発行者　井村寿人

発行所　株式会社　勁《けい》草《そう》書房

112-0005 東京都文京区水道2-1-1　振替　00150-2-175253
（編集）電話 03-3815-5277／FAX 03-3814-6968
（営業）電話 03-3814-6861／FAX 03-3814-6854
日本フィニッシュ・松岳社

ISBN978-4-326-65372-0　Printed in Japan

＊落丁本・乱丁本はお取替いたします。
ご感想・お問い合わせは小社ホームページから
お願いいたします。

https://www.keisoshobo.co.jp

牧野 智和　日常に侵入する自己啓発　生き方・手帳術・片付け　四六判　三一九〇円

濱中 淳子　検証・学歴の効用　四六判　三〇八〇円

米澤 泉　女子のチカラ　†四六判　三三〇〇円

米澤 泉　「女子」の誕生　四六判　二八六〇円

宮台 真司
辻 泉
岡井 崇之　「男らしさ」の快楽　ポピュラー文化からみたその実態　四六判　三〇八〇円

浅野 智彦 編　検証・若者の変貌　失われた10年の後に　四六判　二六四〇円

浅野 智彦　自己への物語論的接近　家族療法から社会学へ　四六判　三〇八〇円

上野千鶴子 編　脱アイデンティティ　四六判　三三〇〇円

千田 有紀　日本型近代家族　どこから来てどこへ行くのか　四六判　二八六〇円

＊表示価格は二〇二二年二月現在。消費税（一〇％）が含まれております。
†はオンデマンド版です。